广东省教育厅人文综合实验教学示范中心

普通高等教育21世纪"**人文实验教学**

丛书主编 涂争鸣　　**丛书副主编** 马持节　贾　毅　陈冬纯　汪　欣

大学应用文
实训教程

徐望驾　　司马晓雯

刘　芳　　谭靖仪　／主编

湖南师范大学出版社

图书在版编目（CIP）数据

大学应用文实训教程／徐望驾等主编 . --长沙：湖南师范大学出版社，2017.6

ISBN 978 - 7 - 5648 - 2859 - 2

Ⅰ.①大… Ⅱ.①徐… Ⅲ.①汉语 - 应用文 - 写作 - 高等学校 - 教材 Ⅳ.①H152.3

中国版本图书馆 CIP 数据核字（2017）第 090881 号

大学应用文实训教程

Daxue Yingyongwen Shixun Jiaocheng

徐望驾　司马晓雯　刘　芳　谭靖仪　主编

◇策划组稿：李　阳
◇责任编辑：王　巍　张　严
◇责任校对：刘　琼
◇出版发行：湖南师范大学出版社
　　　　　　地址／长沙市岳麓山　　邮编/410081
　　　　　　电话/0731 - 88873071　88873070　传真/0731 - 88872636
　　　　　　网址/http://press.hunnu.edu.cn
◇经销：新华书店
◇印刷：长沙印通印刷有限公司
◇开本：710mm×1000mm　1/16
◇印张：17.75
◇字数：320 千字
◇版次：2017 年 6 月第 1 版
◇印次：2017 年 6 月第 1 次印刷
◇书号：ISBN 978 - 7 - 5648 - 2859 - 2
◇定价：48.00 元

凡购本书，如有缺页、倒页、脱页，由本社发行部调换。

投稿热线： 0731 - 88872256　13975805626　QQ：1349748847

总序

　　培养人才是大学的基本职能。大学教育最基本的目的是培养人，培养具有较高科学素质和人文素养的人。具体而言，就是要培养出大批有独立人格、个性和创造精神，有科学信仰和科学精神，能与他人、社会和谐相处，对人类、他人、社会有深切关怀，能不断学习、不断自我完善的个体。所以说大学生人文素质教育的目的与大学教育的目的应是一致的，在高等学校进行包括人文素质教育在内的大学教育已然是毋庸置疑的既定方针。

　　人文素质教育主要是人文精神和人文知识的教育。前者包括正确的人生观、价值观、审美观，社会责任感、爱国奉献精神、独立的人格意识等；后者的主要表现形式是经典文学作品、名言警句、文化艺术作品等。因此，人文素质教育对于教育学生如何去做人，如何关注人生、社会和世界，培养其在生活、学习和社会参与等各个方面实践这种价值需求的精神，培养学生基本的观察问题、分析问题、解决问题的思维模式，提高学生的学习能力、讨论能力、思维能力、语言能力、交际能力、沟通能力、审美能力等非常重要。古今中外的事实说明，大凡有成就的杰出人才，都不仅仅局限于在某一专业领域内叱咤风云，他们同时也是积淀和施展人文素质才华的高手。因此，人文素质与专业技能都应成为学生的综合素质，不应片面地强调某一方面而忽视另一方面。

　　然而多年来，高校进行人文教育的状况却不容乐观，效果较难令人满意。一个基本的事实是，随着高等教育的大众化，大学生的人文素质却呈下降趋势。现实为我们提出了一个问题：大学生人文素质究竟应该怎样教育、如何提升？传统的理念和做法就是以课堂讲授、灌输、讲解为主，辅以一些人文作品的分析研究，主要以单向性的理性教育为手段，但也可能因为内容陈旧、方式简单、方法呆板、效果不佳而受人诟病。难能可贵的是，广东财经大学有一批教育工作者多年来致力于人文素质教育的改革，探索人文素质教育的一般规律，结合相关专业实验教学的实施，在国家级项目"广州大学城及周边地区文化素质教育基地"广东商学院分基地建设的推动下，出版了人文素质教育的标志性成果《高校人文素质教育论》，取得了一定的社会影响。在此基础上，以敢为人先的精神，大胆借鉴实验教学的理念和方法，首次进行了人文素质教育实验化、体系化的探索。以人文专业实验教学为抓手，以人文素质实验教学为演进，初步构建了一个人文专业实验教学和人文素质实验教学分步推进、相得益彰、协同共生的人文综合实验教学平台，并已先期用于财经类高校的实践。2005 年 9 月广东财经大学组建了人文综合实验教学中心，该中心下设有文学创作与应用写作、语言文化与语言交际、心理素质测评与社会适应能力、传播技能与媒介素养、设计创意与艺术素质五个分中心，至此人文综合实验教学平台框架基本确立，旨在有效整合资源，提升水平，开辟一条集专业教育和素质培养于一体的人文综合实验教学新路。伴随着实验教学环境科技含量的提高，实验教学内容也经历了改革创新，从分散的课程实验走向基于项目的分层、分类、成系统的实验教学体系。既有指向单项能力培养的单项型实验，也有指向专业综合能力培养的综合性实验，还有指向跨专业创新能力培养的创新性实验。同时，依托各专业教师和实验资源，研究、开发、设计了面向全校非人文专业大学生人文素质培养的基础性综合实验项目，构建人文素质教育实验教学体系，并衍生出一批有特色的人文实验项目，又基于人文专业实验教学平台，开设了两类实验课程：一类是面向上述各专业开设的三十余门实验课程；另一类是面向全校的人文素质教育课程，包括大学语文、应用写作、大学英语、艺术鉴赏、影视作品欣赏、思想品德修养、视唱、书法等。到 2005 年，人文综合实验在教学规模、学生受益面、教学质量、教学效果和教学理念等方面都有较大发展提升。

广东财经大学人文综合实验教学中心于 2011 年 11 月获批省级实验教学示范中心建设项目，标志着人文综合实验教学也进入到一个具有示范意义的提升发展阶段。2012 年 4 月，项目建设方案即《广东商学院人文综合实验教学平台建设方案》作为"广东商学院第六次教学工作会议"文件，提交大会讨论通过。按照人文综合实验教学平台建设的基本定位和原则要求，该方案旨在以"人文综合实验教学中心"为依托，充分利用现代教育技术，建立起体系完整、特色突出、实验手段先进的人文综合实验教学体系。

现在，由该中心组织编撰的首批人文实验课程的教材，即将由湖南师范大学出版社出版。这些书覆盖了人文实验教学的许多点和面，凝聚着作者多年从事实验教学的成果和经验，应该说可喜可贺。尽管难免存在底子不够厚、视野不够宽、历练不够精等瑕疵，但瑕不掩瑜，相信几经锻造打磨，定能发挥启发和示范作用。

是为序。

杜承铭

2016 年 3 月于广东财经大学

模块二　事务文书

模块一

党政公文

任务1 党政公文概论

―――――― 范文举例 ――――――

中华人民共和国主席令
第四十八号

《全国人民代表大会常务委员会关于修改〈中华人民共和国节约能源法〉等六部法律的决定》已由中华人民共和国第十二届全国人民代表大会常务委员会第二十一次会议于2016年7月2日通过，现予公布。

《全国人民代表大会常务委员会关于修改〈中华人民共和国节约能源法〉等六部法律的决定》对《中华人民共和国节约能源法》、《中华人民共和国水法》、《中华人民共和国防洪法》、《中华人民共和国职业病防治法》、《中华人民共和国航道法》所作的修改，自公布之日起施行；对《中华人民共和国环境影响评价法》所作的修改，自2016年9月1日起施行。

中华人民共和国主席 习近平

2016年7月2日

广东文艺终身成就奖组织委员会关于设立广东文艺终身成就奖的请示
粤文〔2010〕第1号

广东省人民政府：

为了肯定文艺创作者在广东文化事业做出的卓越贡献，推动广东文艺事业蓬勃发展，我委员会经过讨论研究，特请示设立广东文艺终身成就奖。

请予批复。

广东文艺终身成就奖组织委员会

2010 年 12 月 10 日

××职业技术学院关于2012年学生普通话水平测试报名的通知

各学院：

2012 年学生普通话水平测试工作即将开始，请通知本学院要参加测试的学生按照以下要求做好准备。报名形式为网上报名，请报名的学生仔细阅读报名流程，按照步骤操作。

一、网上报名时间

××职业技术学院：2012 年 10 月 8 日（上午 9：00）—12 日（下午 3：00）

二、网上报名流程

1. 考生登录"××语言文字网"。

2. 单击网站两侧的"普通话水平测试考试报名"图标。

3. 阅读"普通话报名照片修改办法"。

4. 单击"我要报名"按钮。

5. 选择"××市"。

6. 选择"××市普通话水平测试中心"。

7. 单击"报名"。

8. 准确、完整地填写个人信息（必须留联系电话），按照要求上传合格的照片（像素比为 390×567，格式为 .jpg 或 .jpeg），照片不合格按放弃报名处理。

9. 单击"确定"按钮即可。

三、缴费及信息确认

1. 缴费：2012 年 10 月 16 日—19 日到办公楼 407 房间缴纳相关费用并领取教材。没有及时缴纳费用的考生，按放弃报名处理。

2. 核对考生报名信息：缴费后，仔细核对本人报名信息，学校统一将最终的确认表反馈回××市测试中心，反馈后信息不能更改，所以务必请本人前来确认。

四、发准考证及培训

××××年 10 月 30 日下午 1:10 到一教东一阶领取准考证，学生本人核对准考证上的个人信息并参加考前培训。

五、考试时间和地点

1. 考试时间：××××年11月10日（周六），考生的考试时间以准考证上的为准。

2. 考试地点：××职业技术学院一教515

咨询电话：××××××××

联系人：张老师、姜老师

基础教学部

××××年9月13日

坚定不移沿着中国特色社会主义道路前进，为全面建成小康社会而奋斗

同志们：

现在，我代表第十七届中央委员会向大会作报告。

中国共产党第十八次全国代表大会，是在我国进入全面建成小康社会决定性阶段召开的一次十分重要的大会。大会的主题是：高举中国特色社会主义伟大旗帜，以邓小平理论、"三个代表"重要思想、科学发展观为指导，解放思想，改革开放，凝聚力量，攻坚克难，坚定不移沿着中国特色社会主义道路前进，为全面建成小康社会而奋斗。

此时此刻，我们有一个共同的感觉：经过九十多年艰苦奋斗，我们党团结带领全国各族人民，把贫穷落后的旧中国变成日益走向繁荣富强的新中国，中华民族伟大复兴展现出光明前景。我们对党和人民创造的历史伟业倍加自豪，对党和人民确立的理想信念倍加坚定，对党肩负的历史责任倍加清醒。

当前，世情、国情、党情继续发生深刻变化，我们面临的发展机遇和风险挑战前所未有。全党一定要牢记人民信任和重托，更加奋发有为、兢兢业业地工作，继续推动科学发展、促进社会和谐，继续改善人民生活、增进人民福祉，完成时代赋予的光荣而艰巨的任务。

……

让我们高举中国特色社会主义伟大旗帜，更加紧密地团结在党中央周围，为全面建成小康社会而奋斗，不断夺取中国特色社会主义新胜利，共同创造中国人民和中华民族更加幸福美好的未来！

—————— **知识聚焦** ——————

一、党政公文的概念

　　根据中共中央办公厅、国务院办公厅 2012 年 4 月 16 日印发的《党政机关公文处理工作条例》（中办发〔2012〕14 号，以下简称《条例》），党政机关公文是党政机关实施领导、履行职能、处理公务的具有特定效力和规范体式的文书，是传达贯彻党和国家方针政策，公布法规和规章，指导、布置和商洽工作，请示和答复问题，报告、通报和交流情况等的重要工具。

二、党政公文的特点

　　1. 党政公文的制发主体是党的机关、国家行政机关

　　党的机关包括中央党的机关和地方党的机关。各级党的机关根据实际工作的需要，在实施领导、处理公务时可以发文。按照国家行政机关的管辖权和活动地域，国家行政机关又分中央行政机关和地方行政机关。国家行政机关是国家权力机关的执行机关，有权制定行政法规，发布决定和命令等，指导所属各部门、下级国家行政机关、企事业单位、社会团体的行政活动。地方行政机关，通常分为三级：即省、直辖市人民政府；县、县级市、市辖区人民政府；乡、镇人民政府。地方行政机关负责管理特定行政区域内的政治、经济、文化与社会事务。各级国家行政机关可以通过发文的形式来行使其行政权力。

　　2. 党政公文的制发是为了实施领导、进行管理、处理公务

　　各级党政机关通过公文传达党和国家的方针政策，发布法规和规章，进行领导指挥，监督管理，以及沟通联系等公务活动。离开党政公务活动，就无从谈党政公文。

　　3. 党政公文具有法定效力

　　党政公文的制发主体是党的机关、国家行政机关。这些制发机关都是法定作者，是依法成立的可以行使职权的机关，这些法定机关发的公文体现国家的方针政策，发布法令法规，在其职权范围内具有法定效力和权威性。

　　4. 党政公文具有规范体式

所谓规范体式指的是在文种及其结构、形式等方面有固定的、统一的要求。党政公文在文种、格式上有统一的要求，国家规定对规范的文种要按特定格式制作。规范的公文体式体现了公文的庄重性和权威性，也为提高办事效率提供了保障。如果各级党政机关都各自规定体式，则会导致公文的体式五花八门，势必影响公文的严肃性和应有作用的发挥。

▍三、党政公文的分类 ▍

根据《条例》第二章"公文种类"第八条，公文种类主要有：

（一）决议。适用于会议讨论通过的重大决策事项。

（二）决定。适用于对重要事项作出决策和部署、奖惩有关单位和人员、变更或者撤销下级机关不适当的决定事项。

（三）命令（令）。适用于公布行政法规和规章、宣布施行重大强制性措施、批准授予和晋升衔级、嘉奖有关单位和人员。

（四）公报。适用于公布重要决定或者重大事项。

（五）公告。适用于向国内外宣布重要事项或者法定事项。

（六）通告。适用于在一定范围内公布应当遵守或者周知的事项。

（七）意见。适用于对重要问题提出见解和处理办法。

（八）通知。适用于发布、传达要求下级机关执行和有关单位周知或者执行的事项，批转、转发公文。

（九）通报。适用于表彰先进、批评错误、传达重要精神和告知重要情况。

（十）报告。适用于向上级机关汇报工作、反映情况，回复上级机关的询问。

（十一）请示。适用于向上级机关请求指示、批准。

（十二）批复。适用于答复下级机关请示事项。

（十三）议案。适用于各级人民政府按照法律程序向同级人民代表大会或者人民代表大会常务委员会提请审议事项。

（十四）函。适用于不相隶属机关之间商洽工作、询问和答复问题、请求批准和答复审批事项。

（十五）纪要。适用于记载会议主要情况和议定事项。

以上 15 种党政公文可以从不同角度进行分类。

1. 根据公文的行文方向，可分为四种：上行文、平行文、下行文和泛行文。

上行文，指向具有隶属关系的上级领导、指导机关报送的公文。这是自下而上的行文。如请示、议案、报告等。

下行文，指向所属被领导、指导的下级机关发送的公文。这是自上而下的行文。如通知、通告、通报、批复、决议、公报、决定等。

平行文，指向同一组织系统的同级机关或非同一组织系统的任何机关发送的公文。是同级机关或不相隶属机关之间的行文，如函。

泛行文，指不属于以上三种行文方向或多向的公文，如意见、公告等。

2. 公文按其机密程度，可分为绝密公文、机密公文、秘密公文、普通公文。

绝密、机密、秘密公文又称保密文件，是指内容涉及党和国家的机密，需要控制知密范围和知密对象的文件。文件的密级越高，传达、阅办、保管的要求也越严。

3. 公文按其处理时限的要求划分，可分为特急公文、急办公文、常规公文。

公文内容有时限要求，需迅速传递办理的，称紧急公文。紧急公文又可分为特急和急件两种。急件因为内容重要、紧急而需要优先传递处理；特急件是指内容非常重要并特别紧急，需立即优先迅速传递处理的文件。紧急公文应随到随办，时限要求越高，传递、办理的速度也就要求越快。

4. 根据公文的性质和作用划分，公文还可分为报请性公文、指令性公文、知照性公文、记录性公文。

报请性公文指用于汇报工作，陈述情况，提出建议，请求指示或请求批准的公文。主要有报告、请示、议案等。

指令性公文是指领导机关制发的用于颁布方针政策、法规规章，指导、布置工作，阐明领导指导原则的公文。如命令、决定、决议、意见、批复、条例、规定等。

知照性公文指的是直接向国内外公开发布、告知情况的公文。如公告、公报、通告、通知、通报、函等。

记录性公文是指记录归纳会议议定的事项和主要精神的公文。如纪要。

5. 根据来源，可分为收文、发文两种。这是机关内部根据公文来源划分的。

收文指本机关收到的来自外部的文件；发文是指本机关制作的发往外部的文件，本机关制成的只供内部使用的文件也称发文。

6. 根据公文主送机关情况的不同，可分为普发性公文和专发性公文。

普发性公文指的是公文主送机关范围相对广泛的公文，如"各省、自治区、直辖市人民政府，国务院各部委、各直属机构"。不写主送机关的公布性公文，直达基层组织和群众，都是普发性公文。

专发性公文是公文的主送机关是一个或几个具体机关的公文，如请示、批复等。行文对象单一具体。

‖ 四、党政公文的格式 ‖

《条例》第三章"公文格式"第九条规定：公文一般由份号、密级和保密期限、紧急程度、发文机关标志、发文字号、签发人、标题、主送机关、正文、附件说明、发文机关署名、成文日期、印章、附注、附件、抄送机关、印发机关和印发日期、页码等组成。

（一）份号。公文印制份数的顺序号。涉密公文应当标注份号。

（二）密级和保密期限。公文的秘密等级和保密的期限。涉密公文应当根据涉密程度分别标注"绝密"、"机密"、"秘密"和保密期限。

（三）紧急程度。公文送达和办理的时限要求。根据紧急程度，紧急公文应当分别标注"特急"、"加急"，电报应当分别标注"特提"、"特急"、"加急"、"平急"。

（四）发文机关标志。由发文机关全称或者规范化简称加"文件"二字组成，也可以使用发文机关全称或者规范化简称。联合行文时，发文机关标志可以并用联合发文机关名称，也可以单独用主办机关名称。

（五）发文字号。由发文机关代字、年份、发文顺序号组成。联合行文时，使用主办机关的发文字号。

（六）签发人。上行文应当标注签发人姓名。

（七）标题。由发文机关名称、事由和文种组成。

（八）主送机关。公文的主要受理机关，应当使用机关全称、规范化简称或者同类型机关统称。

（九）正文。公文的主体，用来表述公文的内容。

（十）附件说明。公文附件的顺序号和名称。

（十一）发文机关署名。署发文机关全称或者规范化简称。

（十二）成文日期。署会议通过或者发文机关负责人签发的日期。联合行文时，署最后签发机关负责人签发的日期。

（十三）印章。公文中有发文机关署名的，应当加盖发文机关印章，并与署名机关相符。有特定发文机关标志的普发性公文和电报可以不加盖印章。

（十四）附注。公文印发传达范围等需要说明的事项。

（十五）附件。公文正文的说明、补充或者参考资料。

（十六）抄送机关。除主送机关外需要执行或者知晓公文内容的其他机关，应当使用机关全称、规范化简称或者同类型机关统称。

（十七）印发机关和印发日期。公文的送印机关和送印日期。

五、党政公文的版式

《条例》第十条规定：公文的版式按照《党政机关公文格式》国家标准执行。2012 年 7 月 1 日实施的《党政机关公文格式》（GB/T 9704 - 2012）有几项规定值得注意。一是成文日期和印文日期中的数字，用阿拉伯数字将年、月、日标全，年份应标全称，月、日不编虚位（即 1 不编为 01）。二是除了一般的版式外，另有三种特殊的版式，分别是信函格式、命令（令）格式和纪要格式。具体样式可上网检索查看。

一般格式的党政公文由眉首、主体和版记三部分构成，为免繁复，本书引例一律略去眉首和版记部分，只保留主体部分，即从标题至发文日期的部分。我们写作也是要求呈现这一部分。

六、党政公文的行文规则

《条例》第四章共规定 5 条行文规则：

第十三条　行文应当确有必要，讲求实效，注重针对性和可操作性。

第十四条　行文关系根据隶属关系和职权范围确定。一般不得越级行文，特殊情况需要越级行文的，应当同时抄送被越过的机关。

第十五条　向上级机关行文，应当遵循以下规则：

（一）原则上主送一个上级机关，根据需要同时抄送相关上级机关和同级机关，不抄送下级机关。

（二）党委、政府的部门向上级主管部门请示、报告重大事项，应当经本级党委、政府同意或者授权；属于部门职权范围内的事项应当直接报送上级主管部门。

（三）下级机关的请示事项，如需以本机关名义向上级机关请示，应当提出倾向性意见后上报，不得原文转报上级机关。

（四）请示应当一文一事。不得在报告等非请示性公文中夹带请示事项。

（五）除上级机关负责人直接交办事项外，不得以本机关名义向上级机关负责人报送公文，不得以本机关负责人名义向上级机关报送公文。

（六）受双重领导的机关向一个上级机关行文，必要时抄送另一个上级机关。

第十六条　向下级机关行文，应当遵循以下规则：

（一）主送受理机关，根据需要抄送相关机关。重要行文应当同时抄送发文机关的直接上级机关。

（二）党委、政府的办公厅（室）根据本级党委、政府授权，可以向下级党委、政府行文，其他部门和单位不得向下级党委、政府发布指令性公文或者在公文中向下级党委、政府提出指令性要求。需经政府审批的具体事项，经政府同意后可以由政府职能部门行文，文中须注明已经政府同意。

（三）党委、政府的部门在各自职权范围内可以向下级党委、政府的相关部门行文。

（四）涉及多个部门职权范围内的事务，部门之间未协商一致的，不得向下行文；擅自行文的，上级机关应当责令其纠正或者撤销。

（五）上级机关向受双重领导的下级机关行文，必要时抄送该下级机关的另一个上级机关。

第十七条　同级党政机关与其他同级机关必要时可以联合行文。属于党委、政府各自职权范围内的工作，不得联合行文。党委、政府的部门依据职权可以相互行文。部门内设机构除办公厅（室）外不得对外正式行文。

此外，《条例》"附则"有两条规定值得注意。

第三十九条　法规、规章方面的公文，依照有关规定处理。外事方面的公文，依照外事主管部门的有关规定处理。

第四十条　其他机关和单位的公文处理工作，可以参照本条例执行。

―――――――― **任务演练** ――――――――

1. 辨析下面两篇应用文，指出哪一篇是党政机关公文，哪一篇是一般应用文。为什么？

中共中央办公厅 国务院办公厅
关于印发《党政机关公文处理工作条例》的通知

各省、自治区、直辖市党委和人民政府，中央和国家机关各部委，解放军总部、各大单位，各人民团体：

《党政机关公文处理工作条例》已经党中央、国务院同意，现印发给你们，请遵照执行。

中共中央办公厅 国务院办公厅（章）
2012 年 4 月 16 日

南非贸易投资考察邀请书

尊敬的各企业董事长、总经理、市场销售（开发）部负责人：

南非是非洲经济实力最强的国家，人均 GDP 达 5 000 多美元，也是一个发达国家与发展中国家的结合体，是我国产品在非洲的最大进口国，又是我国向南部非洲出口产品的窗口和中转站。两国的经济互补性强，合作潜力大，每年的贸易额均以 2 亿美元的速度增长。为了加大中国企业在南非投资贸易的力度，国家商务部与南非中华工商总会商议，拟建"南非中国工业园"，涉及行业包括：纺织服装、汽车配件、汽车用品、办公文具、建材、食品、电子、化工、五金等。

为了帮助有意向在南非投资或开展贸易的中国企业家进一步了解南非市场，更多地选择投资贸易的机会，全面推进中南企业开展全方位、多层次的合作，我公司拟组织"南非贸易投资考察团"前往南非考察，现将有关事宜通知如下：

考察时间：2015 年 10 月 15 日—10 月 23 日（8 天）

参加人数：30 ~ 40 人

参加对象：各企业董事长、总经理、市场销售（开发）部负责人

主办机构：南非中华工商总会、中国驻南非大使馆、南非国家贸工部

承办机构：福建省金福国际商务会展有限公司

支持单位：国家商务部，人民日报社、中央电视台

考察内容：

1. 参观于 10 月 16 日—19 日在南非约内斯堡举办的"南非国家贸易博览会"。

2. 考察拟建的"南非中国工业园"。

3. 根据报名企业的需要，有选择地安排当地企业进行对口贸易投资合作洽谈。

4. 考察约内斯堡、德班、开普敦当地市场，并分别参观同类企业。

5. 请南非相关政府部门介绍贸易、税务、海关、金融等与投资贸易有关的政策。

6. 其他。

关于考察内容，届时根据南非的实际情况，会有适当的调整。请有意向开拓南非市场的企业踊跃报名，报名截止时间为 8 月 30 日。

福建省金福国际商务会展有限公司（章）
2015 年 10 月 8 日

2. 指出下面的公文在格式和构成要素等方面存在的问题（要求按规范的格式重写一遍）。

关于请求允许本公司购买卡车的报告

总公司党委会：

目前，我公司只有卡车十五辆，我们出口任务十分繁重，不能完成上级交给我们的任务。几年来，在党的对外开放政策的正确指引下，经过全公司的齐心协力，我们的出口任务完成得很好，基本落实了计划。但发展外贸，扩大出口，没有卡车就不能保证出口任务的完成。为此，请求增加五辆卡车，这样还可以安排几名本公司的待业青年工作，顺便请求下达五名就业指标。

此致

敬礼！

×××省进出口公司
2014 年 9 月 8 日

任务2 报告

---------- 范文举例 ----------

关于我省清理整顿公司工作的报告

国务院：

　　我省自×××年10月开展清理整顿公司的工作以来，坚持既坚决又稳妥的方针，抓紧清理整顿方案的拟订和实施，积极查处了公司违法违纪案件，努力加强公司的建设和管理，基本完成了党中央、国务院赋予我们的任务，达到了预期的目的，现将这项工作情况报告如下：

　　一、撤并了一批流通领域的公司，解决了公司过多过滥的问题。（略）

　　二、查处了公司违法违纪案件，整顿了公司的经营秩序。（略）

　　三、认真做好撤并公司的各项善后工作。（略）

　　四、加强了公司管理和法规、制度建设。（略）

××省人民政府

××××年×月×日

××省石油公司英德供应站
关于解决油库长期遗留的山地及树木的归属问题的报告

省石油公司：

　　我站于××××年5月新建油罐两个，扩建了油库，占用当地东方村部分山坡地及该地树木。扩建后几年来，库界未定，东方村多次要求补偿被占用的山地及树木，但几经协商，均未有结果，以致发生纠纷，库区围墙被推倒十多米。

最近，双方本着对国家财产和群众利益负责的精神进行协商，彼此谅解，终于达成协议，由我站给予东方村山坡地及树木一次性补偿费×万元，并经双方划定界线，新建围墙为界，界内土地及树木永久归我站所有。我站应付的补偿费×万元拟在"保管费"中列支。现随文上报所订协议及库区界图，请核备。

×××× 年 × 月 × 日（公章）

××市贸易局关于百货大楼重大火灾事故的报告

省贸易厅：

×××× 年 × 月 × 日凌晨 2 时 40 分，我市江南区百货大楼发生重大火灾，经过两个多小时的扑救，于 5 时明火全部扑灭。该大楼二楼经营的商品以及柜台、货架、门窗等全部烧毁，直接经济损失达 50 万元。造成此次重大火灾的直接原因，是二楼一个体裁剪户经二楼经理同意从总闸自接线路，夜间没断电导致电线起火。

这次火灾的发生暴露了该大楼领导对安全管理工作极不重视，内部管理混乱，安全制度不健全，违章作业严重等问题，造成了惨重的经济损失，教训十分深刻。

火灾发生后，市政府、市贸易局十分重视，三次派人员到事故现场进行调查，并对事故进行认真处理，责令该百货大楼二楼经理刘××停职检查，个体裁剪户李××罚款×××元，并听候进一步处理。

今后，我们要吸取教训，切实加强对安全工作的领导，尤其加强对零售企业的安全管理，及时消除各种不安全的因素和隐患，为企业创造良好的经营环境。

×× 市贸易局（印章）
×××× 年 × 月 × 日

关于制止盲目乱建烟叶复烤厂问题的报告

省人民政府：

我省现在的咸阳、合阳、洛川、旬阳、武功五个烟叶复烤厂，分布在陕南、陕北、关中三大烟叶产区，布局基本合理，年复烤能力达×万担，已大大超过去年复烤计划指标。但是今年以来，个别地、县从本地局部利益出发，盲目乱建复烤厂，重复建设，造成了人力、财力、物力的浪费。根据《中华人民共和国烟草专卖法》第3章第13条关于"烟草制品生产企业为扩大生产能力进行基本建设或技术改造，必须经国务院烟草专卖行政主管部门批准"的规定，为加强对烟叶复烤加工企业的专卖管理，现就制止乱建复烤厂问题提出以下意见：

一、根据我省烟叶现有复烤能力和生产发展的实际情况，今后三五年内不再新建复烤厂。

二、凡未按照《烟草专卖法》规定报批而由各地、县擅自批建的复烤厂，一律停建整顿，待后处理。

三、今后需要新建烟叶复烤厂，必须按照《烟草专卖法》的有关规定程序报批，否则，专卖部门一律不发生产许可证，造成的经济损失自负。

以上报告如无不妥，请批转各地（市）贯彻执行。

陕西省烟草专卖局（印）

××××年×月×日

关于我校工会干部有关待遇的报告

市总工会：

×月×日函悉。现将我校工会干部有关待遇报告如下：

一、我校基层工会主席由教师兼任，每年减免工作量40学时。

二、部门工会主席任职期间享受本单位行政副职待遇，由教师担任的每年减免工作量30学时。

三、校工会委员任职期间减免工作量30学时；部门工会委员每年减免工作量15学时。

专此报告。

××大学工会

××××年6月5日

政府工作报告

(2015 年 3 月 5 日第十二届全国人民代表大会第三次会议)

国务院总理　李克强

各位代表：

现在，我代表国务院，向大会报告政府工作，请予审议，并请全国政协各位委员提出意见。

一、2014 年工作回顾

过去一年，我国发展面临的国际国内环境复杂严峻。全球经济复苏艰难曲折，主要经济体走势分化。国内经济下行压力持续加大，多重困难和挑战相互交织。在以习近平同志为总书记的党中央坚强领导下，全国各族人民万众一心，克难攻坚，完成了全年经济社会发展主要目标任务，全面建成小康社会迈出坚实步伐，全面深化改革实现良好开局，全面依法治国开启新征程，全面从严治党取得新进展。

一年来，我国经济社会发展总体平稳，稳中有进。"稳"的主要标志是，经济运行处于合理区间。增速稳，国内生产总值达到 63.6 万亿元，比上年增长 7.4%，在世界主要经济体中名列前茅。就业稳，城镇新增就业 1322 万人，高于上年。价格稳，居民消费价格上涨 2%。"进"的总体特征是，发展的协调性和可持续性增强。经济结构有新的优化，粮食产量达到 6.07 亿吨，消费对经济增长的贡献率上升 3 个百分点，达到 51.2%，服务业增加值比重由 46.9% 提高到 48.2%，新产业、新业态、新商业模式不断涌现。中西部地区经济增速快于东部地区。发展质量有新的提升，一般公共预算收入增长 8.6%，研究与试验发展经费支出与国内生产总值之比超过 2%，能耗强度下降 4.8%，是近年来最大降幅。人民生活有新的改善，全国居民人均可支配收入实际增长 8%，快于经济增长；农村居民人均可支配收入实际增长 9.2%，快于城镇居民收入增长；农村贫困人口减少 1232 万人；6600 多万农村人口饮水安全问题得到解决；出境旅游超过 1 亿人次。改革开放有新的突破，全面深化改革系列重点任务启动实施，本届政府减少 1/3 行政审批事项的目标提前实现。这份成绩单的确来之不易，它凝聚着全国各族人民的心血和汗水，坚定了我们奋勇前行的决心和信心。

过去一年，困难和挑战比预想的大。我们迎难而上，主要做了以下工作。

一是在区间调控基础上实施定向调控，保持经济稳定增长。面对经济下行压力加大态势，我们保持战略定力，稳定宏观经济政策，没有采取短期强刺激措施，而是继续创新宏观调控思路和方式，实行定向调控，激活力、补短板、强实体。把握经济运行合理区间的上下限，抓住发展中的突出矛盾和结构性问题，定向施策，聚焦靶心，精准发力。向促改革要动力，向调结构要助力，向惠民生要潜力，既扩大市场需求，又增加有效供给，努力做到结构调优而不失速。

有效实施积极的财政政策和稳健的货币政策。实行定向减税和普遍性降费，拓宽小微企业税收优惠政策范围，扩大"营改增"试点。加快财政支出进度，积极盘活存量资金。灵活运用货币政策工具，采取定向降准、定向再贷款、非对称降息等措施，加大对经济社会发展薄弱环节的支持力度，小微企业、"三农"贷款增速比各项贷款平均增速分别高4.2和0.7个百分点。同时，完善金融监管，坚决守住不发生区域性系统性风险的底线。

二是深化改革开放，激发经济社会发展活力。针对束缚发展的体制机制障碍，我们通过全面深化改革，以释放市场活力对冲经济下行压力，啃了不少硬骨头，经济、政治、文化、社会、生态文明等体制改革全面推进。

扎实推动重点改革。制定并实施深化财税体制改革总体方案，预算管理制度和税制改革取得重要进展，专项转移支付项目比上年减少1/3以上，一般性转移支付比重增加，地方政府性债务管理得到加强。存款利率和汇率浮动区间扩大，民营银行试点迈出新步伐，"沪港通"试点启动，外汇储备、保险资金运用范围拓展。能源、交通、环保、通信等领域价格改革加快。启动科技资金管理、考试招生、户籍、机关事业单位养老保险制度等改革。

继续把简政放权、放管结合作为改革的重头戏。国务院各部门全年取消和下放246项行政审批事项，取消评比达标表彰项目29项、职业资格许可和认定事项149项，再次修订投资项目核准目录，大幅缩减核准范围。着力改革商事制度，新登记注册市场主体达到1293万户，其中新登记注册企业增长45.9%，形成新的创业热潮。经济增速放缓，新增就业不降反增，显示了改革的巨大威力和市场的无限潜力。

以开放促改革促发展。扩展上海自由贸易试验区范围，新设广东、天津、福建自由贸易试验区。稳定出口，增加进口，出口占国际市场份额继续提升。实际使用外商直接投资1196亿美元，居世界首位。对外直接投资1029亿美元，与利用外资并驾齐驱。中国与冰岛、瑞士自贸区启动实施，中韩、中澳自贸区完成实质性谈判。铁路、电力、油气、通信等领域对外合作取得重要成果，中国装备正大步走向世界。

三是加大结构调整力度，增强发展后劲。在结构性矛盾突出的情况下，我们积极作为，有扶有控，多办当前急需又利长远的事，夯实经济社会发展根基。

不断巩固农业基础。加大强农惠农富农政策力度，实现粮食产量"十一连增"、农民收入"五连快"。农业综合生产能力稳步提高，农业科技和机械化水平持续提升，重大水利工程建设进度加快，新增节水灌溉面积223万公顷，新建改建农村公路23万公里。新一轮退耕还林还草启动实施。农村土地确权登记颁证有序进行，农业新型经营主体加快成长。

大力调整产业结构。着力培育新的增长点，促进服务业加快发展，支持发展移动互联网、集成电路、高端装备制造、新能源汽车等战略性新兴产业，互联网金融异军突起，电子商务、物流快递等新业态快速成长，众多"创客"脱颖而出，文化创意产业蓬勃发展。同时，继续化解过剩产能，钢铁、水泥等15个重点行业淘汰落后产能年度任务如期完成。加强雾霾治理，淘汰黄标车和老旧车指标超额完成。

推进基础设施建设和区域协调发展。京津冀协同发展、长江经济带建设取得重要进展。新建铁路投产里程8427公里，高速铁路运营里程达1.6万公里，占世界的60%以上。高速公路通车里程达11.2万公里，水路、民航、管道建设进一步加强。农网改造稳步进行。宽带用户超过7.8亿户。经过多年努力，南水北调中线一期工程正式通水，惠及沿线亿万群众。

实施创新驱动发展战略。着力打通科技成果转化通道，扩大中关村国家自主创新示范区试点政策实施范围，推进科技资源开放共享，科技人员创新活力不断释放。超级计算、探月工程、卫星应用等重大科研项目取得新突破，我国自主研制的支线客机飞上蓝天。

四是织密织牢民生保障网，增进人民福祉。我们坚持以人为本，持续增加民生投入，保基本、兜底线、建机制，尽管财政收入增速放缓、支出压力加大，但财政用于民生的比例达到70%以上。

加强就业和社会保障。完善就业促进政策，推出创业引领计划，高校毕业生就业稳中有升。统一城乡居民基本养老保险制度，企业退休人员基本养老金水平又提高10%。新开工保障性安居工程740万套，基本建成511万套。全面建立临时救助制度，城乡低保标准分别提高9.97%和14.1%，残疾军人、烈属和老复员军人等优抚对象抚恤和生活补助标准提高20%以上。

继续促进教育公平。加强贫困地区义务教育薄弱学校建设，提高家庭经济困难学生资助水平，国家助学贷款资助标准大幅上调。中等职业学校免学费补助政策扩大到三年。实行义务教育免试就近入学政策，28个省份实现了农民工随迁子女在流入地参加高考。贫困地区农村学生上重点高校人数连续两年增长10%以上。经过努力，全国财政性教育经费支出占国内生产总值比例超过4%。

深入推进医药卫生改革发展。城乡居民大病保险试点扩大到所有省份，疾病应急救助制度基本建立，全民医保覆盖面超过95%。基层医疗卫生机构综合改革深化，县乡村服务网络逐步完善。公立医院改革试点县市达到1300多个。

积极发展文化事业和文化产业。推动重大文化惠民项目建设，广播电视"村村通"工程向"户户通"升级。实施文艺精品战略，完善现代文化市场体系。群众健身活动蓬勃开展，成功举办南京青奥会。

五是创新社会治理，促进和谐稳定。我们妥善应对自然灾害和突发事件，有序化解社会矛盾，建立健全机制，强化源头防范，保障人民生命安全，维护良好的社会秩序。

去年云南鲁甸、景谷等地发生较强地震，我们及时高效展开抗震救灾，灾后恢复重建顺利推进。积极援非抗击埃博拉疫情，有效防控疫情输入。加强安全生产工作，事故总量、重特大事故、重点行业事故持续下降。着力治理餐桌污染，食品药品安全形势总体稳定。

我们大力推进依法行政，国务院提请全国人大常委会制定修订食品安全法等法律15件，制定修订企业信息公示暂行条例等行政法规38件。政务公开深入推进，政府重大决策和政策以多种形式向社会广泛征求意见。完成第三次全国经济普查。改革信访工作制度。法律援助范围从低保群体扩大到低收入群体。加强城乡社区建设，行业协会商会等四类社会组织实现直接登记。严厉打击各类犯罪活动，强化社会治安综合治理，维护了国家安全和公共安全。

我们严格落实党中央八项规定精神，持之以恒纠正"四风"。严格执行国务院"约法三章"，政府性楼堂馆所、机关事业单位人员编制、"三公"经费得到有效控制。加大行政监察和审计监督力度，推进党风廉政建设和反腐败斗争，严肃查处违纪违法案件，一批腐败分子得到应有惩处。

我们狠抓重大政策措施的落实，认真开展督查，引入第三方评估和社会评价，建立长效机制，有力促进了各项工作。

一年来，外交工作成果丰硕。习近平主席等国家领导人出访多国，出席二十国集团领导人峰会、金砖国家领导人会晤、上海合作组织峰会、东亚合作领导人系列会议、亚欧首脑会议、达沃斯论坛等重大活动。成功举办亚太经合组织第二十二次领导人非正式会议、亚信会议第四次峰会、博鳌亚洲论坛。积极参与多边机制建立和国际规则制定。大国外交稳中有进，周边外交呈现新局面，同发展中国家合作取得新进展，经济外交成果显著。推进丝绸之路经济带和21世纪海上丝绸之路建设，筹建亚洲基础设施投资银行，设立丝路基金。我们与各国的交往合作越来越紧密，中国在国际舞台上负责任大国形象日益彰显。

各位代表！

一年来取得的成绩，是以习近平同志为总书记的党中央统揽全局、科学决策的结果，是全党全军全国各族人民共同努力、不懈奋斗的结果。我代表国务院，向全国各族人民，向各民主党派、各人民团体和各界人士，表示诚挚感谢！向香港特别行政区同胞、澳门特别行政区同胞、台湾同胞和海外侨胞，表示诚挚感谢！向关心和支持中国现代化建设事业的各国政府、国际组织和各国朋友，表示诚挚感谢！

我们既要看到成绩，更要看到前进中的困难和挑战。投资增长乏力，新的消费热点不多，国际市场没有大的起色，稳增长难度加大，一些领域仍存在风险隐患。工业产品价格持续下降，生产要素成本上升，小微企业融资难融资贵问题突出，企业生产经营困难增多。经济发展方式比较粗放，创新能力不足，产能过剩问题突出，农业基础薄弱。群众对医疗、养老、住房、交通、教育、收入分配、食品安全、社会治安等还有不少不满意的地方。有些地方环境污染严重，重大安全事故时有发生。政府工作还存在不足，有些政策措施落实不到位。少数政府机关工作人员乱作为，一些腐败问题触目惊心，有的为官不为，在其位不谋其政，该办的事不办。我们要直面问题，安不忘危，治不忘乱，勇于担当，不辱历史使命，不负人民重托。

二、2015年工作总体部署

我国是世界上最大的发展中国家，仍处于并将长期处于社会主义初级阶段，发展是硬道理，是解决一切问题的基础和关键。化解各种矛盾和风险，跨越"中等收入陷阱"，实现现代化，根本要靠发展，发展必须有合理的增长速度。同时，我国经济发展进入新常态，正处在爬坡过坎的关口，体制机制弊端和结构性矛盾是"拦路虎",不深化改革和调整经济结构,就难以实现平稳健康发展。我们必须毫不动摇坚持以经济建设为中心,切实抓好发展这个执政兴国第一要务。必须坚持不懈依靠改革推动科学发展,加快转变经济发展方式,实现有质量有效益可持续的发展。

当前,世界经济正处于深度调整之中,复苏动力不足,地缘政治影响加重,不确定因素增多,推动增长、增加就业、调整结构成为国际社会共识。我国经济下行压力还在加大,发展中深层次矛盾凸显,今年面临的困难可能比去年还要大。同时,我国发展仍处于可以大有作为的重要战略机遇期,有巨大的潜力、韧性和回旋余地。新型工业化、信息化、城镇化、农业现代化持续推进,发展基础日益雄厚,改革红利正在释放,宏观调控积累了丰富经验。我们必须增强忧患意识,坚定必胜信念,牢牢把握发展的主动权。

新的一年是全面深化改革的关键之年,是全面推进依法治国的开局之年,也是稳增长调结构的紧要之年。政府工作的总体要求是:高举中国特色社会主义伟大旗帜,以邓小平理论、"三个代表"重要思想、科学发展观为指导,全面贯彻党的十八大和十八届三中、四中全会精神,贯彻落实习近平总书记系列重要讲话精神,按照"四个全面"战略布局,主动适应和引领经济发展新常态,坚持稳中求进工作总基调,保持经济运行在合理区间,着力提高经济发展质量和效益,把转方式调结构放到更加重要位置,狠抓改革攻坚,突出创新驱动,强化风险防控,加强民生保障,处理好改革发展稳定关系,全面推进社会主义经济建设、政治建设、文化建设、社会建设、生态文明建设,促进经济平稳健康发展和社会和谐稳定。

我们要把握好总体要求,着眼于保持中高速增长和迈向中高端水平"双目标",坚持稳政策稳预期和促改革调结构"双结合",打造大众创业、万众创新和增加公共产品、公共服务"双引擎",推动发展调速不减势、量增质更优,实现中国经济提质增效升级。

今年经济社会发展的主要预期目标是:国内生产总值增长7%左右,居民消费价格涨幅3%左右,城镇新增就业1000万人以上,城镇登记失业率4.5%以内,进出口增长6%左右,国际收支基本平衡,居民收入增长与经济发展同步。能耗强度下降3.1%以上,主要污染物排放继续减少。

经济增长预期7%左右,考虑了需要和可能,与全面建成小康社会目标相衔接,与经济总量扩大和结构升级的要求相适应,符合发展规律,符合客观实际。以这样的速度保持较长时期发展,实现现代化的物质基础就会更加雄厚。稳增长也是为了保就业，随着服务业比重上升、小微企业增多和经济体量增大，7%左右的速度可以实现比较充分的就业。各地要从实际出发，积极进取、挖掘潜力，努力争取更好结果。

做好今年政府工作，要把握好以下三点。

第一，稳定和完善宏观经济政策。继续实施积极的财政政策和稳健的货币政策，更加注重预调微调，更加注重定向调控，用好增量，盘活存量，重点支持薄弱环节。以微观活力支撑宏观稳定，以供给创新带动需求扩大，以结构调整促进总量平衡，确保经济运行在合理区间。

积极的财政政策要加力增效。今年拟安排财政赤字1.62万亿元，比去年增加2700亿元，赤字率从去年的2.1%提高到2.3%。其中，中央财政赤字1.12万亿元，增加1700亿元；地方财政赤字5000亿元，增加1000亿元。处理好债务管理与稳增长的关系，创新和完善地方政府举债融资机制。适当发行专项债券。保障符合条件的在建项目后续融资，防范和化解风险隐患。优化财政支出结构，大力盘活存量资金，提高使用效率。继续实行结构性减税和普遍性降费，进一步减轻企业特别是小微企业负担。

稳健的货币政策要松紧适度。广义货币M2预期增长12%左右，在实际执行中，根据经济发展需要，也可以略高些。加强和改善宏观审慎管理，灵活运用公开市场操作、利率、存款准备金率、再贷款等货币政策工具，保持货币信贷和社会融资规模平稳增长。加快资金周转，优化信贷结构，提高直接融资比重，降低社会融资成本，让更多的金融活水流向实体经济。

第二，保持稳增长与调结构的平衡。我国发展面临"三期叠加"矛盾，资源环境约束加大，劳动力等要素成本上升，高投入、高消耗、偏重数量扩张的发展方式已经难以为继，必须推动经济在稳定增长中优化结构。既要稳住速度，确保经济平稳运行，确保居民就业和收入持续增加，为调结构转方式创造有利条件；又要调整结构，夯实稳增长的基础。要增加研发投入，提高全要素生产率，加强质量、标准和品牌建设，促进服务业和战略性新兴产业比重提高、水平提升，优化经济发展空间格局，加快培育新的增长点和增长极，实现在发展中升级、在升级中发展。

第三，培育和催生经济社会发展新动力。当前经济增长的传统动力减弱，必须加大结构性改革力度，加快实施创新驱动发展战略，改造传统引擎，打造新引擎。一方面，增加公共产品和服务供给，加大政府对教育、卫生等的投入，鼓励社会参与，提高供给效率。这既能补短板、惠民生，也有利于扩需求、促发展。另一方面，推动大众创业、万众创新。这既可以扩大就业、增加居民收入，又有利于促进社会纵向流动和公平正义。我国有13亿人口、9亿劳动力资源，人民勤劳而智慧，蕴藏着无穷的创造力，千千万万个市场细胞活跃起来，必将汇聚成发展的巨大动能，一定能够顶住经济下行压力，让中国经济始终充满勃勃生机。政府要勇于自我革命，给市场和社会留足空间，为公平竞争搭好舞台。个人和企业要勇于创业创新，全社会要厚植创业创新文化，让人们在创造财富的过程中，更好地实现精神追求和自身价值。

今年是"十二五"收官之年，我们要在完成"十二五"经济社会发展目标任务的同时，以改革的精神、创新的理念和科学的方法，做好"十三五"规划纲要编制工作，谋划好未来五年的发展蓝图。

三、把改革开放扎实推向纵深

改革开放是推动发展的制胜法宝。必须以经济体制改革为重点全面深化改革，统筹兼顾，真抓实干，在牵动全局的改革上取得新突破，增强发展新动能。

加大简政放权、放管结合改革力度。今年再取消和下放一批行政审批事项，全部取消非行政许可审批，建立规范行政审批的管理制度。深化商事制度改革，进一步简化注册资本登记，逐步实现"三证合一"，清理规范中介服务。制定市场准入负面清单，公布省级政府权力清单、责任清单，切实做到法无授权不可为、法定职责必须为。地方政府对应当放给市场和社会的权力，要彻底放、不截留，对上级下放的审批事项，要接得住、管得好。加强事中事后监管，健全为企业和社会服务一张网，推进社会信用体系建设，建立全国统一的社会信用代码制度和信用信息共享交换平台，依法保护企业和个人信息安全。大道至简，有权不可任性。各级政府都要建立简政放权、转变职能的有力推进机制，给企业松绑，为创业提供便利，营造公平竞争环境。所有行政审批事项都要简化程序，明确时限，用政府权力的"减法"，换取市场活力的"乘法"。

多管齐下改革投融资体制。大幅缩减政府核准投资项目范围，下放核准权限。大幅减少投资项目前置审批，实行项目核准网上并联办理。大幅放宽民间投资市场准入，鼓励社会资本发起设立股权投资基金。政府采取投资补助、资本金注入、设立基金等办法，引导社会资本投入重点项目。以用好铁路发展基金为抓手，深化铁路投、融资改革。在基础设施、公用事业等领域，积极推广政府和社会资本合作模式。

不失时机加快价格改革。改革方向是发挥市场在资源配置中的决定性作用，大幅缩减政府定价种类和项目，具备竞争条件的商品和服务价格原则上都要放开。取消绝大部分药品政府定价，下放一批基本公共服务收费定价权。扩大输配电价改革试点，推进农业水价改革，健全节能环保价格政策。完善资源性产品价格，全面实行居民阶梯价格制度。同时必须加强价格监管，规范市场秩序，确保低收入群众基本生活。

推动财税体制改革取得新进展。实行全面规范、公开透明的预算管理制度，除法定涉密信息外，中央和地方所有部门预决算都要公开，全面接受社会监督。提高国有资本经营预算调入一般公共预算的比例。推行中期财政规划管理。制定盘活财政存量资金的有效办法。力争全面完成"营改增"，调整完善消费税政策，扩大资源税从价计征范围。提请修订税收征管法。改革转移支付制度，完善中央和地方的事权与支出责任，合理调整中央和地方收入划分。

围绕服务实体经济推进金融改革。推动具备条件的民间资本依法发起设立中小型银行等金融机构，成熟一家，批准一家，不设限额。深化农村信用社改革，稳定其县域法人地位。发挥好开发性金融、政策性金融在增加公共产品供给中的作用。推出存款保险制度。推进利率市场化改革，健全中央银行利率调控框架。保持人民币汇率处于合理均衡水平，增强人民币汇率双向浮动弹性。稳步实现人民币资本项目可兑换，扩大人民币国际使用，加快建设人民币跨境支付系统，完善人民币全球清算服务体系，开展个人投资者境外投资试点，适时启动"深港通"试点。加强多层次资本市场体系建设，实施股票发行注册制改革，发展服务中小企业的区域性股权市场，开展股权众筹融资试点，推进信贷资产证券化，扩大企业债券发行规模，发展金融衍生品市场。推出巨灾保险、个人税收递延型商业养老保险。创新金融监管，防范和化解金融风险。大力发展普惠金融，让所有市场主体都能分享金融服务的雨露甘霖。

深化国企国资改革。准确界定不同国有企业功能，分类推进改革。加快国有资本投资公司、运营公司试点，打造市场化运作平台，提高国有资本运营效率。有序实施国有企业混合所有制改革，鼓励和规范投资项目引入非国有资本参股。加快电力、油气等体制改革。多渠道解决企业办社会负担和历史遗留问题，保障职工合法权益。完善现代企业制度，改革和健全企业经营者激励约束机制。要加强国有资产监管，防止国有资产流失，切实提高国有企业的经营效益。

非公有制经济是我国经济的重要组成部分。必须毫不动摇鼓励、支持、引导非公有制经济发展，注重发挥企业家才能，全面落实促进民营经济发展的政策措施，增强各类所有制经济活力，让各类企业法人财产权依法得到保护。

继续推进科技、教育、文化、医药卫生、养老保险、事业单位、住房公积金等领域改革。发展需要改革添动力，群众期盼改革出实效，我们要努力交出一份为发展加力、让人民受益的改革答卷。

开放也是改革。必须实施新一轮高水平对外开放，加快构建开放型经济新体制，以开放的主动赢得发展的主动、国际竞争的主动。

推动外贸转型升级。完善出口退税负担机制，自2015年起增量部分由中央财政全额负担，让地方和企业吃上"定心丸"。清理规范进出口环节收费，建立并公开收费项目清单。实施培育外贸竞争新优势的政策措施，促进加工贸易转型，发展外贸综合服务平台和市场采购贸易，扩大跨境电子商务综合试点，增加服务外包示范城市数量，提高服务贸易比重。实施更加积极的进口政策，扩大先进技术、关键设备、重要零部件等进口。

更加积极有效利用外资。修订外商投资产业指导目录，重点扩大服务业和一般制造业开放，把外商投资限制类条目缩减一半。全面推行普遍备案、有限核准的管理制度，大幅下放鼓励类项目核准权，积极探索准入前国民待遇加负面清单管理模式。修订外商投资相关法律，健全外商投资监管体系，打造稳定公平透明可预期的营商环境。

加快实施走出去战略。鼓励企业参与境外基础设施建设和产能合作，推动铁路、电力、通信、工程机械以及汽车、飞机、电子等中国装备走向世界，促进冶金、建材等产业对外投资。实行以备案制为主的对外投资管理方式。扩大出口信用保险规模，对大型成套设备出口融资应保尽保。拓宽外汇储备运用渠道，健全金融、信息、法律、领事保护服务。注重风险防范，提高海外权益保障能力。让中国企业走得出、走得稳，在国际竞争中强筋健骨、发展壮大。

构建全方位对外开放新格局。推进丝绸之路经济带和21世纪海上丝绸之路合作建设。加快互联互通、大通关和国际物流大通道建设。构建中巴、孟中印缅等经济走廊。扩大内陆和沿边开放，促进经济技术开发区创新发展，提高边境经济合作区、跨境经济合作区发展水平。积极推动上海和广东、天津、福建自贸试验区建设，在全国推广成熟经验，形成各具特色的改革开放高地。

统筹多双边和区域开放合作。维护多边贸易体制，推动信息技术协定扩围，积极参与环境产品、政府采购等国际谈判。加快实施自贸区战略，尽早签署中韩、中澳自贸协定，加快中日韩自贸区谈判，推动与海合会、以色列等自贸区谈判，力争完成中国－东盟自贸区升级谈判和区域全面经济伙伴关系协定谈判，建设亚太自贸区。推进中美、中欧投资协定谈判。中国是负责任、敢担当的国家，我们愿做互利共赢发展理念的践行者、全球经济体系的建设者、经济全球化的推动者。

四、协调推动经济稳定增长和结构优化

稳增长和调结构相辅相成。我们既要全力保持经济在合理区间运行，又要积极促进经济转型升级、行稳致远。

加快培育消费增长点。鼓励大众消费，控制"三公"消费。促进养老家政健康消费，壮大信息消费，提升旅游休闲消费，推动绿色消费，稳定住房消费，扩大教育文化体育消费。全面推进"三网"融合，加快建设光纤网络，大幅提升宽带网络速率，发展物流快递，把以互联网为载体、线上线下互动的新兴消费搞得红红火火。建立健全消费品质量安全监管、追溯、召回制度，严肃查处制售假冒伪劣行为，保护消费者合法权益。扩大消费要汇小溪成大河，让亿万群众的消费潜力成为拉动经济增长的强劲动力。

增加公共产品有效投资。确保完成"十二五"规划重点建设任务，启动实施一批新的重大工程项目。主要是：棚户区和危房改造、城市地下管网等民生项目，中西部铁路和公路、内河航道等重大交通项目，水利、高标准农田等农业项目，信息、电力、油气等重大网络项目，清洁能源及油气矿产资源保障项目，传统产业技术改造等项目，节能环保和生态建设项目。今年中央预算内投资增加到4776亿元，但政府不唱"独角戏"，要更大激发民间投资活力，引导社会资本投向更多领域。铁路投资要保持在8000亿元以上，新投产里程8000公里以上，在全国基本实现高速公路电子不停车收费联网，使交通真正成为发展的先行官。重大水利工程已开工的57个项目要加快建设，今年再开工27个项目，在建重大水利工程投资规模超过8000亿元。棚改、铁路、水利等投资多箭齐发，重点向中西部地区倾斜，使巨大的内需得到更多释放。

加快推进农业现代化。坚持"三农"重中之重地位不动摇，加快转变农业发展方式，让农业更强、农民更富、农村更美。

今年粮食产量要稳定在5.5亿吨以上，保障粮食安全和主要农产品供给。坚守耕地红线，全面开展永久基本农田划定工作，实施耕地质量保护与提升行动，推进土地整治，增加深松土地1333万公顷。加强农田水利基本建设，大力发展节水农业。加快新技术、新品种、新农机研发推广应用。引导农民瞄准市场调整种养结构，支持农产品加工特别是主产区粮食就地转化，开展粮食作物改为饲料作物试点。综合治理农药兽药残留等问题，全面提高农产品质量和食品安全水平。

新农村建设要惠及广大农民。突出加强水和路的建设，今年再解决6000万农村人口饮水安全问题，新建改建农村公路20万公里，全面完成西部边远山区溜索改桥任务。力争让最后20多万无电人口都能用上电。以垃圾、污水为重点加强环境治理，建设美丽宜居乡村。多渠道促进农民增收，保持城乡居民收入差距缩小势头。持续打好扶贫攻坚战，深入推进集中连片特困地区扶贫开发，实施精准扶贫、精准脱贫。难度再大，今年也要再减少农村贫困人口1000万人以上。

推进农业现代化，改革是关键。要在稳定家庭经营的基础上，支持种养大户、家庭农牧场、农民合作社、产业化龙头企业等新型经营主体发展，培养新型职业农民，推进多种形式适度规模经营。做好土地确权登记颁证工作，审慎开展农村土地征收、集体经营性建设用地入市、宅基地制度、集体产权制度等改革试点。在改革中，要确保耕地数量不减少、质量不下降、农民利益有保障。深化供销社、农垦、种业、国有林场林区等改革，办好农村改革试验区和现代农业示范区。完善粮食最低收购价和临时收储政策，改进农产品目标价格补贴办法。加强涉农资金统筹整合和管理。无论财政多困难，惠农政策只能加强不能削弱，支农资金只能增加不能减少。

推进新型城镇化取得新突破。城镇化是解决城乡差距的根本途径，也是最大的内需所在。要坚持以人为核心，以解决三个1亿人问题为着力点，发挥好城镇化对现代化的支撑作用。

加大城镇棚户区和城乡危房改造力度。今年保障性安居工程新安排740万套，其中棚户区改造580万套，增加110万套，把城市危房改造纳入棚改政策范围。农村危房改造366万户，增加100万户，统筹推进农房抗震改造。住房保障逐步实行实物保障与货币补贴并举，把一些存量房转为公租房和安置房。对居住特别困难的低保家庭，给予住房救助。坚持分类指导，因地施策，落实地方政府主体责任，支持居民自住和改善性住房需求，促进房地产市场平稳健康发展。用改革的办法解决城镇化难点问题。抓紧实施户籍制度改革，落实放宽户口迁移政策。对已在城镇就业和居住但尚未落户的外来人口，以居住证为载体提供相应基本公共服务，取消居住证收费。建立财政转移支付与市民化挂钩机制，合理分担农民工市民化成本。建立规范多元可持续的城市建设投融资机制。坚持节约集约用地，稳妥建立城乡统一的建设用地市场，完善和拓展城乡建设用地增减挂钩试点。加强资金和政策支持，扩大新型城镇化综合试点。

提升城镇规划建设管理水平。制定实施城市群规划，有序推进基础设施和基本公共服务同城化。完善设市标准，实行特大镇扩权增能试点，控制超大城市人口规模，提升地级市、县城和中心镇产业和人口承载能力，方便农民就近城镇化。发展智慧城市，保护和传承历史、地域文化。加强城市供水供气供电、公交和防洪防涝设施等建设。坚决治理污染、拥堵等城市病，让出行更方便、环境更宜居。

拓展区域发展新空间。统筹实施"四大板块"和"三个支撑带"战略组合。在西部地区开工建设一批综合交通、能源、水利、生态、民生等重大项目，落实好全面振兴东北地区等老工业基地政策措施，加快中部地区综合交通枢纽和网络等建设，支持东部地区率先发展，加大对革命老区、民族地区、边疆地区、贫困地区支持力度，完善差别化的区域发展政策。把"一带一路"建设与区域开发开放结合起来，加强新亚欧大陆桥、陆海口岸支点建设。推进京津冀协同发展，在交通一体化、生态环保、产业升级转移等方面率先取得实质性突破。推进长江经济带建设，有序开工黄金水道治理、沿江码头口岸等重大项目，构筑综合立体大通道，建设产业转移示范区，引导产业由东向西梯度转移。加速资源枯竭型城市转型升级。加强中西部重点开发区建设，深化泛珠三角等区域合作。

我国是海洋大国，要编制实施海洋战略规划，发展海洋经济，保护海洋生态环境，提高海洋科技水平，强化海洋综合管理，加强海上力量建设，坚决维护国家海洋权益，妥善处理海上纠纷，积极拓展双边和多边海洋合作，向海洋强国的目标迈进。

推动产业结构迈向中高端。制造业是我们的优势产业。要实施"中国制造2025"，坚持创新驱动、智能转型、强化基础、绿色发展，加快从制造大国转向制造强国。采取财政贴息、加速折旧等措施，推动传统产业技术改造。

坚持有保有压，化解过剩产能，支持企业兼并重组，在市场竞争中优胜劣汰。促进工业化和信息化深度融合，开发利用网络化、数字化、智能化等技术，着力在一些关键领域抢占先机、取得突破。

新兴产业和新兴业态是竞争高地。要实施高端装备、信息网络、集成电路、新能源、新材料、生物医药、航空发动机、燃气轮机等重大项目，把一批新兴产业培育成主导产业。制定"互联网＋"行动计划，推动移动互联网、云计算、大数据、物联网等与现代制造业结合，促进电子商务、工业互联网和互联网金融健康发展，引导互联网企业拓展国际市场。国家已设立400亿元新兴产业创业投资引导基金，要整合筹措更多资金，为产业创新加油助力。

服务业就业容量大，发展前景广。要深化服务业改革开放，落实财税、土地、价格等支持政策以及带薪休假等制度，大力发展旅游、健康、养老、创意设计等生活和生产服务业。深化流通体制改革，加强大型农产品批发、仓储和冷链等现代物流设施建设，努力大幅降低流通成本。

以体制创新推动科技创新。创新创造关键在人。要加快科技成果使用处置和收益管理改革，扩大股权和分红激励政策实施范围，完善科技成果转化、职务发明法律制度，使创新人才分享成果收益。制定促进科研人员流动政策，改革科技评价、职称评定和国家奖励制度，推进科研院所分类改革。引进国外高质量人才和智力。深入实施知识产权战略行动计划，依法打击侵权行为，切实保护发明创造，让创新之树枝繁叶茂。

企业是技术创新的主体。要落实和完善企业研发费用加计扣除、高新技术企业扶持等普惠性政策，鼓励企业增加创新投入。支持企业更多参与重大科技项目实施、科研平台建设，推进企业主导的产学研协同创新。大力发展众创空间，增设国家自主创新示范区，办好国家高新区，发挥集聚创新要素的领头羊作用。中小微企业大有可为，要扶上马、送一程，使"草根"创新蔚然成风、遍地开花。

提高创新效率重在优化科技资源配置。要改革中央财政科技计划管理方式，建立公开统一的国家科技管理平台。政府重点支持基础研究、前沿技术和重大关键共性技术研究，鼓励原始创新，加快实施国家科技重大项目，向社会全面开放重大科研基础设施和大型科研仪器。把亿万人民的聪明才智调动起来，就一定能够迎来万众创新的浪潮。

五、持续推进民生改善和社会建设

立国之道，唯在富民。要以增进民生福祉为目的，加快发展社会事业，改革完善收入分配制度，千方百计增加居民收入，促进社会公平正义与和谐进步。

着力促进创业就业。坚持就业优先，以创业带动就业。今年高校毕业生749万人，为历史最高。要加强就业指导和创业教育，落实高校毕业生就业促进计划，鼓励到基层就业。实施好大学生创业引领计划，支持到新兴产业创业。做好结构调整、过剩产能化解中失业人员的再就业工作。统筹农村转移劳动力、城镇困难人员、退役军人就业，实施农民工职业技能提升计划，落实和完善失业保险支持企业稳定就业岗位政策。全面治理拖欠农民工工资问题，健全劳动监察和争议处理机制，让法律成为劳动者权益的守护神。

加强社会保障和增加居民收入。企业退休人员基本养老金标准提高10%。城乡居民基础养老金标准统一由55元提高到70元。推进城镇职工基础养老金全国统筹。降低失业保险、工伤保险等缴费率。完善最低工资标准调整机制。落实机关事业单位养老保险制度改革措施，同步完善工资制度，对基层工作人员给予政策倾斜。在县以下机关建立公务员职务和职级并行制度。加强重特大疾病医疗救助，全面实施临时救助制度，让遇到急难特困的群众求助有门、受助及时。对困境儿童、高龄和失能老人、重度和贫困残疾人等特困群体，健全福利保障制度和服务体系。继续提高城乡低保水平，提升优抚对象抚恤和生活补助标准。提高工资和保障标准等政策的受益面广，各级政府一定要落实到位。民之疾苦，国之要事，我们要竭尽全力，坚决把民生底线兜住兜牢。

促进教育公平发展和质量提升。教育是今天的事业、明天的希望。要坚持立德树人，增强学生的社会责任感、创新精神、实践能力，培养中国特色社会主义建设者和接班人。深化省级政府教育统筹改革、高等院校综合改革和考试招生制度改革。加快义务教育学校标准化建设，改善薄弱学校和寄宿制学校基本办学条件。落实农民工随迁子女在流入地接受义务教育政策，完善后续升学政策。全面推进现代职业教育体系建设。引导部分地方本科高校向应用型转变，通过对口支援等方式支持中西部高等教育发展，继续提高中西部地区和人口大省高考录取率。建设世界一流大学和一流学科。加强特殊教育、学前教育、继续教育和民族地区各类教育。促进民办教育健康发展。加强教师队伍建设。为切实把教育事业办好，我们要保证投入，花好每一分钱。要畅通农村和贫困地区学子纵向流动的渠道，让每个人都有机会通过教育改变自身命运。

加快健全基本医疗卫生制度。完善城乡居民基本医保，财政补助标准由每人每年320元提高到380元，基本实现居民医疗费用省内直接结算，稳步推行退休人员医疗费用跨省直接结算。全面实施城乡居民大病保险制度。深化基层医疗卫生机构综合改革，加强全科医生制度建设，完善分级诊疗体系。全面推开县级公立医院综合改革，在100个地级以上城市进行公立医院改革试点，破除以药补医，降低虚高药价，合理调整医疗服务价格，通过医保支付等方式平衡费用，努力减轻群众负担。鼓励医生到基层多点执业，发展社会办医。开展省级深化医改综合试点。加快建立医疗纠纷预防调解机制。人均基本公共卫生服务经费补助标准由35元提高到40元，增量全部用于支付村医的基本公共卫生服务，方便几亿农民就地就近看病就医。加强重大疾病防控。积极发展中医药和民族医药事业。推进计划生育服务管理改革。健康是群众的基本需求，我们要不断提高医疗卫生水平，打造健康中国。

让人民群众享有更多更好文化发展成果。文化是民族的精神命脉和创造源泉。要践行社会主义核心价值观，弘扬中华优秀传统文化。繁荣发展哲学社会科学，发展文学艺术、新闻出版、广播影视、档案等事业，重视文物、非物质文化遗产保护。提供更多优秀文艺作品，倡导全民阅读，建设学习型社会，提高国民素质。深化文化体制改革，逐步推进基本公共文化服务标准化均等化，扩大公共文化设施免费开放范围，发挥基层综合性文化服务中心作用，促进传统媒体与新兴媒体融合发展。拓展中外人文交流，加强国际传播能力建设。发展全民健身、竞技体育和体育产业，做好2022年冬奥会申办工作。

加强和创新社会治理。深化社会组织管理制度改革，加快行业协会商会与行政机关脱钩。支持群团组织依法参与社会治理，发展专业社会工作、志愿服务和慈善事业。鼓励社会力量兴办养老设施，发展社区和居家养老。为农村留守儿童、妇女、老人提供关爱服务，建立未成年人社会保护制度，切实保障妇女儿童权益。提高公共突发事件防范处置和防灾救灾减灾能力。做好地震、气象、测绘、地质等工作。深入开展法治宣传教育，加强人民调解工作，完善法律援助制度，落实重大决策社会稳定风险评估机制，有效预防和化解社会矛盾。把信访纳入法治轨道，及时就地解决群众合理诉求。深化平安中国建设，健全立体化社会治安防控体系，依法惩治暴恐、黄赌毒、邪教、走私等违法犯罪行为，发展和规范网络空间，确保国家安全和公共安全。

人的生命最为宝贵，要采取更坚决措施，全方位强化安全生产，全过程保障食品药品安全。

打好节能减排和环境治理攻坚战。环境污染是民生之患、民心之痛，要铁腕治理。今年，二氧化碳排放强度要降低3.1%以上，化学需氧量、氨氮排放都要减少2%左右，二氧化硫、氮氧化物排放要分别减少3%左右和5%左右。深入实施大气污染防治行动计划，实行区域联防联控，加强煤炭清洁高效利用，推动燃煤电厂超低排放改造，促进重点区域煤炭消费零增长。推广新能源汽车，治理机动车尾气，提高油品标准和质量，在重点区域内重点城市全面供应国五标准车用汽柴油。2005年底前注册营运的黄标车今年要全部淘汰。积极应对气候变化，扩大碳排放权交易试点。实施水污染防治行动计划，加强江河湖海水污染、水污染源和农业面源污染治理，实行从水源地到水龙头全过程监管。加强土壤污染防治。推行环境污染第三方治理。做好环保税立法工作。我们一定要严格环境执法，对偷排偷放者出重拳，让其付出沉重的代价；对姑息纵容者严问责，使其受到应有的处罚。

能源生产和消费革命，关乎发展与民生。要大力发展风电、光伏发电、生物质能，积极发展水电，安全发展核电，开发利用页岩气、煤层气。控制能源消费总量，加强工业、交通、建筑等重点领域节能。积极发展循环经济，大力推进工业废物和生活垃圾资源化利用。我国节能环保市场潜力巨大，要把节能环保产业打造成新兴的支柱产业。

森林草原、江河湿地是大自然赐予人类的绿色财富，必须倍加珍惜。要推进重大生态工程建设，拓展重点生态功能区，办好生态文明先行示范区，开展国土江河综合整治试点，扩大流域上下游横向补偿机制试点，保护好三江源。扩大天然林保护范围，有序停止天然林商业性采伐。今年新增退耕还林还草66.7万公顷，造林600万公顷。生态环保贵在行动、成在坚持，我们必须紧抓不松劲，一定要实现蓝天常在、绿水长流、永续发展。

六、切实加强政府自身建设

我们要全面推进依法治国，加快建设法治政府、创新政府、廉洁政府和服务型政府，增强政府执行力和公信力，促进国家治理体系和治理能力现代化。

坚持依宪施政，依法行政，把政府工作全面纳入法治轨道。宪法是我们根本的活动准则，各级政府及其工作人员都必须严格遵守。要尊法学法守法用法，依法全面履行职责，所有行政行为都要于法有据，任何政府部门都不得法外设权。深化行政执法体制改革，严格规范公正文明执法，加快推进综合执法，全面落实行政执法责任制。一切违法违规的行为都要追究，一切执法不公正不文明的现象都必须纠正。

坚持创新管理，强化服务，着力提高政府效能。提供基本公共服务尽可能采用购买服务方式，第三方可提供的事务性管理服务交给市场或社会去办。扎实开展政府协商，积极推进决策科学化民主化，重视发挥智库作用。全面实行政务公开，推广电子政务和网上办事。各级政府要自觉接受同级人大及其常委会的监督，接受人民政协的民主监督，认真听取人大代表、政协委员、民主党派、工商联、无党派人士和各人民团体的意见。我们的所有工作都要全面接受人民的监督，充分体现人民的意愿。

坚持依法用权，倡俭治奢，深入推进党风廉政建设和反腐败工作。认真落实党中央八项规定精神，坚持不懈纠正"四风"，继续严格执行国务院"约法三章"。腐败现象的一个共同特征就是权力寻租，要以权力瘦身为廉政强身，紧紧扎住制度围栏，坚决打掉寻租空间，努力铲除腐败土壤。加强行政监察，发挥审计监督作用，对公共资金、公共资源、国有资产严加监管。始终保持反腐高压态势，对腐败分子零容忍、严查处。对腐败行为，无论出现在领导机关，还是发生在群众身边，都必须严加惩治。

坚持主动作为，狠抓落实，切实做到勤政为民。经济发展进入新常态，精神面貌要有新状态。广大公务员特别是领导干部要始终把为人民谋发展增福祉作为最大责任，始终把现代化建设使命扛在肩上，始终把群众冷暖忧乐放在心头。各级政府要切实履行职责，狠抓贯彻落实，创造性开展工作。完善政绩考核评价机制，对实绩突出的要大力褒奖，对工作不力的要约谈诫勉，对为官不为、懒政怠政的要公开曝光、坚决追究责任。

各位代表！

我国是统一的多民族国家，巩固和发展平等团结互助和谐的社会主义民族关系，是全国各族人民的根本利益和共同责任。要坚持和完善民族区域自治制度，加大对欠发达的民族地区支持力度，扶持人口较少民族发展，推进兴边富民行动，保护和发展少数民族优秀传统文化及特色村镇，促进各民族交往交流交融。组织好西藏自治区成立50周年和新疆维吾尔自治区成立60周年庆祝活动。各族人民和睦相处、和衷共济、和谐发展，中华民族大家庭一定会更加繁荣昌盛、幸福安康。

我们要全面贯彻党的宗教工作基本方针，促进宗教关系和谐，维护宗教界合法权益，发挥宗教界人士和信教群众在促进经济社会发展中的积极作用。

我们要更好发挥海外侨胞和归侨侨眷参与祖国现代化建设、促进祖国和平统一、推进中外交流合作的独特作用，使海内外中华儿女的向心力不断增强。

各位代表!

建设巩固的国防和强大的军队，是维护国家主权、安全和发展利益的根本保障。要紧紧围绕党在新形势下的强军目标，坚持党对军队绝对领导的根本原则，统筹抓好各方面各领域军事斗争准备，保持边防海防空防安全稳定。全面加强现代后勤建设，加大国防科研和高新技术武器装备建设力度，发展国防科技工业。深化国防和军队改革，提高国防和军队建设法治化水平。加强现代化武装警察力量建设。增强全民国防意识，推进国防动员和后备力量建设。坚持国防建设和经济建设协调发展，促进军民融合深度发展。各级政府要始终如一地关心和支持国防和军队建设，坚定不移地巩固和促进军政军民团结。

各位代表!

我们将坚定不移地贯彻"一国两制"、"港人治港"、"澳人治澳"、高度自治方针，严格依照宪法和基本法办事。全力支持香港、澳门特别行政区行政长官和政府依法施政，发展经济，改善民生，推进民主，促进和谐。加强内地与港澳各领域交流合作，继续发挥香港、澳门在国家改革开放和现代化建设中的特殊作用。我们坚信，有中央政府一以贯之的大力支持，不断提升港澳自身竞争力，香港、澳门就一定能够保持长期繁荣稳定。

我们将坚持对台工作大政方针，巩固两岸坚持"九二共识"、反对"台独"的政治基础，保持两岸关系和平发展正确方向。努力推进两岸协商对话，推动经济互利融合，加强基层和青少年交流。依法保护台湾同胞权益，让更多民众分享两岸关系和平发展成果。我们期待两岸同胞不断增进了解互信，密切骨肉亲情，拉近心理距离，为实现祖国和平统一贡献力量。我们坚信，两岸关系和平发展是不可阻挡、不可逆转的历史潮流。

各位代表!

我们将继续高举和平发展合作共赢旗帜，统筹国内国际两个大局，始终不渝走和平发展道路，始终不渝奉行互利共赢开放战略，坚决维护国家主权安全发展利益，维护我国公民和法人海外合法权益，推动建立以合作共赢为核心的新型国际关系。深化与各大国战略对话和务实合作，构建健康稳定的大国关系框架。全面推进周边外交，打造周边命运共同体。加强同发展中国家团结合作，维护共同利益。积极参与国际多边事务，推动国际体系和秩序朝着更加公正合理方向发展。办好纪念中国人民抗日战争暨世界反法西斯战争胜利70周年相关活动，同国际社会共同维护二战胜利成果和国际公平正义。我们愿与世界各国携手并肩，维护更加持久的和平，建设更加繁荣的世界。

各位代表！

时代赋予中国发展兴盛的历史机遇。让我们紧密团结在以习近平同志为总书记的党中央周围，高举中国特色社会主义伟大旗帜，凝神聚力，开拓创新，努力完成今年经济社会发展目标任务，为实现"两个一百年"奋斗目标、建成富强民主文明和谐的社会主义现代化国家、实现中华民族伟大复兴的中国梦作出新的更大贡献！

知识聚焦

一、报告的概念

报告适用于向上级机关汇报工作，反映情况，答复上级机关的询问。

二、报告的特点

1. 单向性

报告是下级机关向上级机关汇报工作、反映情况、提出建议时使用的单方向上行文，除需要批转的报告外，一般不需要上级机关给予答复。

2. 陈述性

报告在汇报工作、反映情况时，所表达的内容和使用的语言都是陈述性的。

3. 事后性

在机关工作中，有"事前请示，事后报告"的说法。

三、报告的类型

1. 报告按内容可分为工作报告、情况报告、答复报告、报送报告等。

各类型见前述范文。

2. 报告按性质可分为综合报告和专题报告。

前者常常采用工作总结、工作计划相结合的方式，如各种代表大会上的工作报告，属于典型的综合报告。后者具有单一性、专项性，一般一事一报，较为迅速及时。

3. 按作用可分为呈报性报告和呈转性报告。

前者上级机关阅知即可，无须批转；后者建议上级机关批转有关方面执行。

四、报告的结构与写法

报告的结构包括标题、主送机关、正文、结尾、落款五部分。报告的正文一般包括原由、事项和结尾三部分。

1. 标题

报告的标题可根据需要省略发文机关，事由和文种不能省略。报告的标题容易出毛病的部分是事由，对事由要注意概括、提炼。

2. 主送机关

一般主送一个上级主管部门；向上级报送的，应写明报送机关名称，在大会上宣读的，可以写出称呼语。

3. 正文

工作报告：一般包括基本情况、主要成绩、经验体会、存在问题、基本教训、今后意见等部分。

情况报告：情况报告常用于向上级汇报情况。

建议报告：建议报告的内容一般比较集中，它的正文可分为情况分析和意见措施两部分。

答复报告：答复报告的内容要体现针对性，有问必答；表述要明确、具体，语言要准确、得体。

报送报告：这类报告的正文只要把报送的物件、材料的名称、数量说明即可。

4. 结尾

一般报告的结尾都有提出要求的习惯性用语，不同内容的报告使用不同的习惯用语。呈转性建议报告常以"如无不妥，请批转有关单位执行"，其他各类报告常以"特此报告"、"专此报告"、"请审阅"、"请批示"等用语作结。

5. 落款

标题中已有发文机关的，往往在标题下写明时间；标题中省略发文机关的，在正文右下角签署发文机关和日期。

任务演练

1. 请你代学校团委向学校党委写一份"开展×××的报告"。要求说明为什么要开展这次活动，怎样开展，有什么具体建议。

2. 情景模拟。

去年 11 月 14 日晚 11 时，某校六号楼 508 室男生宿舍发生火灾，经过近半小时的扑救，大火被扑灭，未造成人员伤亡。事故是由烟头未熄灭造成的，该校后勤服务总公司已进行了相应处理，并制定规章制度，要求所有学生不得在宿舍吸烟，以防止火灾的发生。

请以校后勤服务总公司的名义向学校递交一份报告。

3. 有人说，中国最大的腐败是教育腐败。又有人说，中国大学改革的出路在于去行政化。假定你是我校校长办公室秘书，请以我校教育改革为主旨，为我校写一则报告。

要求：以反映问题为主旨，以解决问题为目的，条理清楚，语言简明，重点突出，字数不限。发文机关和主送机关要符合现实情况。

4. 修改病文。

关于报送我区企事业单位机构设置等情况的报告

市政府办公室：

《关于催报全市企事业单位机构设置等情况的函》（×××办发〔××××〕××号）收悉。

按照此函要求，我们已将我区企事业单位机构设置及其人员组成等情况调查清楚，并统计汇总成表。现将此表报去，请查收并审核。若还有其他要求，请来函或来电说明。

附《××区企事业单位机构设置等情况的报表》

以上报告当否，请批示。

××区政府办公室

××××年×月×日

任务3 请示

——— 范文举例 ———

××省财政厅关于解决××县广播电视设备问题的请示

×财字〔××××〕10号

财政部：

　　××县是我省贫困县之一，近几年在中央和各级领导大力支持下，广播电视事业较以前有了很大的发展，但是，由于该县纯属山区，自然条件差，经济实力非常薄弱，财政资金十分困难，所以，县广播电视事业发展比较缓慢，长期以来全县人民收看不到中央电视台的节目，省电视台的节目也看不好。

　　为使全县人民看好电视节目，县政府采取了经济措施，一方面发动全县人民集资，另一方面县财政挤出一部分资金，建立县电视转播台。总投资90万元，除地方解决50万元外，尚缺资金40万元，特请示中央帮助解决。

　　妥否，请批示。

××省财政厅

××××年×月×日

（联系人：××，联系电话：×× ×× ×× ××）

关于交通肇事是否给予被害者家属抚恤问题的请示

最高人民法院：

　　据我省××县人民法院报告，他们对交通肇事致被害人死亡，是否给予被害者家属抚恤的问题，有不同意见。一种意见认为，被害者是有劳动能力的人，并遗有家属要抚养的，就给予抚恤；被害者若是没有劳动能力的老人或儿童，就不给予抚恤。另一种意见认为，只要不是由被害者自己的过失所引起的死亡事故，不管被害者有无劳动能力，都应酌情给予抚恤，我们同意后一种意见。几年来实践经验证明，这样做有利于安抚死者家属。

　　是否妥当，请批复。

××省高级人民法院

××××年×月×日

关于为开展补偿贸易拟在××服装厂设立专车间生产点的请示

××总公司：

　　今年11月，美国××绸缎公司××先生与香港××丝绸公司××先生来我公司洽谈业务。他们要求我开设专厂或专车间为其生产订货，并表示愿意提供部分缝纫设备及零配件。香港××丝绸公司专营丝绸服装及绣衣，系我公司主要客户，资信良好。预计开展补偿贸易后，双方业务将有进一步的发展。

　　经研究，我们拟从××服装厂拨一层楼面（约×××平方米）设专车间生产点。该服装厂系用出口产品工业贷款筹建，共×××平方米，职工×××人，××年生产总值×××万元，利润×××万元。目前，该服装厂设备开工不足，厂房尚有空余，劳动潜力也未充分挖掘。如接受香港×××丝绸公司所提供的×××台缝纫平车、×××台双针车、×××台五线拷边机，再增加×××名工人，产值和利润均可翻一番。

　　最近，香港××丝绸公司××先生应邀来沪洽谈业务，我们邀请他参观了××服装厂，向他介绍了该厂厂房及有关生产情况。××先生同意采取补偿贸易方式提供上述设备（估计价值×××万港元），初步商定3年内该设备专为他们生产订货。预计投产后，可年产丝绸服装×××万件，收汇×××万港元。设备价款将分期从加工费中偿还。

　　我们认为，上述补偿项目投资少，收效快，可以考虑接受。

　　上述意见，如无不妥，请审核批准。

××分公司（章）

××××年××月××日

关于要求批准我市市直机关规范公务员津贴补贴标准的请示

省公务员工资制度改革与规范政策外补贴工作领导小组办公室：

我市规范公务员津贴补贴按照省的工作部署和要求，2007 年 11 月初已将《清远市规范国家公务员津贴补贴实施方案》和《清远市市直机关规范国家公务员津贴补贴实施方案》上报省政府审批。后接省工改办电话通知称我市上报的方案已经省有关部门研究，并报省政府领导同意，可以组织实施，要求我市市直机关公务员津贴补贴的标准按年人均不超过 4.2 万元的标准重新设计，并报省工改办核准后再实施。我们认为，我市在拟定市直机关公务员年人均 4.8 万元津贴补贴标准时，已充分考虑我市的经济发展状况和财政承受能力，使公务员的收入水平与经济发展相适应。同时做到统筹兼顾，不断加大对县区的扶持力度，新增财力安排也重点向民生倾斜。因此，原上报的方案符合我市实际，是可行的，理由是：

一、近年来，我市财政收入保持快速增长势头、增幅居全省前列。2005 年，全市地方一般预算收入增长 39.08%，增幅位居全省第二；2006 年，全市地方一般预算收入增长 47.93%，增幅位居全省第一；2007 年，全市地方一般预算收入增长 42.25%，增幅位居全省第二。

二、市直财政收入保持快速增长。2005 年，市直地方一般预算收入增长 30.59%，2006 年增长 65.22%，2007 年增长 50.09%。随着财政收入快速增长，可支配财力逐年增加。2005 年收入增量为 7263 万元，安排 2600 万元用于提高津贴补贴，占增量的 35.8%；2006 年收入增量为 9200 万元，安排 2000 万元用于提高津贴补贴，占增量的 21.7%；2007 年收入增量为 22384 万元，安排 2000 万元用于提高津贴补贴，占增量的 8.9%。市直每年安排增加公务员的津贴补贴的数额占增量的比重逐年减少，可见我市有更多的财力安排到民生项目。

三、市财政不断加大对县（区）的补助力度。2005 年市财力补助县（区）5206 万元，增长 3.6%；2006 年市财力补助县（区）7371 万元，增长 41.6%；2007 年市财力补助县（区）14401 万元，增长 95.4%。

四、市直财政新增财力安排重点向民生倾斜。2007 年，市财政 67% 的新增财力用于医疗、教育、社会保障、三农和环保等支出。其中：增加教育投入 4800 万元，增加医疗卫生投入 3000 万元，增加农村合作医疗投入 1670 万元，增加新农村建设及农村安居工程投入 1000 万元，增加农业产业化和一乡一品投入 300 万元，增加环保投入 500 万元。2008 年，计划用于民生方面支出为 12989 万元，占当年新增财力 44.2%，主要是安排教育投入 3000 万元，文化投入 3000 万元，卫生投入 3000 万元，社会保障方面 2142 万元，农业方面 847 万元，安排住房货币化改革 500 万元，安排"平安清远"视频租金 500 万元。

五、2008 年市直机关公务员规范津贴补贴标准按年人均 4.8 万元计算，市财政供养人员的工资性支出为 3.4 亿元，占市直可支配财力的 30%。增加津补贴所需经费，已列入了新年度的预算。根据我市的经济发展状况，预计今后几年，我市市直的财政收入增量均在 30% 以上，有能力逐步提高津贴补贴标准。

我市在提高公务员津补贴的同时相应提高教师和事业单位工作人员的待遇，目前市直学校教师的收入水平已与市直机关公务员持平。因此，我市市直机关公务员规范津贴补贴年人均 4.8 万元的标准是切合实际的。恳请省工改办批准我市市直机关规范公务员津贴补贴按年人均 4.8 万元执行。

特此请示，恳请批示。

清远市人民政府

××××年××月××日

（联系人：×××，电话：1360294××××）

关于中国公民自费出国旅游管理暂行办法的请示

国务院：

随着对外改革开放的不断扩大，人民生活水平不断提高，近年来，中国公民自费出国旅游不断增加，为适应改革开放形势，加强中国公民自费出国旅游的管理，特制定了《中国公民自费出国旅游管理暂行办法》。

以上暂行办法如无不妥，请批转发布执行。

附：中国公民自费出国旅游管理暂行办法（略）

国家旅游局（盖章）

公安部（盖章）

××××年×月×日

关于批转《中共桂阳县人大常委会党组关于做好县乡
两级人民代表大会换届选举工作的意见》的请示

中共桂阳县委：

根据省、市有关文件精神，中共桂阳县人大常委会党组研究制定了《中共桂阳县人大常委会党组关于做好县乡两级人民代表大会换届选举工作的意见》，为确保这次县乡人大换届选举依法有序进行，特提请县委批转各乡镇党委，各街道党工委，县委各部办委，县直机关各单位党组织。

妥否，请批示。

中共桂阳县人大常委会党组

××年7月11日

广州市旅游局关于报备144小时便利措施接待社印章等有关事项的请示

省旅游局：

根据《广东省旅游局关于报备144小时便利措施接待社印章等有关事项的通知》（粤旅明电〔2015〕10号）精神，我局组织相关旅行社按要求填报144小时便利措施旅游团队接待社公章、指定负责人和联系人名称、联系方式等资料。经我局审核，现有2家旅行社（名单见附件）符合备案要求，特转呈你局备案。

当否，请批示。

附件：1. 广州市报备144小时便利措施接待社名单表

2. 144小时便利措施接待社备案表

广州市旅游局

2015年8月17日

知识聚焦

一、请示的特点

期复性。写请示的目的就是为了得到上级的批复，上级对下级的请示事项无论持什么态度，都应当给予批复。

单一性。请示应当遵循"一文一事"的原则，在一份请示中，只能就一项工作或一种情况、一个问题提出请求，不得将若干不相关的事项写入同一份请示中，以利于上级有针对性地给予答复。

时效性。请示所涉及的情况和问题，都有一定的紧急性，应该及时制发，以免错过时机。

二、请示的类型

1. 请求指示的请示，请求上级机关对有关方针、政策、规定中的难以理解或不明之处，以及在执行过程中需作变通处理的问题或涉及其他机构职权范围的问题予以回复。

2. 请求批准的请示，请求上级机关批准编制、机构设置、领导班子组成、干部任免以及经费、工作任务等问题。

3. 请求批转的请示，请求上级机关对本部门就全局性或普遍性问题所提出的解决办法予以批转各单位执行。这一类请示有的教材归入到上一类。

三、请示的写作要求

1. 一文一事，主送一个机关。
2. 请批对应，标题中不用"申请、请求"等语意重复的词语。
3. 事前行文，不可先斩后奏，不得越级行文。

任务演练

---

1. 情景写作。

（1）请根据材料，拟写一份拨款新建教学楼的请示。

放国庆长假了，你回到了自己的家乡看望父母。晚上散步时路过自己熟悉的母校——××小学，发现昔日的教学楼因年久失修，房梁枯朽，墙体开裂、倾斜，险情严重，危及师生安全，为了让学生能够有一个安全舒适的学习环境，你向曾经是自己班主任现在是校长的王老师提议，向上级要求拨款新建教学楼。王老师知道你的写作功底，于是要求你代笔。

（2）请根据以下材料代写一份请示。

假设你的家乡在洞庭湖区，今年6月遭受了百年一遇的洪涝灾害，农田颗粒无收，房屋倒塌严重，农民经济损失很大，生活困难，要求上级拨款救灾。

（3）请根据材料以××商贸职业技术学院的名义拟写一份请示。

××商贸学校经过几年的发展已升格为××商贸职业技术学院，在校生人数已超过三千。但是学校的一些必要的教学设施却不能适应其发展规模，特别是缺乏一座独立的图书馆，这既影响了学生的学习，也制约了学校的发展。为解决这一问题，学校决定建造4000平方米的图书馆。

（4）请以×××大学名义拟写一份请示，要求格式规范，要素完整，内容明确。

×××大学将承办2004年省第三届大学生职业技能大赛。大赛要求使用的设备种类繁多，而该大学现有的设备无法满足比赛要求，亟待改善和添置设备，向省教育厅申请拨款经费××万元。并附有省大学生职业技能大赛设备经费预算表。

（5）×班拟组织春（秋）游，须先获××学院学工办批准，请你代拟一则请示，具体信息自拟。

2. 病文修改。

A

市计委、财政局、商业局：

我校要建立理化实验室，尚需资金壹拾万元，要求上级拨给，由于教学急需，以上请示如无不当，希你们从速批复。

二○××年×月×日

B
请示报告

市财政局：

我校图书馆建于1910年，红墙黄瓦，斗角飞檐，直栏横槛，是我校师生进行学习和休息的场所，也是我们的一处历史文物，为了保护我校的这所历史文物，请马上给予拨款修理。

××中学（盖章）
××年×月×日

C
《关于××县中心幼儿园落成典礼及有关问题的请示报告》

……幼儿园主体大楼于近日可以装修完毕，县政府决定，于"六一"儿童节举行剪彩落成，届时敬请光临指导。现将工程基本情况报告如下：（略）

目前，两座大楼虽已建成，但幼儿园设备尚无资金购置，恳请省妇联对所急需的配套物资给予支持两万元。

D

关于加快小孩入户的办理的请示

尊敬的领导您好!

我小孩随我入户的资料3月27号已经成功提交,受理编码是00741395。受理单位:荔湾区第二办证中心。

现在小孩上幼儿园的时间是要在5月份报名,要不然没有学位,因此想咨询并请求我们的相关部门能加快处理吗?因为如果像入户回执上说的等待50个工作日,两个多月,时间真的太长了,也来不及报名了。谢谢关注并烦请答复!

任务4 批复

———————————— 范文举例 ————————————

国务院关于同意建立清理整顿各类交易场所部际联席会议制度的批复

国函〔××××〕3号

证监会：

你会《关于成立清理整顿各类交易场所部际联席会议并建立工作制度的请示》（证监发〔××××〕79号）收悉。现批复如下：

同意建立由证监会牵头的清理整顿各类交易场所部际联席会议制度。联席会议不刻制印章，不正式行文，请按照国务院有关文件精神认真组织开展工作。

附件：清理整顿各类交易场所部际联席会议制度（略）

国务院

××××年××月××日

公安部关于能否使用道教法名登记户口办理居民身份证有关问题的批复

公复字〔××××〕8号

甘肃省公安厅：

你厅《关于能否使用道教法名登记户口办理居民身份证有关问题的请示》（甘公请〔××××〕21号）收悉。经商国家宗教事务局，现批复如下：

根据道教教规规定，出家、独身并在道观宫观修行的道教教职人员道教法名与世俗姓名不能并存，因此，其在登记户口、办理居民身份证时应当使用道教法名，并在户口簿册"曾用名"项目内登记世俗姓名；未出家的道教教职人员，其道教法名仅具有宗教意义，限于在宗教仪式等场合使用，在登记户口、办理居民身份证时不得使用道教法名。

公安部
××××年××月××日

××市机械工业管理局关于××重型汽车制造厂
与××工程机械锻件厂合并的批复

机批字〔××××〕147 号

××重型汽车制造厂、××工程机械锻件厂：

重汽字〔××××〕5 号文、工机字〔××××〕18 号文收悉。

根据两厂请示，经局研究，同意××工程机械锻件厂整建并入××重型汽车制造厂。现将有关事项批复如下：

一、××工程机械锻件厂并入××重型汽车制造厂后，撤销××工程机械锻件厂的法人资格。考虑工程机械锻件产品生产和经营业务的需要，可保留××工程机械锻件厂的厂名，领取营业执照。

二、××工程机械锻件厂的所有债权债务由××重型汽车制造厂承担。

三、××××年×月×日起，××工程机械锻件厂各种报表由××重型汽车制造厂统一上报。

此复。

××市机械工业管理局
××××年×月×日

国务院关于全国水土保持规划（2015—2030 年）的批复

国函〔2015〕160 号

各省、自治区、直辖市人民政府，发展改革委、财政部、国土资源部、环境保护部、水利部、农业部、林业局：

水利部《关于报请审批〈全国水土保持规划（2015—2030 年）〉的请示》（水规计〔2015〕59 号）收悉。现批复如下：

一、原则同意《全国水土保持规划（2015—2030 年）》（以下简称《规划》），请认真组织实施。

二、《规划》实施要深入贯彻党的十八大和十八届二中、三中、四中全会精神，认真落实党中央、国务院关于生态文明建设的决策部署，树立尊重自然、顺应自然、保护自然的理念，坚持预防为主、保护优先，全面规划、因地制宜，注重自然恢复，突出综合治理，强化监督管理，创新体制机制，充分发挥水土保持的生态、经济和社会效益，实现水土资源可持续利用，为保护和改善生态环境、加快生态文明建设、推动经济社会持续健康发展提供重要支撑。

三、通过《规划》实施，到 2020 年，基本建成水土流失综合防治体系，全国新增水土流失治理面积 32 万平方公里，年均减少土壤流失量 8 亿吨；到 2030 年，建成水土流失综合防治体系，全国新增水土流失治理面积 94 万平方公里，年均减少土壤流失量 15 亿吨。

四、要以全国水土保持区划为基础，全面实施预防保护，重点加强江河源头区、重要水源地和水蚀风蚀交错区水土流失预防，充分发挥自然修复作用；以小流域为单元开展综合治理，加强重点区域、坡耕地和侵蚀沟水土流失治理。

五、要强化水土保持监督管理，完善水土保持监测体系，推进信息化建设，进一步提升科技水平，不断提高水土流失防治效果。将水土保持知识纳入国民教育体系，强化宣传引导，加强社会监督，增强全民水土保持意识，有效控制人为水土流失。

六、各省（区、市）人民政府要按照《规划》确定的目标任务，加强组织领导，落实责任分工，加大支持力度，完善政策措施，切实推进本区域水土保持工作。国务院有关部门和单位要根据职责分工，密切配合，在规划编制、政策实施、项目安排等方面予以积极支持。水利部要牵头做好《规划》的组织实施工作，加强跟踪监测、督促检查和考核评估，认真研究解决《规划》实施中出现的问题，工作进展情况每年向国务院报告。

国务院

2015 年 10 月 4 日

国务院关于苏州工业园区开展开放创新综合试验总体方案的批复

国函〔2015〕151 号

江苏省人民政府、商务部：

你们关于苏州工业园区开展开放创新综合试验总体方案的请示收悉。现批复如下：

一、同意在苏州工业园区开展开放创新综合试验。原则同意《苏州工业园区开展开放创新综合试验总体方案》（以下简称《方案》），请认真组织实施。

二、要按照党中央、国务院的决策部署，紧紧围绕加快实施创新驱动发展战略，主动对接自由贸易试验区并积极复制成功经验，探索建立开放型经济新体制，推动产业结构迈向中高端水平，提升在全球价值链中的地位，更好地培育参与国际经济技术合作与竞争新优势，加快建设开放引领、创新驱动、制度先进、经济繁荣、环境优美、人民幸福的国际先进现代化高科技产业新城区，成为构建开放型经济新体制的排头兵，为国家级经济技术开发区转型升级创新发展提供经验。

三、要发挥中国－新加坡苏州工业园区联合协调理事会及中方理事会机制优势，协调解决《方案》实施过程中遇到的重大问题和政策诉求。国务院有关部门要按照职责分工，落实相关工作任务，加强协调指导，在体制创新、政策实施等方面给予支持。

四、江苏省人民政府要加强对《方案》实施的组织领导，制定配套措施，落实工作责任，支持苏州工业园区开展系统性、整体性、协同性改革，确保开放创新综合试验取得积极成效。

五、商务部要加强对《方案》实施情况的跟踪了解和督促检查，适时组织开展《方案》实施情况评估，重大问题及时向国务院请示报告。

附件：苏州工业园区开展开放创新综合试验总体方案（略）

国务院

2015 年 9 月 30 日

国务院关于同意建立促进展览业改革发展部际联席会议制度的批复

国函〔2015〕148 号

商务部：

你部《关于建立促进展览业改革发展部际联席会议制度的请示》（商服贸发〔2015〕329 号）收悉。现批复如下：

同意建立由商务部牵头的促进展览业改革发展部际联席会议制度。联席会议不刻制印章，不正式行文，请按照国务院有关文件精神认真组织开展工作。

附件：促进展览业改革发展部际联席会议制度（略）

国务院
2015 年 9 月 23 日

（此件公开发布）

知识聚焦

一、批复的定义

适用于答复下级机关请示事项。

二、批复的种类

批复可以分为对请求指示事项的批复和对请求批准事项的批复。

1. 对请求指示事项的批复

有的下级机关对上级制定的方针、政策、法律、法令、法规、规章或某项指示有不同理解，希望上级明确解释，或者从实际出发需要对某项规定、制度、指示作出修订、补充时在请示中请求上级给予指示，上级机关对此种请示做出指示性批复。如《公安部关于能否使用道教法名登记户口办理居民身份证有关问题的批复》。

2. 对请求批准事项的批复

有的下级机关请求上级机关解决本单位的某些困难，或对本单位的某个问题提出处理意见，针对这样的请示而写的批复是批准性批复。如《国务院关于同意建立清理整顿各类交易场所部际联席会议制度的批复》。

另外，根据批复的内容和性质不同，可以分为审批事项批复、审批法规批复和阐述政策的批复等三种。根据批复的意见可以分为肯定性批复、否定性批复和解答性批复三种。

三、批复的正文

批复正文包括批复引语、批复意见和结语三部分。

批复引语有两种写法，一是引述下级机关来文，主要包括来文的标题、发文字号，如"你部《关于成立保障性安居工程协调小组的请示》（建保〔2009〕113 号）收悉"。二是引述请示的主要内容，如"你省关于报批长春市城市总体规划的请示收悉"。批复引语之后往往用"现批复如下"过渡到批复意见。

批复意见是针对请示中提出的问题所作的答复和指示，意见要明确，语气要适当。下级机关只就某个具体事项请示，批复的内容亦简单明了，可直接表态。完全同意的批复可以不写同意的理由，只明确表态。不同意的一定要讲明不同意的理由和根据，要提出有根据的、有针对性的原由。还有些批复可在同意的前提下，原则性地提出希望。

结语部分一般用惯用语"此复"、"特此批复"作结。

任务演练

1. 查看"请示"任务中列出的范文，分别以主送机关的名义，写出相应的批复（至少 3 则）。

2. 分析下列批复的正文结构和写作特点，并据此写出来文（请示）。

国务院关于珠海市城市总体规划的批复

国函〔2015〕11 号

广东省人民政府：

你省关于报请审批珠海市城市总体规划的请示收悉。现批复如下：

一、原则同意《珠海市城市总体规划（2001—2020 年）（2015 年修订）》（以下简称《总体规划》）。珠海是我国经济特区，珠江口西岸核心城市和滨海风景旅游城市。《总体规划》实施要以邓小平理论、"三个代表"重要思想、科学发展观为指导，落实中央城镇化工作会议精神，坚持经济、社会、人口、环境和资源相协调的可持续发展战略，统筹做好珠海市城乡规划、建设和管理的各项工作。要不断增强城市综合实力和可持续发展能力，完善公共服务设施和城市功能，逐步把珠海市建设成为经济繁荣、社会和谐、生态良好、特色鲜明的现代化城市。

二、重视城乡区域统筹发展。重点加强对中心城及外围组团的规划统筹，在《总体规划》确定的 7827 平方公里的城市规划区范围内，实行城乡统一规划管理。城镇基础设施、公共服务设施建设，应当统筹考虑为周边农村服务。重点发展基础条件好、发展潜力大的建制镇。在严格保护历史文化名镇名村和传统村落的基础上，优化镇村体系和农村居民点布局，推进城乡一体化。

三、合理控制城市规模。到 2020 年，中心城区常住人口控制在 105 万人以内，城市建设用地控制在 105 平方公里以内。坚持节约和集约利用土地，加大存量用地挖潜，稳步推进"三旧"（旧城镇、旧厂房、旧村庄）改造和城市有机更新，合理开发利用城市地下空间资源。深化珠港澳合作，加强与中山、江门等城市的区域合作，提升珠江西岸整体发展水平。做好全市域的空间管制，划定城市开发边界并严格保护，加强对滨海岸线、水系、湿地的规划控制。提高乡镇和村庄的节约集约用地水平，切实保护好耕地特别是基本农田。

四、完善城市基础设施体系。要加快公路、铁路、机场、港口等交通基础设施建设，改善城市与周边地区交通运输条件。建立以公共交通为主体，各种交通方式相结合的多层次、多类型的城市综合交通系统。要坚持先地下、后地上的原则，高度重视城市地下管网的规划、建设和管理，统筹规划建设城市供水水源、给排水、污水和垃圾处理等基础设施。要划定基础设施黄线保护范围，预留好各类设施用地并加强规划控制，保障建设实施。要建立健全城市综合防灾减灾体系，着力加强重点防灾设施和灾害监测预警系统的建设，重点提高城市应对洪涝、台风和地质灾害的能力。

五、建设资源节约型和环境友好型城市。要按照促进生产空间集约高效、生活空间宜居适度、生态空间山清水秀的总体要求，形成合理的城市空间结构，促进经济建设、城乡建设与环境建设同步发展。切实做好节能减排工作，依靠科技进步，推进工业、交通和建筑领域的节能，支持绿色建筑发展。加强城市环境综合治理，严格控制污染物排放总量，提高污水处理率和垃圾无害化处理率，限期达到《总体规划》提出的各类环境保护目标。划定城市蓝线保护范围，结合水域自然形态进行保护和整治，提高水资源利用效率和效益，建设节水型城市。要开展绿色生态城区、绿色住区建设，引导城市转型发展。加强对凤凰山、黄杨山、淇澳岛红树林等风景名胜区和森林公园、水源保护区、自然保护区等特殊生态功能区的保护，制定保护措施并严格执行。

六、创造良好的人居环境。要坚持以人为本，按照城市常住人口规模统筹安排关系人民群众切身利益的教育、医疗、市政等公共服务设施的规划布局和建设，推进城乡基本公共服务均等化。将城市保障性安居工程的建设目标纳入规划，确保保障性住房用地的分期供给规模、区位布局和相关资金投入。要加强城中村、城乡结合部整治和改造，提高城市居住和生活质量，创建宜居环境。

七、重视历史文化和风貌特色保护。要统筹协调发展与保护的关系，按照整体保护的原则，切实保护好城市传统风貌和格局。要落实历史文化遗产保护的紫线管理要求，重点保护好唐家湾镇、斗门镇、网山村、荔山村、斗门古街等历史文化名镇名村和街区，宝镜湾遗址、陈芳家宅、杨氏大宗祠等文物保护单位，以及近现代重要史迹、建筑。要加强城市绿化工作，划定城市绿地系统的绿线保护范围，结合海岸线形态形成海湾型城市格局，提高海岸带的城市环境品质，保留自然山体，构筑山体之间的视线通廊，重点控制沿海的城市天际线，形成"山、河、海、城、田、岛"整体景观格局，体现亚热带滨海旅游城市特色。

八、严格实施《总体规划》。城市建设要实现经济社会协调发展，物质文明和精神文明共同进步。城市管理要健全民主法制，坚持依法治市，构建和谐社会。《总体规划》是珠海市城市发展、建设和管理的基本依据，城市规划区内的一切建设活动都必须符合《总体规划》的要求。要结合国民经济和社会发展规划，明确实施《总体规划》的重点和建设时序。城市规划行政主管部门要依法对城市规划区范围内（包括各类开发区）的一切建设用地与建设活动实行统一、严格的规划管理，不得在《总体规划》确定的建设用地范围以外作出规划许可，切实保障规划的实施。要加强公众和社会监督，提高全社会遵守城市规划的意识。驻珠海市各单位都要遵守有关法规及《总体规划》，支持珠海市人民政府的工作，共同努力，把珠海市规划好、建设好、管理好。

珠海市人民政府要根据本批复精神，认真组织实施《总体规划》，任何单位和个人不得随意改变。你省和住房城乡建设部要加强对《总体规划》实施工作的指导、监督和检查。

国务院

2015 年 1 月 28 日

任务5 函

范文举例

关于征求对《房地产交易与权属登记规范化管理考核标准（征求意见稿）》和《房地产交易与权属登记规范化管理考核办法（征求意见稿）》意见的函

建办住房函〔×〕×号

各省、自治区建设厅，直辖市房地局：

为了进一步搞活房地产市场，推进房地产交易与权属登记管理规范化、现代化，提高房地产交易与权属登记机关管理水平和办事效率，我部拟在全国开展房地产交易与权属登记规范化管理考核工作。

现将《房地产交易与权属登记规范化管理考核标准（征求意见稿）》和《房地产交易与权属登记规范化管理考核办法（征求意见稿）》印发你们。请认真组织研究，在听取省会城市、计划单列市房地产管理局意见后，提出修改意见，并于2002年9月15日前将修改意见反馈我部住宅与房地产业司。

恳请协助。

附件：1. 房地产交易与权属登记规范化管理考核标准（征求意见稿）（略）
2. 房地产交易与权属登记规范化管理考核办法（征求意见稿）（略）

建设部办公厅
××××年×月×日

关于商洽委托代培涉外秘书的函

××大学文学院：

本集团公司新近上岗的秘书缺乏专门的涉外秘书知识，业务素质亟待提高。据报载，贵院将于今年9月开办涉外秘书培训班，系统讲授涉外秘书业务、公关礼仪、实用文书写作等课程。这个培训项目为我集团公司新上岗的涉外秘书提供了一个难得的在职进修机会。为能尽快提高本集团公司涉外秘书的从业素质，我们拟选派8名在岗秘书委托贵院代培，随该班进修学习。有关代培费用及其他相关经费，将按时如数拨付。

是否慨允，恳请函复为盼。

××集团公司（印章）

××××年×月×日

国家税务总局稽查局关于印发程法光副局长 重申稽查局是税务行政执法主体的讲话的函

国税稽函〔1999〕82号

各省、自治区、直辖市和计划单列市国家税务局、地方税务局：

国家税务总局1997年9月10日发出了《关于税务稽查机构执法主体资格问题的通知》（国税发〔1997〕148号），明确省、地、县三级国家税务局、地方税务局依照《中华人民共和国税收征收管理法》第八条规定设立的税务稽查局（分局），具有独立执法主体资格。最近，一些地方税务局询问如何理解执行这一规定。为此，总局领导召开专题会议进行研究，并决定由程法光副局长代表总局公开解释。现将程法光副局长在全国税务稽查工作会议上关于稽查局税务行政执法主体问题的讲话（刊载于《中国税务报》1998年12月14日第1版）印发给你们，并就有关问题重申如下：

一、作为国务院税务主管部门的国家税务总局基于税务执法的现实需要，确立稽查局是税务行政执法主体，是依据《全国人大常委会关于加强法律解释工作的决议》和《国务院办公厅关于行政法规解释权限和程序问题的通知》及国务院有关授权，对《中华人民共和国税收征收管理法》第八条具体应用问题作出的行政解释，具有普遍效力，各地国家税务局、地方税务局均须遵照执行，地方其他各级部门无权干涉。

二、根据现行法律、行政法规和税收管理体制，地方任何部门无权对全国性税收问题作出解释或者决定，无权否定国家税务总局关于稽查局税务行政执法主体问题的规定。地方部门对这一问题在法律上如有不同理解，可以形成意见上报其所属中央主管部门送请全国人大常委会、国务院解释或者裁决，任意否定国家税务总局规定或者干预税务机关执行总局规定的做法都是越权不当的。

三、国家税务总局已经明确，稽查局是税务局的直属局。因此，稽查局不是税务局的内设机构，而是税务局的直属机构，可以在职权范围内以自己的名义作出包括行政处罚在内的税务处理决定。这并不违背《中华人民共和国行政处罚法》及国务院《关于贯彻实施〈中华人民共和国行政处罚法〉的通知》（国发〔1996〕13号）关于内设机构不得以自己的名义实施行政处罚的精神。

四、今后凡出现对上述问题的争议，一律以总局文件和程局长讲话执行。其他单位如有异议，请你们将总局文件、程局长讲话和此文件一并送有关单位参阅。

国务院办公厅关于同意建立推进大众创业万众创新部际联席会议制度的函

国办函〔2015〕90号

发展改革委：

你委《关于建立推进大众创业万众创新部际联席会议制度的请示》（发改高技〔2015〕1676号）收悉。经国务院同意，现函复如下：

国务院同意建立由发展改革委牵头的推进大众创业万众创新部际联席会议制度。联席会议不刻制印章，不正式行文，请按照国务院有关文件精神，认真组织开展工作。

附件：推进大众创业万众创新部际联席会议制度（略）

国务院办公厅

2015年8月14日

（此件公开发布）

××市人事局关于批准市卫生局录用高校硕士毕业生的复函

×人函〔×〕×号

市卫生局：

你局《关于拟录用高校硕士毕业生的函》（×卫函〔×〕×号）收悉。根据市委组织部、市人事局《关于×年市级机关录用应届高校优秀硕士毕业生的通知》规定，批准录用××等4名高校硕士毕业生到你局机关工作。特此函复。

附件：录用人员名单

××市人事局

××××年×月×日

关于我省二级建造师考试资格审核有关问题请示的复函

粤建复函〔2011〕51号

省建设执业资格注册中心：

你单位《关于二级建造师考试资格审核过程中存在问题的请示》（粤建注发〔2011〕1号）收悉。经研究，现对该项考试报名资格审核中的有关问题复函如下：

一、有关如何界定"从事建设工程项目施工管理"问题。应按照《建造师执业资格制度暂行规定》（人发〔2002〕111号）第二章考试的有关规定执行。按照建造师资格与执业注册分离的原则，对取得工程类或工程经济类中等专科以上学历后，在勘察、设计、监理、工程类咨询企业、建设单位基建部门从事工程管理工作两年（含两年）以上的人员，可视为符合二级建造师考试报名条件。

二、对取得工程类或工程经济类中等专科以上学历前从事建设工程项目施工管理工作时间的认定问题。根据建造师资格与执业注册分离的原则及鼓励本行业中有条件的施工管理人员报考建造师的精神，对在取得工程类或工程经济类中等专科以上学历前，已从事建设工程管理工作满2年者，且能有效证明这段工作履历的，如持有原项目经理证书或质安员、施工员、预算员、材料员等证书者，可视为符合二级建造师资格考试报名条件。

三、对全省统一命题考试合格取得二级建造师资格证书者，其执业注册应按照《注册建造师管理规定》（建设部令第 153 号）和《广东省建设厅二级建造师注册管理实施办法》（粤建管〔2008〕30 号）的有关规定执行。未取得《注册证书》，不得担任施工单位项目负责人及以注册建造师名义从事相关活动。

广东省住房和城乡建设厅

2014 年 3 月 7 日

国务院办公厅关于同意山西省承办 2019 年第二届全国青年运动会的函

国办函〔2015〕57 号

体育总局、财政部：

你们《关于批准山西省作为第二届全国青年运动会承办单位的请示》（体竞字〔2015〕66 号）收悉。经国务院领导同志批准，现函复如下：

一、同意山西省承办 2019 年第二届全国青年运动会。

二、筹备和举办第二届全国青年运动会的经费主要由山西省人民政府自筹，中央财政给予一次性定额补助；场馆设施建设所需资金由山西省人民政府自行负担。

三、请体育总局和山西省人民政府严格按照党中央、国务院有关规定，充分结合当地经济社会发展实际，坚持量力而行、量入为出、节俭高效原则，共同组织好第二届全国青年运动会。

国务院办公厅

2015 年 7 月 7 日

知识聚焦

一、函的概念

《条例》规定，函适用于不相隶属机关之间商洽工作，询问和答复问题，请求批准和答复审批事项。

二、函的类型

函可以分为商洽函、问答函、请批和答复函。

三、函的写作要求

1. 发文原由

如果是去函（不论是商洽函还是询问函或请批函），一般说明发函意义、根据、背景等；如果是复函（不论是答复函还是批答函），一般有引语，即引述对方函的标题、发文字号，表示收悉，进行了研究处理。

2. 函事项

函事项是"商洽工作，询问和答复问题，请求批准和答复审批"的主体部分。去函应说明具体事项，如商洽事宜、告知信息、要求协办事项、请求批准事项等；复函应答复发函机关提出的问题、批答其请求事项等。

3. 尾语

商洽函的尾语常用："恳请协助"、"不知贵方意见如何，请函告"、"望协助办理，并请尽快见复"、"望大力协助，盼复"等；

询问函的尾语常用："请速回复"、"盼复"、"请予复函"、"即请函复"等；

请批函的尾语常用："请审查批准"、"当否，请审批"等；

答复函的尾语常用："此复"、"特此专复"、"特此函复"、"专此函告"等。

任务演练

---

1. 根据以下材料，拟写一则函。

国家粮食局管理司就开展粮食仓储设施统计试点工作，于××××年7月9日发了一则文件，与不相隶属机关"北京、辽宁、湖南、陕西、甘肃、重庆和贵州省（市）粮食局，中储粮总公司、中谷集团公司、北京宏联技术有限公司"商洽工作。公文的主要内容是，为了做好拟于××××年开展的全国粮食仓储设施统计的准备工作，经研究并征求有关省、市粮食局意见，决定安排北京、辽宁等9个省、市和公司，应用国家粮食局新开发的粮食仓储设施统计软件，开展粮食仓储设施统计试点工作。国家粮食局管理司希望各机关配合工作：一、软件下载；二、完成试点工作要求；三、欢迎全国其他地区和公司积极参加本次统计试点工作。

2. 根据本节的例文，写出相应的复函或去函。

3. 修改病文。

关于联系教师进修的函

××大学教务处：

首先让我们以××市工业学校的名义，向贵处表示衷心的感谢，过去为我校办学给予了很大的帮助。目前我校又面临一个很难解决的问题。

原来事情是这样的：我校开办不久，师资力量很差，决定派××位年轻教师到贵校旁听进修一年。我校与有关部门多次商量。但××位教师进修住宿问题，至今也没有得到解决。提高教学质量的关键是师资。为提高我校教育质量，恳请贵处设法在贵校给解决住宿问题。但不知贵处是否有什么困难。如果需要我校给贵处办什么事情，请尽管提出，我校会竭力去办。再说一句，贵处如能给解决我校进修教师住宿问题，我们以我校领导的名义向贵校领导深深地表示谢意。

致以崇高的敬礼！

××市工业学校

××××年×月×日

任务6 通告

---------- 范文举例 ----------

北京市公安局公安交通管理局关于对108国道部分路段采取交通管理措施的通告

××××年16号

为了保障108国道的交通安全畅通，根据《中华人民共和国道路交通安全法》的有关规定，决定从××××年9月29日起，对108国道部分路段（辛庄路口至贾史路口）采取以下交通管理措施：

一、108国道进京方向（贾史路口至辛庄路口）昼夜禁止20吨（含）以上货运机动车通行；

二、108国道出京方向（辛庄路口至贾史路口）昼夜禁止5吨（含）以上货运机动车通行。

特此通告。

北京市公安局公安交通管理局

××××年5月28日

中华人民共和国公安部通告

为确保国际民航班机的运输安全，决定从××××年11月1日起，在中华人民共和国境内各民用机场，对乘坐国际班机中的中、外籍旅客及其携带的行车物品，实行安全技术检查。

一、严禁将武器、凶器、弹药和易爆、易燃、剧毒、放射性物品以及其他危害飞行安全的危险品带上飞机或夹在行李、货物中托运。

二、除经特别准许者外，所有旅客及其行李物品，一律进行安全检查，必要时可进行人身检查。拒绝检查者，不准登机，损失自负。

三、检查中发现旅客携带上述危险物品者，由机场安全检查部门进行处理；对有劫持飞机和其他危害飞行安全嫌疑者，交公安机关审查处理。

特此通告。

×××× 年 10 月 30 日

广州市建设用地起坟通告

因建设需要，经核准，市公安局天河区分局征用天河区东圃镇棠下乡（村）收容所以东的土地。为便利建设工程顺利进行，上述被征用范围内的坟墓，均须于×××× 年二月二十日以前起葬、火化。起葬、火化工作由建设用地单位委托殡葬管理部门办理，各坟主应于×××× 年二月二十日前携带身份证及有效证明到东圃镇棠下村委会办理认领起葬手续。逾期不办者，作无主坟墓由殡葬管理部门按规定统一予以处理。

特此通告。

广州市国土局
×××× 年×月×日

通 告

各区人民政府、街道办事处，市政府直属各单位：

近年来，我市赌博违法犯罪问题日益突出，给社会带来严重危害，人民群众和社会各界反响强烈。为严厉打击赌博违法犯罪活动，净化社会环境，促进社会主义精神文明建设，根据《中华人民共和国刑法》、《中华人民共和国治安管理处罚条例》、《中纪委、中组部关于严肃查处党员和干部参与赌博的通知》等法律法规和党纪的规定，特通告如下：

一、严禁任何单位、组织和个人以任何形式进行赌博违法犯罪活动，违者将视情节轻重依法予以处理。

二、严禁党员、干部参与任何形式的赌博违法犯罪活动，违者除依法予以处理外，还将根据党纪政纪有关规定严肃从重处理。

三、严厉查禁职业性豪赌、互联网赌博、赌球、跨境赌博、电子游戏机赌博、"六合彩"等形式的赌博行为。

四、严厉打击以赌博为业，屡教不改的赌头、赌棍，暴力护赌、追逼赌债的流氓恶势力和发放高利贷（放倒款）、开设赌场等为赌博提供条件的违法犯罪分子。

五、坚决取缔赌徒经常聚赌的宾馆饭店、棋牌室、游戏房、网吧、茶室等娱乐、服务场所和农村集镇、山林等赌博窝点。

六、所有参与赌博的违法犯罪分子，对其非法所得予以全部没收，赌债一律废除。

七、所有参与赌博的违法犯罪分子必须立即停止违法犯罪行为。有赌博行为的违法犯罪分子，必须于本通告发布之日起两个月内到当地公安机关投案自首，主动交代违法犯罪事实，争取从宽处理。

八、凡在本通告规定的期限内投案自首，彻底交代违法犯罪事实的，一律依法予以从宽处理。其中情节较重的，可以从轻或减轻处罚；违法犯罪情节较轻的，可以减轻或者免除处罚。

九、对在本通告规定期限内拒不投案自首的违法犯罪人员，公安机关将采取强有力措施，抓获其归案，依法移送司法机关追究其刑事责任，予以严惩。

十、凡了解违法犯罪人员的违法犯罪事实或去处的公民、法人或者组织，都有义务向公安机关"110"指挥中心检举揭发。对违法犯罪者检举揭发的，以立功论处。对积极提供线索、协助查破赌博案件的，将给予奖励；案情重大的，将给予重奖。

特此通告。

广州市人民政府
××××年1月25日

河南省公安厅关于加强电动自行车火灾防范工作的通告

为了预防电动自行车火灾，保护人身财产安全，维护公共安全，根据《中华人民共和国消防法》、《河南省消防条例》等法律法规，现就加强电动自行车火灾防范通告如下：

一、落实电动自行车消防安全管理责任。居民住宅的建设管理单位或物业服务企业负责居民住宅区、楼的电动自行车消防安全管理；没有主管单位或物业服务企业的居民楼院，乡镇人民政府、街道办事处负责明确消防管理人员和责任。对不履行消防管理责任，经公安机关通知拒不改正的，依法处二千元至五千元罚款；发生电动自行车火灾的，依法处一万元至十万元罚款。

二、建设电动自行车集中停放场所和充电装置。居民住宅楼院应当建设供电动自行车集中停放的车棚，按照有关规定建设具有定时充电、自动断电等功能的充电设施，车棚应当使用不燃材料搭建，并远离楼梯口。

三、严禁电动自行车违规停放和充电。任何人不得在建筑物的公共走道、楼梯间、门厅内停放电动自行车或者为电动自行车充电，经公安机关通知拒不改正的，依法处二百元罚款并强制清理；引起火灾的，对责任人依法处十日以上十五日以下拘留，并处五百元罚款。

四、立即开展电动自行车违规停放和充电治理。居民住宅的建设管理单位或物业服务企业要立即开展检查，对在公共走道、楼梯间、门厅内停放电动自行车或者为电动自行车充电，以及堆放杂物的，应立即组织清理；对拒不清理的，要向公安机关报告，由公安机关依法处罚。

五、开展消防宣传教育。居（村）民委员会，以及居民住宅的建设管理单位或物业服务企业应当加强电动自行车消防安全常识性、警示性教育，每个居民住宅区、楼要张贴一套电动自行车火灾防范和火场逃生宣传图，并在公共走道、楼梯间、门厅内张贴禁止电动自行车停放、充电标识。

特此通告。

河南省公安厅
2015 年 10 月 13 日

质检总局发布关于进口大众汽车的风险警示通告

2015 年 10 月 12 日

近期，大众汽车（中国）销售有限公司确认，由于安装了特定的发动机控制模块软件，会导致部分进口大众柴油车辆的尾气排放检测数值在实验室检测时与实际道路行驶时存在差异。据该公司统计，在中国市场共有1950辆装备EA189柴油发动机（2.0TDI）的进口大众汽车，包括1946辆进口途威（TIGUAN）和4辆进口帕萨特。目前该公司正在制定针对上述问题的解决方案，拟通过更新软件的方法解决相关问题。

为保护我国消费者权利和公众权益，根据《进出口商品检验法》及其实施条例、《进出口工业产品风险预警及快速反应管理规定》等法规的要求，质检总局针对上诉情况发布了2015年第2号风险警示通告。

警示通告要求大众汽车（中国）销售有限公司须尽快制定并落实针对上

述问题的软件修正召回计划。大众汽车（中国）销售有限公司及其授权经销商，须明确通知相关车主存在的问题及应对措施，并向所在地出入境检验检疫机构报告进展情况。

警示通告还提示相关车主在大众汽车（中国）销售有限公司公布召回计划方案后，尽快与就近的授权经销商取得联系，妥善处置和解决车辆存在的有关问题。

警示通告布置各地出入境检验检疫机构要督促辖区内进口大众汽车经销商配合总经销商，认真履行通知和免费更新等责任和义务，并做好随机抽查等监督工作。

质检总局高度关注该问题处置进展，将视情况采取相应后续措施。

北京市人民政府关于在本市部分行政区域内禁止放飞影响飞行安全鸟类动物和其他物体的通告

为确保中国人民抗日战争暨世界反法西斯战争胜利70周年纪念大会期间阅兵飞行活动的安全，根据《中华人民共和国军事设施保护法》、《中华人民共和国军事设施保护法实施办法》等法律法规的相关规定，市政府决定，自2015年9月1日零时起至9月3日24时止，将东城、西城、朝阳、海淀、丰台、石景山、通州等7个区的行政区域设置为净空限制区，除纪念大会期间组织和平鸽、气球等专项放飞活动外，禁止放飞任何影响飞行安全的鸟类动物和其他物体。现就有关事项通告如下：

一、在净空限制区内养殖鸽子等鸟类动物，必须进行圈养并禁止放飞。

二、信鸽协会要做好协会会员、公棚、俱乐部等的组织管理工作，监督其严格遵守有关规定，不得影响飞行安全。

三、在净空限制区内禁止升放风筝、气球、孔明灯等影响飞行安全的物体。

四、净空限制区所在的区政府要组织公安、城管执法、工商等有关部门和街道办事处、乡镇政府，对影响飞行安全的隐患进行认真排查，对违反规定放飞鸟类动物和其他物体的行为，依法予以处罚；构成犯罪的，依法追究刑事责任。

特此通告。

北京市人民政府

2015年8月29日

食品药品监管总局 海关总署 公安部
关于打击走私冷冻肉品维护食品安全的通告

（2015 年第 29 号）

近日，国务院食品安全办会同海关总署、公安部、农业部、商务部、卫生计生委、质检总局、食品药品监管总局以及中央宣传部、国家网信办等部门对打击冷冻肉品走私、维护食品安全工作进行了研究，现将有关情况和意见通告如下：

一、为严厉打击冷冻肉品走私，防止未经检验检疫的冷冻肉品通过走私渠道进入国内市场危害公众健康，防范疫病传入危害我国畜牧产业安全，今年以来海关总署会同有关部门在全国部署开展打击冷冻肉品走私专项行动，打掉了多个走私团伙，取得重大阶段性成果。在今年查获的走私冷冻肉品中，有的查获时生产日期已达四、五年之久，对所有查获的走私冷冻肉品，海关均依法予以销毁。

二、海关总署、公安部将会同有关部门部署对走私冷冻肉品犯罪行为的调查，全力追查走私入境冷冻肉品的来源及销售去向，包括幕后指使人、承运企业和相关人员、承储冷库经营企业和相关人员以及采购使用的食品生产经营者。对查获的走私冷冻肉品，有关部门将严格按照规定进行处理，严禁不合格肉品流向"餐桌"。

三、食品药品监管总局要求所有冷冻仓库、肉食品经营企业、加工企业、餐饮企业严格依照有关法律规定，不得承储、购买、销售来源不明的冷冻肉品。2014 年以来凡承储、购买、销售过来源不明冷冻肉品的生产经营者，要于 7 月底前向所在省级或地市级食品药品监管部门主动报告。企业报告的情况，地方食品药品监管部门要及时报告食品药品监管总局。欢迎广大消费者和媒体对违法行为进行监督举报，对破获重大违法案件做出贡献的，有关部门将给予相应的奖励。

四、食品药品监管总局要求北京、天津、辽宁、上海、安徽、福建、山东、河南、湖北、湖南、广东、广西、云南等省（区、市）食品药品监管部门对行政区域内所有冷库进行排查，重点检查 2014 年以来承储冷冻肉品的来源、数量和销售去向。凡发现入出库数量与记录不符的，来源及销售去向不明的，编造、篡改相关记录的，要依法依规严肃处理，并向社会公布调查结果。相关违法犯罪线索要及时报告食品药品监管总局并通报所在地海关、公安部门。排查情况要于 8 月 10 日前报告食品药品监管总局。各地市县两级食品药品监管部门要认真落实对行政区域内食品生产经营企业日常检查的责任，日常检查频次、检查结果要及时向社会公布。

五、媒体是食品安全社会共治的重要力量，监管部门支持媒体监督。媒体报道食品安全事件要切实做到真实、公正。

特此通告。

食品药品监管总局　海关总署　公安部

2015 年 7 月 12 日

知识聚焦

一、通告的概念

《条例》规定，通告"适用于在一定范围内公布应当遵守或者周知的事项"。

发布通告，是为了让人们了解有关政策法令，遵守某些规定事项，共同维护社会公务管理秩序。通告一经颁布，具有一定的法规性和行政的约束力。和公告一样，通告也可以在媒体上发布。

二、通告的种类

根据通告的适用范围，将通告分为法规类通告和周知类通告。

1. 法规类通告

法规类通告适用于向机关单位和个人公布应该在特定范围严格遵守执行的规定和要求。要向受文者交代需要遵守、执行的政策、措施以及其他行为规范，具有一定的强制力。如《山西省人民政府关于收缴非法爆炸物品的通告》。

2. 周知类通告

周知类通告适用于行文机关或专业部门在一定范围内向单位和人民群众公布具体事项。主要用于告知大家某件事情，如发生的新情况，出现的新事物，以及需要大家知道的新决定等。使受文者了解重要情况、重要消息。因此文中不提直接的执行要求。如《国家文物局关于警惕有人以国家文物局名义进行诈骗活动的通告》。

三、通告的写作要求

1. 通告的标题

通告的标题一般有四种写法：

（1）发文机关＋事由＋文种，如《大连市人民政府关于加强城市路灯杆广告设置管理的通告》。

（2）发文机关＋文种，如《交通运输部通告》。

（3）事由＋文种，如《关于2011年北京铁人三项世锦赛期间交通管制通告》。

（4）文种，如《通告》。

2. 通告的正文

通告的正文一般由以下几个内容组成：

（1）通告的目的和依据。这是发布通告的原由，要求简明扼要地写明为什么发布此通告。这个层次有时也可省略。

（2）文种承启语。在写明公告的原由之后，常常用"现就有关事项通告如下"或"现通告如下"过渡到事项部分，尤其是事项部分内容较多，需分项写时，常常用文种承启语；如果事项部分较为简单则不用。

（3）通告事项。这些事项是一定范围内有关单位和人员应当周知或遵守的具体的规定或要求，是通告的核心。要写得明确，如果内容较多，则需分段或分项列条；如果内容较少，可以一气呵成，不分段落，且不需文种承启语。

（4）通告的结语。有时可写明执行时间，有时用"特此通告"等惯用语作结语，也可不用结语。

任务演练

1. 熟读通告与公告的范文，说说二者的区别。

（1）根据下面材料，拟写一则通告。

×市人民政府于×年7月7日发布了禁止违法占路的公文，公文针对违法占路生产经营、乱摆乱卖行为，作出"未经批准，任何单位和个人不准在道路上摆摊设点从事各种经营和加工作业活动"等规定；对违反规定的行为，要求"由各级公安交管、市容管理部门或者城市管理综合执法组织按照各自职责权限，依据有关法律、法规和规章的规定进行处罚"等。公文还对各区、县人民政府，各级工商、公安、城管、环卫、园林等行政管理部门以及街道办事处的职责，对有违法占路行为的单位和个人，作出了规定。该公文自发布之日起施行。

（2）随着新生的到来，我校餐厅在就餐时间，人数大幅增加，很多同学不遵守就餐规矩，出现任意插队等不良现象。请你根据学院相关部门的要求，针对如何做好就餐管理工作撰写一则公文。

2. 以下通告是否可以改为公告，为什么？

大运会期间加强小型航空器飞行活动安全管理通告

为确保第 26 届世界大学生夏季运动会（以下简称深圳大运会）活动安全，广东省人民政府决定，在深圳大运会举办期间对广州、深圳、珠海、佛山、河源、惠州、汕尾、东莞、中山、江门等 10 个地级以上市行政区域内的小型航空器和空飘物采取以下管理措施。通告如下：

一、禁止使用轻型和超轻型固定翼飞机、轻型直升机、滑翔机、三角翼、动力三角翼、滑翔伞、动力伞、热气球、飞艇、无人机、航空模型、航天模型、空飘气球、系留气球等小型航空器和空飘物的飞行活动。

经批准用于深圳大运会庆典活动、航拍、电视转播以及警务、应急救援、引航、气象探测和人工影响天气作业等飞行活动的，不受前款规定限制。

二、公安机关以及民航、气象、体育等部门可以对小型航空器和空飘物及其起降场地采取临时封存、封闭措施，或者要求相关单位对其管理的小型航空器和空飘物采取临时封存措施。

三、各级人民政府及公安、体育、民航、气象、教育、工商、宣传等部门要加强监督管理和宣传教育。

四、对违反本通告规定的飞行活动，法律、法规、规章有处理规定的，按照相关规定处理；法律、法规、规章没有规定的，由公安机关予以处理。

五、本通告自 2011 年 8 月 10 日零时至 2011 年 8 月 25 日 24 时实施。

广东省人民政府

2011 年 6 月 27 日

任务7 公告

—————— 范文举例 ——————

中共中央组织部 人力资源和社会保障部
国家公务员局　中央机关及其直属机构
2016 年度考试录用公务员公告

　　为满足中央机关及其直属机构录用公务员的需要，根据公务员法和公务员录用的有关规定，中共中央组织部、人力资源和社会保障部、国家公务员局将组织实施 2016 年度中央机关及其直属机构考试录用主任科员以下及其他相当职务层次非领导职务公务员工作。现将有关事项公告如下：

　　一、报考条件

　　（一）具有中华人民共和国国籍；

　　（二）18 周岁以上、35 周岁以下（1979 年 10 月 15 日至 1997 年 10 月 15 日期间出生），2016 年应届硕士研究生和博士研究生（非在职）人员年龄可放宽到 40 周岁以下（1974 年 10 月 15 日以后出生）；

　　（三）拥护中华人民共和国宪法；

　　（四）具有良好的品行；

　　（五）具有正常履行职责的身体条件；

　　（六）具有符合职位要求的工作能力；

　　（七）具有大专以上文化程度；

　　（八）具备中央公务员主管部门规定的拟任职位所要求的其他资格条件。

中央机关及其省级直属机构除部分特殊职位和专业性较强的职位外，主要招录具有2年以上基层工作经历的人员，中央机关直属市（地）级机构职位、县（区）级及以下职位（含参照公务员法管理的事业单位）10%左右的职位用于招录服务期满、考核合格的大学生村官、"三支一扶"计划、"农村义务教育阶段学校教师特设岗位计划"、"大学生志愿服务西部计划"等服务基层项目人员。地处艰苦边远地区的中央机关直属机构县（区）级以下职位（含参照公务员法管理的事业单位）根据《关于做好艰苦边远地区基层公务员考试录用工作的意见》（人社部发〔2014〕61号）采取措施适当降低进入门槛。

招考职位明确要求有基层工作经历的，报考人员必须具备相应的基层工作经历。基层工作经历，是指具有在县级及以下党政机关、国有企事业单位、村（社区）组织及其他经济组织、社会组织等工作的经历。在军队团和相当于团以下单位工作的经历，退役士兵在军队服现役的经历可视为基层工作经历。报考中央机关的人员，曾在市（地）直属机关工作的经历，也可视为基层工作经历。以上基层工作经历计算时间截止到2015年10月。

现役军人、在读的非应届毕业生、在职公务员和参照公务员法管理的机关（单位）工作人员，不能报考。

因犯罪受过刑事处罚的人员和被开除公职的人员，在各级公务员招考中被认定有舞弊等严重违反录用纪律行为的人员，公务员和参照公务员法管理的机关（单位）工作人员被辞退未满5年的，以及法律法规规定不得录用为公务员的其他情形的人员，不得报考。报考人员不得报考录用后即构成回避关系的招录职位。

二、报考程序

（一）职位查询

各招录机关的招考人数、具体职位、考试类别、资格条件等详见《中央机关及其直属机构2016年度考试录用公务员招考简章》（以下简称《招考简章》）。

报考人员在2015年10月14日后可以通过以下网站查阅《招考简章》：

中央机关及其直属机构2016年度考试录用公务员专题网站（以下简称考录专题网站，http://bm.scs.gov.cn/2016）

人力资源和社会保障部门户网站（http://www.mohrss.gov.cn）

国家公务员局门户网站（http://www.scs.gov.cn）

中国政府网（http：//www. gov. cn）

人民网（http：//www. people. com. cn）

新华网（http：//www. xinhuanet. com）

中国网（http：//www. china. com. cn）

中青在线网（http：//www. cyol. net）

新浪网（http：//www. sina. com. cn）

搜狐网（http：//www. sohu. com）

网易（http：//www. 163. com）

中华网（http：//www. china. com）

中国教育在线（http：//www. eol. cn）

对《招考简章》中的专业、学历、学位、资格条件、基层工作经历以及备注内容等信息需要咨询时，请报考人员直接与招录机关联系，招录机关的咨询电话可以通过上述网站查询。

有关报考政策、报名网络技术和考场考务安排等事宜的详细情况，请参阅《报考指南》。

（二）网上报名

本次考试报名主要采取网络报名的方式进行。报考人员可登录中央机关及其直属机构 2016 年度考试录用公务员专题网站（http：//bm. scs. gov. cn/2016）进行网上报名，也可以通过人力资源和社会保障部门户网站（http：//www. mohrss. gov. cn）或国家公务员局门户网站（http：//www. scs. gov. cn）上的相关链接登录考录专题网站。

网上报名按以下程序进行：

1. 提交报考申请。报考人员可在 2015 年 10 月 15 日 8：00 至 24 日 18：00 期间登录考录专题网站，提交报考申请。报考人员只能选择一个部门（单位）中的一个职位进行报名，报名与考试时使用的本人有效居民身份证必须一致。报名时，报考人员要仔细阅读诚信承诺书，提交的报考申请材料应当真实、准确。报考人员提供虚假报考申请材料的，一经查实，即取消报考资格。对伪造、变造有关证件、材料、信息，骗取考试资格的，将按照公务员录用考试违纪违规的有关规定处理。

2. 查询资格审查结果。报考人员请于 2015 年 10 月 15 日至 26 日期间登录考录专题网站查询是否通过了资格审查。通过资格审查的，不能再报考其他职位。2015 年 10 月 15 日 8：00 至 24 日 18：00 期间，报考申请尚未审查或未通过资格审查的，可以改报其他职位。2015 年 10 月 24 日 18：00 至 26 日 18：00 期间，报考申请未审查或未通过资格审查的，不能再改报其他职位。

3. 查询报名序号。通过资格审查的人员，请于 2015 年 10 月 28 日 8：00 后登录考录专题网站查询报名序号。报名序号是报考人员报名确认和下载打印准考证等事项的重要依据和关键字，请务必牢记。

（三）报名确认

通过资格审查的报考人员需要进行报名确认。报名确认采取网上确认的方式进行，报考人员请于 2015 年 11 月 2 日 9：00 至 7 日 16：00 在所选考区考试机构网站进行网上报名确认及缴费。未按期参加报名确认并缴费者视为自动放弃考试。

网上报名确认时，报考人员应上传本人近期免冠 2 寸（35×45mm）正面电子证件照片（蓝底证件照，jpg 格式，20KB 以下），并按规定网上缴纳有关费用。

农村特困人员和城市低保人员，可以直接与当地考试机构联系办理报名确认和减免费用的手续。农村绝对贫困家庭的报考人员凭其家庭所在地的县（市、区）扶贫办（部门）出具的特困证明和特困家庭基本情况档案卡（复印件），享受最低生活保障城镇家庭的报考人员凭其家庭所在地的县（市、区）民政部门出具的享受最低生活保障的证明和低保证（复印件），经各省（自治区、直辖市）负责考务工作的部门审核确认后，办理减免考务费用的手续。

各省（区、市）考试机构的网址和咨询电话将于 2015 年 11 月 1 日以后通过考录专题网站公布。

（四）网上打印准考证

报名确认成功后，报考人员请于 2015 年 11 月 23 日 10：00 至 29 日 12：00 期间，登录所选考区考试机构网站下载打印准考证。打印中如遇问题，请与当地公务员考试机构联系解决。

三、考试内容、时间和地点

（一）笔试

1. 内容。公共科目包括行政职业能力测验和申论两科。有关情况详见《中央机关及其直属机构 2016 年度考试录用公务员公共科目考试大纲》。

报考中央对外联络部、外交部、教育部、商务部、国家外国专家局、全国友协、中国贸促会等部门日语、法语、俄语、西班牙语、阿拉伯语、德语、朝鲜语（韩语）等 7 个非通用语职位的人员，还将参加外语水平考试，考试大纲请在相关招录部门网站查询。

报考中国银监会及其派出机构、中国证监会及其派出机构特殊专业职位的人员，还将参加专业考试，考试大纲请在考录专题网站，中国银监会、中国证监会网站分别查询。

2. 时间地点。公共科目笔试的时间为 2015 年 11 月 29 日。具体安排为：

11 月 29 日上午　9：00—11：00　行政职业能力测验

11 月 29 日下午　14：00—17：00　申论

7 个非通用语职位外语水平考试的时间为：

2015 年 11 月 28 日下午　14：00—16：00

银监会及其派出机构、证监会及其派出机构特殊专业职位专业考试的时间为：

2015 年 11 月 28 日下午　14：00—16：00

本次考试在全国各省会城市和个别较大城市设置考场。报考人员应按照准考证上确定的时间和地点参加考试。参加考试时，必须同时携带准考证和本人有效居民身份证（与报名时一致）。报考银监会、证监会及其派出机构的特殊专业职位的人员在网上报名时，务必将考点选择为省会城市、自治区首府和直辖市。报考中央对外联络部等部门 7 个非通用语职位的人员在网上报名时，务必将考点选择为北京。

3. 成绩查询。公共科目笔试成绩及最低合格分数线可于 2016 年 1 月 10 日左右在考录专题网站查询。7 个非通用语职位的外语水平考试成绩和银监会、证监会特殊专业职位考试成绩也同时在考录专题网站上查询。

对西部地区和艰苦边远地区职位、基层职位和特殊专业职位等，在划定最低合格分数线时将予以政策倾斜。

（二）面试和专业科目考试

根据《招考简章》中规定的面试人选的比例，按照笔试成绩从高到低的顺序，确定参加面试和专业科目考试的人选名单，并在考录专题网站上统一公布。其中，7 个非通用语职位按照公共科目笔试成绩与外语水平考试成绩 1:1 的比例进行合成后排序；银监会、证监会及其派出机构特殊专业职位按照公共科目笔试成绩与专业考试成绩 1:1 的比例进行合成后排序。

通过公共科目笔试最低合格分数线的人数与计划录用人数比例未达到规

定面试比例的招考职位，将进行调剂。调剂职位及调剂相关事宜，在公共科目笔试成绩公布后，通过考录专题网站面向社会统一公布。

调剂结束后，报考人员可登录考录专题网站查询各招录机关的面试公告。面试时，报考人员须提供本人身份证件（本人有效居民身份证、学生证、工作证等）原件、所在单位出具的同意报考证明（加盖公章）或所在学校盖章的报名推荐表、报名登记表等材料。大学生村官、"农村义务教育阶段学校教师特设岗位计划"、"三支一扶"计划、"大学生志愿服务西部计划"等服务基层项目人员的认定，由相应的主管部门出具证明。凡有关材料主要信息不实，影响资格审查结果的，招录机关有权取消该报考人员参加面试的资格。

部分招录机关会根据职位特点设置面试阶段的专业科目考试，专业科目考试设置情况及相关事项将在考录专题网站及招录机关网站上统一公布。

报考所需的报名推荐表、报名登记表等材料可从考录专题网站下载、打印。

一般职位综合成绩的计算方法为：公共科目笔试、面试成绩各占50%，进行专业科目考试的，面试成绩和专业科目考试成绩共占50%，公共科目笔试、面试、专业科目考试成绩均按百分制折算。专业科目考试成绩一般不超过综合成绩的15%，具体各职位所占分值比重见招考简章。

个别参加面试人数与录用计划数比例低于3:1的职位，报考人员面试成绩应达到其所在面试考官小组使用同一套面试题本面试的所有人员的平均分或者招录机关在面试公告中确定的面试合格分数线，方可进入体检和考察。

四、体检和考察

面试和专业科目考试结束后，将按照综合成绩从高到低的顺序确定进入体检和考察的人选。考生可到考录专题网站查询本人面试成绩。

五、公示拟录用人员名单

拟录用人员由招录机关按规定的程序和标准从考试成绩、考察情况和体检结果合格的人员中综合考虑，择优确定，并在考录专题网站上公示。公示内容包括录用职位名称、录用人员姓名、性别、准考证号、学历、所在工作单位（应届生填毕业院校）同时公布举报电话，接受社会监督，公示期为5个工作日。

特别提示：

本次考试不指定考试辅导用书，不举办也不委托任何机构举办考试辅导培训班。目前社会上出现的假借公务员考试命题组、考试教材编委会、中央公务员主管部门授权等名义举办的有关公务员考试辅导班、辅导网站或发行的出版物等，均与本次考试无关，敬请广大报考者提高警惕，切勿上当受骗。

2015 年 10 月

国土资源部关于政务大厅办理行政审批事项的公告

2012 年第 1 号

按照依法行政的要求，自 2012 年 2 月 1 日起，申请人到国土资源部政务大厅办理行政审批事项时须出具身份证明文件。具体公告如下：

一、申请人在提交申报材料时须出具身份证明文件

1. 企业（事业）法定代表人办理的，出具企业法人营业执照（事业单位法人证书）、单位出具的法定代表人证明和本人身份证原件；委托他人办理的，被委托人应出具企业法人营业执照（事业单位法人证书）、企业（事业）法定代表人的书面委托书（加盖单位公章）和被委托人身份证原件。委托书须写明被委托人姓名、身份证号、委托事宜。

2. 向部报送的建设用地审批项目，由省级国土资源主管部门负责办理。委托他人办理的，被委托人应出具省级国土资源主管部门的书面委托书（加盖单位公章）和被委托人身份证原件。委托书须写明被委托人姓名、身份证号、委托事宜。

3. 向部报送的建设用地预审项目，委托他人办理的，被委托人应出具单位的书面委托书（加盖单位公章）和被委托人身份证原件。委托书须写明被委托人姓名、身份证号、委托事宜。

4. 向部报送的油气矿业权项目，委托他人办理的，被委托人应出具企业（事业）法定代表人的书面委托书（加盖单位公章）、被委托人身份证原件和企业法人营业执照（事业单位法人证书）复印件。委托书须写明被委托人姓名、身份证号、委托事宜。

二、申请人要求撤回已经提交的行政审批事项申请的，须提交书面撤件申请并出具身份证明文件

书面申请须明确撤回的项目名称。

企业（事业）法定代表人办理的，出具企业法人营业执照（事业单位法人证书）、单位出具的法定代表人证明和本人身份证原件；委托他人办理的，被委托人应出具企业法人营业执照（事业单位法人证书）、企业（事业）法定代表人的书面委托书（加盖单位公章）和被委托人身份证原件。委托书须

写明被委托人姓名、身份证号、委托事宜。

三、申请人在领取结果时须出具身份证明文件

企业（事业）法定代表人办理的，出具领取结果通知书、单位出具的法定代表人证明、本人身份证原件，涉及缴费的须提供缴款凭证复印件；委托他人办理的，被委托人应出具领取结果通知书、单位的书面委托书（加盖单位公章）、被委托人身份证原件，涉及缴费的须提供缴款凭证复印件。委托书须写明被委托人姓名、身份证号、委托事宜。

中华人民共和国国土资源部

2012 年 1 月 6 日

海关总署公告
2011 年第 56 号

根据《中华人民共和国反倾销条例》的规定，国务院关税税则委员会决定自 2010 年 6 月 29 日起对原产于欧盟的进口碳钢紧固件征收反倾销税，期限为 5 年。海关总署为此发布了 2010 年第 38 号公告。最近，根据涉案企业申请，商务部审查后决定由卡马克斯有限两合公司（KAMAX GmbH & Co. KG）继承卡马克斯工厂鲁道夫·凯乐曼有限两合公司（KAMAX-Werke Rudolf Kellermann GmbH & Co. KG）在该碳钢紧固件反倾销措施中适用的反倾销税税率及其他权利义务，并为此发布了商务部 2011 年第 56 号公告。现将有关事项公告如下：

一、自 2011 年 9 月 9 日起，对以卡马克斯有限两合公司（KAMAX GmbH & Co. KG）为原产厂商名称申报进口的碳钢紧固件，海关按照 6.1% 的反倾销税税率征收反倾销税；对以卡马克斯工厂鲁道夫·凯乐曼有限两合公司（KAMAX-Werke Rudolf Kellermann GmbH & Co. KG）为原产厂商名称申报进口的碳钢紧固件，海关按照"其他欧盟公司"26.0% 的反倾销税税率征收反倾销税。

二、对原产于欧盟的进口碳钢紧固件征收反倾销税的其他事项，仍按照海关总署公告 2010 年第 38 号的规定执行。

特此公告。

海关总署

2011 年 9 月 8 日

2015 年度第二批经济责任审计服务采购招标结果公告

项目名称：国务院国有资产监督管理委员会财务监督与考核评价局 2015 年度第二批经济责任审计服务采购项目

项目编号：TC1501D9A

采购人名称：国务院国有资产监督管理委员会财务监督与考核评价局

采购人地址：北京市宣武区西大街 26 号

招标代理机构全称：中招国际招标有限公司

招标代理机构地址：北京市海淀区皂君庙 14 号院 9 号楼

招标代理机构联系方式：丁敏，010 – 62108154

公告日期：2015 年 9 月 16 日

开标日期：2015 年 10 月 8 日

定标日期：2015 年 10 月 14 日

中标标的：审计服务

中标供应商名称及中标价格：（略）

中招国际招标有限公司

2015 年 10 月 14 日

关于防止东南亚等部分国家和地区登革热传入我国的公告

2015 年第 119 号

据世界卫生组织（WHO）及东南亚、美洲等部分国家和地区卫生行政部门发布的登革热疫情信息显示，今年以来，东南亚的印度尼西亚、马来西亚、菲律宾、泰国、越南、缅甸、新加坡、柬埔寨、印度，美洲的巴西、墨西哥、哥伦比亚、巴拉圭、波多黎各、多米尼加等国家和地区仍存在严重的登革热疫情，截至 2015 年 8 月，上述国家和地区共确诊至少 176.6 万例登革热病例，其中死亡至少 231 例。

2015 年 1 至 8 月，北京、上海、江苏、宁波、福建、厦门、山东、湖南、广东、深圳、云南、陕西等检验检疫局在入境人员检疫查验中，共发现登革热 227 例，病例主要来自安哥拉、赤道几内亚、埃塞俄比亚、加纳、加蓬、莫桑比克、尼日利亚、埃及、刚果（金）、科特迪瓦、坦桑尼亚等非洲国家，新加坡、印度尼西亚、菲律宾、马来西亚、泰国、老挝、柬埔寨、缅甸、中国香港等东南亚国家和地区，印度、马尔代夫、巴基斯坦、孟加拉国等南亚国家，以及巴西等南美洲国家，提示登革热疫情输入风险持续存在。为防止登革热疫情传入我国，根据《中华人民共和国国境卫生检疫法》及其实施细则的有关规定，现公告如下：

一、来自上述报告病例以及检出病例国家和地区的人员，如有发热、头痛、肌肉和关节痛及皮疹等症状者，出入境时应当主动向出入境检验检疫机构口头申报。入境后出现上述症状者，应当立即就医，并向医生说明近期的旅行史，以便及时得到诊断和治疗。

二、来自上述报告病例以及检出国家和地区的交通工具和集装箱应当经过有效的灭蚊处理。出入境检验检疫机构对来自上述国家/地区的交通工具、货物、集装箱、行李、邮包应当严格进行检疫查验，对发现或可能携带蚊虫或幼虫时，应当立即进行灭蚊处理。

三、出入境检验检疫机构应当加强对来自流行区人员的体温检测、医学巡查等工作，对主动申报或现场发现有发热、头痛以及面、颈、胸部潮红（"三红征"）等症状或体征的人员，应当细致排查，按照规定程序采取医学措施。对发现的病例或者疑似病例，及时移交指定医疗机构进一步诊治，同时做好后续追踪管理，一旦发现确诊为输入性登革热病例，应当按照有关要求及时上报。

四、出入境检验检疫机构应当加强口岸卫生监督工作，采取各项有效的灭蚊措施，清除蚊虫孳生场所，降低口岸蚊虫密度，防止蚊虫在口岸传播登革热等传染病。

五、前往上述国家和地区的人员应当向出入境检验检疫机构及其国际旅行卫生保健中心咨询有关情况，或登录质检总局网站（http：//www.aqsiq.gov.cn）卫生检疫与旅行健康专栏查询相关信息，提高防病意识，防止感染登革热等传染病。

六、登革热是由感染了登革热病毒的伊蚊通过叮咬传播。人感染后的 3 天至 14 天出现症状，程度可从轻度发热到高热不等，同时伴有严重头痛、肌肉和关节痛及皮疹，面、颈、胸部潮红等。到发生登革热疫情的地区旅行，要注意采取个人防护措施，减少蚊虫叮咬。

本公告自发布之日起生效，有效期 3 个月。

质检总局 国家卫生计生委 国家旅游局

2015 年 9 月 17 日

知识聚焦

一、公告的概念

公告"适用于向国内外宣布重要事项或法定事项"。

公告的发布范围比其他公文更广泛，发布方式也更多样。一般公文多是以文件形式向国内一定范围公布，而公告则是以广播、电视、报纸等新闻媒体形式向国内外发布。

公告发布的内容，必须是在国内外产生一定影响的重大事项，或者依法必须向社会公布的法定事项。因此，公告的发文机关有资格限制，制作者一般是较高级别的国家行政机关或权力机关，不够级别的基层单位除授权外，一般没有资格发布公告。

二、公告的种类

根据公告的适用范围和发文机关，将公告分为重要事项的公告和法定事项的公告。

1. 重要事项的公告。重要事项的公告是用来宣布国家的政治、经济、军事、科技、教育、人事、外交等方面需要告知全民的重大事情的。如关于国家重要领导岗位的变动，领导人出访，重要科技成果的公布，重要的军事行动等的公告，均属此类公告。

2. 法定事项的公告。法定事项的公告是指根据有关法律、法规规定，对一些重要事情必须以公告的形式向全民公布。如《国务院公务员暂行条例》第十六条规定，录用国家公务员要发布招考公告。另外如招标公告、商标公告、专利公告、破产公告、企业法人登记公告等都是全国人大制定的相关法律中规定必须使用的，都属于此类公告。

三、公告的写作要求

1. 标题

公告的标题一般有四种写法：

（1）发文机关＋事由＋文种，如《国家税务总局关于旅店业和饮食业纳税人销售食品有关税收问题的公告》（2011 年第 62 号）。

（2）发文机关 + 文种，如《国家能源局公告》（2012 年第 1 号）。

（3）事由 + 文种，如《关于 2010 年广东省公安厅机关招录人民警察相关工作的公告》。

（4）文种，如《公告》。

2. 发文编号

公告一般不用发文字号，而是根据内容的连贯性在标题正下方居中标明"××××年第×号"或"第×号"。

3. 正文

公告的正文一般由以下几个内容组成：

（1）公告的目的和依据。这是发布公告的原由，要求简明扼要地写明依据什么法规或会议精神发布本公告。这个层次有时也可省略。

（2）文种承启语。在写明公告的原由之后，常常用"现将有关事项公告如下"或"现公告如下"过渡到事项部分，尤其是事项部分内容较多，需分项写时，常常用文种承启语；如果事项部分较为简单则可不用。

（3）公告事项。这是公告的核心。往往根据内容的多少决定写作的方式。如果内容较多，则需分项列条；如果内容较少，则和原由部分共处一段，且不需文种承启语，需要用简明具体的语言写作，不需评论或说明。

（4）公告的结语。一般用"特此公告"或"现予公告"等惯用结语，也可不用。

—————————— 任务演练 ——————————

分辨以下公告文种使用是否合适，请说明理由。

中国人民银行公告

〔2015〕第 31 号

为推动中国外汇市场对外开放，便利境外央行（货币当局）和其他官方储备管理机构、国际金融组织、主权财富基金（以下统称境外央行类机构）依法合规参与中国银行间外汇市场交易，现就开放境外央行类机构进入中国银行间外汇市场有关事宜公告如下：

一、境外央行类机构进入中国银行间外汇市场有三种途径：通过人民银行代理、通过中国银行间外汇市场会员代理以及直接成为中国银行间外汇市场境外会员。境外央行类机构可从上述三种途径中自主选择一种或多种途径进入中国银行间外汇市场，开展包括即期、远期、掉期和期权在内的各品种外汇交易，交易方式包括询价方式和撮合方式，无额度限制。

二、境外央行类机构进入中国银行间外汇市场，应当通过原件邮寄递交的方式向中国外汇交易中心提交《境外央行类机构进入中国银行间外汇市场备案表》（见附件）。

三、备案完成后，境外央行类机构通过人民银行代理的，人民银行将向其发送操作指引；通过中国银行间外汇市场会员代理的，自主选择代理机构并签署代理协议，代理机构将代理协议向中国外汇交易中心备案后即可交易；成为中国银行间外汇市场境外会员的，通过中国外汇交易中心完成外汇交易系统接入等技术准备后即可交易。

四、中国外汇交易中心等市场中介机构应当根据各自职责，做好境外央行类机构参与中国银行间外汇市场交易的服务工作。

中国人民银行

2015 年 9 月 30 日

国家林业局公告
2015 年第 9 号

按照《国家林业局关于进一步加强象牙及其制品规范管理的通知》（林护发〔2008〕258 号）要求，根据对象牙加工经营活动的监督检查、执法情况，以及从业单位申请和省级林业主管部门审核意见，经专家统一评审，现将允许从事象牙加工及象牙制品销售活动的单位及场所予以公告（见附件 1、2），有效期至 2016 年 12 月 31 日。其中，仅限附件 1 所列单位在指定场所加工象牙制品，仅限在附件 1 所列加工销售一体化的指定场所和附件 2 所列单位指定场所销售象牙制品，不得擅自改变。

凡本公告发布前有关象牙制品指定加工、销售场所与本公告不相符合的，以本公告为准。

特此公告。

附件：1. 允许从事象牙加工活动的单位及其加工场所名单

　　　 2. 允许从事象牙制品销售活动的场所及所属单位名单

国家林业局

2015 年 4 月 29 日

迁坟公告

因沣东新城重点项目范围内土地征拆需要，需迁移该项目用地贺家村范围内的坟墓。现将有关事宜公告如下：

一、迁坟范围：阿房一路以南，张万村以东，西沪铁路以北，西化铁路专用线以东范围内的全部坟墓。

二、迁坟规定：按照西沣东发〔2012〕143 号《陕西省西咸新区沣东新城管理委员会关于印发殡葬补贴标准的通知》执行。

三、迁坟期限：自即日起至 2013 年 5 月 22 日止。

请上述范围内的坟墓的坟主在公告日期内到贺家村村委会办理迁坟手续，逾期未迁的，将视为无主坟处理。

特此公告。

联系地址：贺家村村委会

2013 年 8 月 18 日

京东帮服务店开业公告

2015 年月 8 日

亲爱的各位京东网友：

为了践行国家"电子商务进农村"和京东渠道下沉两大战略，打通农村电子商务"最后一公里"服务，从根本上解决农村消费者购买大家电价格高、品类少、不送货、安装慢、退货难等问题，大家电"京东帮服务店"在全国县级城市铺开建设。

"京东帮服务店"是为县域及农村消费者提供代客下单以及大件商品送货、安装、维修、退换一站式服务的京东授权服务合作商。已开设"京东帮服务店"的县区，该县城区及所辖乡镇村的消费者都可以上京东购买大家电了，并支持送货上门、货到付款、安装售后服务。

京东网购大家电，轻松快乐新体验！截至 4 月 7 日已开设"京东帮服务店"的地区如下：

安徽省

蒙城县、肥东县、肥西县、霍山县、青阳县、郎溪县、怀远县、长丰县、旌德县、来安县、凤阳县、固镇县、太和县、颍上县、太湖县、望江县、潜山县、泾县、天长市、全椒县、金寨县、舒城县、阜南县、庐江县、霍邱县、宿松县、泗县、界首市、桐城市、枞阳县、临泉县

福建省

武平县、宁化县、尤溪县、华安县、长泰县、德化县、大田县、邵武市、清流县、沙县、霞浦县、云霄县、安溪县、漳平市、平和县、南靖县、光泽县、连城县、顺昌县、上杭县、建瓯市、将乐县、建阳市、长汀县、泰宁县、武夷山市、南安市、建宁县、永安市

贵州省

清镇市、镇宁布依族苗族自治县

甘肃省

永登县、靖远县、漳县、环县

广东省

紫金县、连州市、吴川市、龙川县、德庆县、郁南县、连平县、东源县、新丰县、南雄市、乐昌市、封开县

广西壮族自治区

武鸣县、北流市、博白县、容县、上思县、浦北县、合浦县、临桂县、平果县、平南县、横县

河北省

雄县、易县、安新县、容城县、定兴县、阜平县、青县、盐山县、献县、围场县、大厂县、赵县、元氏县、晋州市、辛集市、无极县、栾城县、定州市、藁城市、新乐市、正定县、迁安市、临西县、巨鹿县、涿鹿县、文安县、卢龙县、乐亭县、徐水县、怀来县、东光县、承德县、河间市、迁西县、沧县、昌黎县、平山县、大城县、平乡县、行唐县、遵化市、故城县、平泉县、滦平县、唐县、鹿泉市、兴隆县、满城县、隆化县、吴桥县、高邑县、霸州市、涞源县、丰宁县、宣化县

河南省

中牟县、郸城县、南乐县、延津县、获嘉县、辉县市、封丘县、鄢陵县、长葛市、卫辉市、扶沟县、巩义市、禹州市、襄城县、太康县、淮阳县、鹿邑县、新安县、伊川县、浚县

黑龙江省

阿城区、双城市、宾县、拜泉县、讷河市

湖北省

麻城市、蕲春县、大冶市、丹江口市、枣阳市、老河口市、汉川市、宜都市、罗田县、崇阳县、当阳市、赤壁市、保康县、宜城市、应城市、嘉鱼县、南漳县、长阳土家族自治区、通山县、云梦县、沙洋县、阳新县、钟祥市

湖南省

邵东县、醴陵市、汨罗市、湘潭县、湘阴县、华容县、宁乡县、桃源县、澧县、汉寿县、南县、浏阳市、溆浦县、平江县、湘乡市

江苏省

沭阳县、射阳县、高邮市、丹阳市、泗洪县、新沂市、邳州市、宝应县、滨海县、阜宁县、句容市、东海县、赣榆县、灌云县、灌南县、金坛市、建湖县、沛县、扬中市、涟水县、响水县

吉林省

九台市、伊通县、德惠市、榆树市、磐石市、农安县、梨树县、敦化市、公主岭市

江西省

宁都县、南昌县、兴国县、南康市、新建县、于都县

辽宁省

庄河市、新民市、阜新县、辽中县、黑山县、北票市、凤城市、大石桥市、喀喇沁左翼蒙古族自治县、海城市、大洼县、东港市

内蒙古自治区

准格尔旗

山东省

宁津县、武城县、曹县、泗水县、阳谷县、茌平县、沂水县、沂南县、临沭县、平度市、东平县、荣成市、龙口市、莘县、临清市、胶州市、夏津县、高密市、莒县、安丘市、莱西市、冠县、单县、郯城县、临邑县、蒙阴县、平阴县、青州市、高唐县、金乡县、乐陵市、鱼台县、莒南县、禹城市、宁阳县、梁山县、商河县、东明县、成武县、寿光市、汶上县、昌邑市、巨野县、莱阳市、平原县、东阿县、五莲县、诸城市

山西省

阳城县、太谷县、榆社县、灵石县、介休市、洪洞县、孝义市、文水县、

古交市、侯马市、定襄县、平遥县、祁县、稷山县、新绛县、汾阳市、寿阳县、永济市、临猗县

陕西省

户县、高陵县、兴平市、乾县、韩城市、大荔县、富平县、蒲城县、周至县、蓝田县、子长县、神木县、山阳县、武功县、合阳县

四川省

大邑县、罗江县、广汉市、岳池县、仁寿县、江油市、盐亭县、梓潼县、资中县、威远县、绵竹市、中江县、什邡市、三台县、安县、北川县、隆昌县、华蓥市、武胜县、西充县、阆中市、彭山县、乐至县、犍为县、仪陇县、夹江县、峨眉山市、安岳县、井研县、洪雅县、青神县、蓬安县、江安县、大竹县、邻水县、汉源县、泸县

新疆维吾尔自治区

沙湾县、石河子市、奎屯市、玛纳斯县

浙江省

常山县、嵊州市、诸暨市、瑞安市、松阳县、海盐县、余姚市、富阳市、浦江县、海宁市、永嘉县、平阳县、桐庐县、桐庐县、建德市、苍南县、龙泉市、临海市、淳安县、洞头县、临安市、德清县、新昌县、奉化市、长兴县、遂昌县、温岭市、兰溪市、文成县、泰顺县、象山县、景宁县、云和县、武义县

重庆市

涪陵区、垫江县、忠县、荣昌县、丰都县、合川、铜梁县、璧山县、开县、武隆县、云阳县、石柱县、梁平县

回迁公告

居民请注意!

  原住×区小树街的动迁居民,将于×年10月1日起回迁,请所有回迁户持户口本、动迁证、动迁协议书与交款收据,到我公司办理回迁手续,办理时间至2004年10月1日前,过时不候。

  特此公告。

××房地产开发公司

2013年8月22日

任务8 通知

范文举例

关于批转广东省残疾人事业"十二五"发展规划纲要的通知
粤府〔××××〕×号

各地级以上市人民政府，各县（市、区）人民政府，省政府各部门、各直属机构：

现将《广东省残疾人事业"十二五"发展规划纲要》批转给你们，请认真贯彻执行。执行中遇到的问题，请径向省残联反映。

广东省人民政府
××××年×月×日

附件：广东省残疾人事业"十二五"发展规划纲要（略）

国务院办公厅关于印发农村残疾人扶贫开发纲要（2011—2020年）的通知
国办发〔××××〕×号

各省、自治区、直辖市人民政府，国务院各部委，各直属机构：

《农村残疾人扶贫开发纲要（××××—××××年)》（以下简称《纲要》）已经国务院同意，现印发给你们，请认真贯彻执行。

《纲要》是今后一个时期农村残疾人扶贫开发工作的纲领性文件。制定实施《纲要》，是深入贯彻落实科学发展观的必然要求，是保障和改善民生、缩小残疾人生活水平与社会平均水平的差距、促进残疾人与全体人民共享改革发展成果的重要举措，对于改善农村残疾人生产生活状况，实现全面建设小康社会奋斗目标和构建社会主义和谐社会具有重要意义。

各地区、各有关部门要进一步提高对农村残疾人扶贫开发工作的认识，切实增强做好残疾人扶贫工作的紧迫感和自觉性，加强领导，落实责任，加大投入力度，强化政策措施。要广泛深入地开展宣传活动，形成全社会关心支持残疾人扶贫开发工作的良好氛围。各地区、各有关部门要结合实际，采取有力措施，制定具体实施办法，确保《纲要》提出的各项任务落到实处、取得实效。

国务院办公厅

××××年×月×日

国务院办公厅关于××××年
部分节假日安排的通知

国办发电〔××××〕××号

各省、自治区、直辖市人民政府，国务院各部委、各直属机构：

根据国务院《关于修改〈全国年节及纪念日放假办法〉的决定》，为便于各地区、各部门及早合理安排节假日旅游、交通运输、生产经营等有关工作，经国务院批准，现将2012年元旦、春节、清明节、劳动节、端午节、中秋节和国庆节放假调休日期的具体安排通知如下。

一、元旦：××××年1月1日至3日放假调休，共3天。××××年12月31日（星期六）上班。

二、春节：1月22日至28日放假调休，共7天。1月21日（星期六）、1月29日（星期日）上班。

三、清明节：4月2日至4日放假调休，共3天。3月31日（星期六）、4月1日（星期日）上班。

四、劳动节：4月29日至5月1日放假调休，共3天。4月28日（星期六）上班。

五、端午节：6月22日至24日放假公休，共3天。

六、中秋节、国庆节：9月30日至10月7日放假调休，共8天。9月29日（星期六）上班。

节假日期间，各地区、各部门要妥善安排好值班和安全、保卫等工作，遇有重大突发事件发生，要按规定及时报告并妥善处置，确保人民群众祥和平安度过节日假期。

国务院办公厅

××××年×月×日

知识聚焦

一、通知的概念

《条例》规定，通知"适用于发布、传达要求下级机关执行和有关单位周知或者执行的事项，批转、转发公文"。通知的制发机关没有限制，任何级别的组织机构都可运用；它的职能最多，转发或批转文件、传达指示、布置工作、发布规章、增设机构、通报情况等都可用通知。通知是使用范围最广、使用频率最高的一种公文。

二、通知的种类

按照适用范围和内容，通知可分为发布类通知、指示类通知、知照类通知、批转类通知、转发类通知等几类。

1. 批转类通知

批转类通知适用于上级机关对下级机关报送的公文（如意见、报告等）加批语下发，标题中一般有"批转"两字。如《上海市政府批转关于进一步加强本市房地产市场调控加快推进住房保障工作若干意见的通知》（沪府发〔2010〕34 号）。

2. 转发类通知

转发类通知用于对上级机关下发的文件或不相隶属机关发来的公文（如通知、指示、意见等）进行转发，标题中一般有"转发"两字。如《国务院办公厅关于转发发展改革委等部门疫苗供应体系建设规划的通知》（国办发〔2011〕62 号）。

3. 发布类通知

发布类通知适用于发布一般法规、规章、条例等，标题中一般有"发布"或"印发"、"颁布"等词。如《国务院办公厅关于印发农村残疾人扶贫开发纲要（2011—2020 年）的通知》（国办发〔2012〕1 号）。

4. 指示类通知

上级机关对下级机关有所指示但不宜用命令行文，或上级机关要求下级机关办理某些事项、完成某项工作且不宜用命令行文时，均需用通知行文。这类通知带有强制性、指挥性特点，具有一定的行政约束力。如《国务院办公厅关于贯彻落实〈国务院关于进一步做好打击侵犯知识产权和制售假冒伪劣商品工作的意见〉任务分工的通知》（国办函〔2011〕163号）。

5. 知照类通知

知照类通知适用于告知下级机关某些信息或事项。和前几类通知相比，这类通知没有指导性，只有告知性。如告知下级机关人事调整、机构变动、隶属关系的变更、公章的启用或作废、办公地址的迁移、节假日安排等，均适用这类通知行文。如《国务院办公厅关于调整国务院安全生产委员会组成人员的通知》（国办发〔2012〕5号）。

三、通知的写作要求

1. 标题

通知的标题一般有四种写法：

（1）发文机关＋批转（转发或印发）＋原件标题＋文种，如《上海市政府批转关于进一步加强本市房地产市场调控加快推进住房保障工作若干意见的通知》（沪府发〔2010〕34号）。

写这种标题需要注意两点：第一，这类标题用于批转、转发、印发类通知；第二，如遇到多次转发时，一般可保留末次发布（批转、转发）文件机关和始发文件机关，省略多余的"关于"和"通知"字样。

（2）发文机关＋事由＋文种，如《广东省财政厅 广东省国家税务局 广东省地方税务局关于调整增值税和营业税起征点的通知》（粤财法〔2011〕109号）。

（3）事由＋文种，如《关于建立广东省农田水利万宗工程建设联席会议制度的通知》（粤办〔2012〕18号）。这是省略了通知的发文机关，但如果是联合行文，则标题中的发文机关一般不能省略。

（4）文种，如《通知》。这种标题是省略了通知的发文机关和事由，往往适用于发文范围比较小、内容简单、用于张贴的通知。

2. 发文字号

通知的发文字号一般均采用发文机关代字、六角号年份、序号的形式，如粤办〔2012〕18 号，如果是联合行文的通知，只需标注主办机关即可。

3. 主送机关

通知是下行文，其发文范围最为广泛，所以其主送机关是其直接隶属机关，往往比较多，一般需按系统和级别将所有受文单位依次分类写清。如《广东省财政厅 广东省国家税务局 广东省地方税务局关于调整增值税和营业税起征点的通知》（粤财法〔2011〕109 号）一文的主送机关是"各地级以上市财政局、国税局、地税局，顺德区财税局，南雄市、紫金县、兴宁市、封开县财政局，横琴新区地税局"。

4. 正文

通知的类型不同，其正文内容的写法也有所不同：

（1）批转和转发类通知的写法

批转和转发类通知的正文均比较简短，一般说明批转或转发对象、批转或转发意见和态度、执行要求几个要素，然后再将要批转或转发的文件以附件形式附上。

（2）发布类通知的写法

发布类通知的正文也比较简短，一般包括发布依据、发布对象和执行的要求三个部分。然后将所发布的文件以附件形式附上。

（3）指示类通知的写法

指示类通知的正文一般包括原由、事项和结尾三部分。

原由部分一般写发通知的依据、目的等，然后以"现将有关事项通知如下"等文种承启语过渡到事项部分。

事项部分是指示性通知的核心，或者从宏观的角度对下级机关传达带有强制性、指挥性和决策性的原则，或者布置具体的工作。这部分内容往往比较多，大多采用分项列条形式写作。

结尾部分常用"特此通知"等惯用语，也可不用。

（4）知照类通知的写法

知照类通知目的是告知，其正文一般包括原由和事项两部分。原由部分只需写清发文的依据和目的，事项部分条理清晰地写明所告知的事项即可。

5. 落款

通知的落款包括成文机关和成文日期。成文机关写在正文结束后的右下角，如标题中已有发文机关则在落款处可省略，但如果是联合行文则一般不予省略；成文日期即通知的生效日期，一般用汉字书写在落款处发文机关的正下方。

--- **任务演练** ---

1. 指出下列通知的不妥之处，并说明其正确的写法。

××县教育局关于召开会议的通知

各学校：

为总结经验，加快我县教育改革步伐，县教育局决定在本月下旬召开教学工作会议，现将有关事项通知如下：

1. 参加会议人员为各校主要负责人。

2. 参加会议人员应认真准备有关教学改革情况及今后的打算的材料，以便在会上汇报或交流。

3. 会议结束后，将布置下学期的工作安排，请及时传达。

4. 请于25日5时到县教育局报到。

以上通知，希遵照执行。

××县教育局
××××年××月××日

2. 根据要求各写一份通知。

（1）请以××省教育厅职教处的名义拟写一份通知。

××省教育厅职教处决定在全省职业院校开展以"我读书、我思考"为主题的征文活动。征文要求：体裁不限；主题鲜明突出；材料新颖、典型，有较强的说服力和感染力；文稿一般不超过3000字；每个学校限交稿三篇；截稿时间2008年5月30日，以当地邮戳为准。届时职教处将组织有关专家评出一、二、三等奖和优秀奖。来稿请寄××省教育厅职教处。邮编：××××××。请务必在信封上写上"征文"字样。

（2）请你为学生会主席小王草拟一则会议通知。要求：标题三要素齐全；主体用条文。

××系学生会最近决定和某边防检查站的武警官兵组织一次联谊活动，为了贴近同学们的生活，广泛而深入地征询大家的意见和建议，共同搞好这次活动，要求各班的文艺委员于×月×日中午12点30分到学生会集中，交流讨论各班的情况。

（3）请代中国人民保险公司××市分公司拟写一份通知。

今年×月×日，××号台风袭击××市区，工矿企业和居民财产受到严重损失，中国人民保险公司××市分公司为迅速帮助受灾投保户恢复生产和正常生活，要求下属区、县保险公司领导和职工迅速做好投保户的财产理赔工作。

任务 9　通报

——————— 范文举例 ———————

国务院办公厅关于对全国第二次大督查发现的典型经验做法给予表扬的通报

国办发〔2015〕54 号

各省、自治区、直辖市人民政府，国务院各部委、各直属机构：

为推动党中央、国务院重大决策部署进一步落实并取得成效，2015 年 5 月下旬至 6 月中旬，国务院部署开展了对重大政策措施落实情况的第二次大督查。从督查情况看，各地区、各部门认真贯彻落实党中央、国务院重大决策部署，胸怀全局、主动作为、改革创新、不畏困难、讲求实效，围绕稳增长、促改革、调结构、惠民生出新招、出实招、出硬招，不断推动各项重点工作取得积极进展，在工作实践中创造出一些好经验、好做法。

为进一步调动各方面的积极性、主动性和创造性，总结经验，宣传典型，扎实推进各项重大政策措施落地生效，经国务院同意，对天津市推动重大项目开工建设等 20 项地方工作典型经验做法和发展改革委加强宏观政策统筹协调等 16 项部门工作典型经验做法予以通报表扬，供各省（区、市）和国务院各部门学习借鉴。希望受到表扬的地区和部门珍惜荣誉，再接再厉。

各地区、各部门要按照党中央、国务院的总体部署，主动适应和引领经济发展新常态，坚持稳中求进工作总基调，振奋精神，奋发有为，勇于担当，攻坚克难，学习借鉴典型经验做法，创造性开展工作，进一步推动重大稳增长工程尽快实施、重大改革政策尽快落地、重大民生举措尽快见效，确保完成全年经济社会发展主要目标任务。

附件：1. 地方工作典型经验做法（共 20 项）
　　　2. 部门工作典型经验做法（共 16 项）

国务院办公厅
2015 年 7 月 20 日

成安渝高速公路四川段建设情况通报

2015 年 10 月 17 日

一、项目基本情况

成安渝高速公路（国家高速公路网渝蓉高速 G5013）全长 251 公里，是连接成渝地区之间路径最短、技术标准最高的一条高速公路。成安渝高速四川段路线全长 175 公里，采用双向六车道高速公路标准，设计时速 100 公里/小时，路基宽度 33.5 米，概算投资 195.67 亿元。经省政府授权，项目采用 BOT 模式建设。2009 年 9 月，资阳市、成都市政府通过公开招标招商，确定深圳泰邦基建发展有限公司（下称泰邦公司）为投资人，泰邦公司在资阳市设立项目法人四川成安渝高速公路有限公司负责项目建设和运营。项目于 2009 年底开工建设，工期 4.5 年。

二、项目建设情况

项目建设前期，项目建设进展基本正常。但自 2011 年下半年以来，泰邦公司资本金不能及时足额到位，加上国家宏观金融政策调整，银行贷款利率上浮、额度收紧、贷款发放趋严，造成项目建设资金不能满足工程建设需要，多数工点停工，仅少量控制性工程施工，工程总体进度缓慢，建成通车时间不断拖延。期间，两市政府和省交通运输厅围绕尽快建成通车的目标，多次现场督导并专门约谈项目投资人，督促、协调投资人和有关贷款银行及时足额到位建设资金，保障工程建设需要。但自 2014 年 9 月，项目投资人泰邦公司资金断链，工程全面停工至今。

截至 2014 年底，项目累计完成概算总投资的 85.79%。全线路基、桥梁、隧道等已基本完成，路基已贯通成型。主要剩余成都段桥梁梁板预制安装和全线路面及交安、机电、房建等工程。

项目建设过程中，资阳市、成都市交通运输主管部门及其质量监督机构落实质量安全监督责任，成立专门的监督组，具体负责项目质量安全监督管理，按照规定的检测频率对项目施工质量安全进行监督检查和抽检检测。施工期间，项目未发生重大质量安全事故。2015 年 3 月，省市公路质监机构按照项目验收质量检验评定标准对已完工程的实体质量进行了全面检测，检测数据表明成安渝项目已完工程实体质量合格，没有发现较大的质量缺陷。

三、项目后续建设方案

成安渝高速公路全面停工后，省委、省政府领导高度重视，多次就成安渝项目有关问题作出批示。为推进项目尽快建成通车，资阳、成都两市人民政府和交通运输厅多次召开专题会议研究成安渝高速复工工作，同时多次实地督促。但由于投资方深圳泰邦公司资本金无法到位、银行对现投资人缺乏信心、项目公司股权因投资方复杂的债务纠纷被全部查封等问题，项目复工推进十分艰难。经多次慎重研究，资阳市、成都市政府拟依法终止与深圳泰邦公司签订的投资协议和特许经营协议，重新选择剩余工程投资人。

目前，资阳市、成都市成立了处理项目前期遗留问题工作指挥部，同步开展对项目前期已建工程的审计、违约追偿、违法行为处理等相关工作。同时，已委托设计咨询单位对项目剩余工程量对照批准的设计文件进行了现场实地复核锁定。按照省政府的工作要求，剩余工程投资人招标的各项前期准备工作已经基本完成，招标公告将在近期内正式挂网公告，力争在今年内完成剩余工程投资人招标工作，并签订投资协议和特许权协议，在2016年底前全线建成通车。

中共中国五矿集团公司党组关于巡视整改情况的通报

根据中央统一部署，2015年3月2日至4月30日，中央第六巡视组对中国五矿集团公司（以下简称"中国五矿"或"集团公司"）进行了巡视。6月19日，中央第六巡视组向中国五矿党组反馈了巡视意见。按照党务公开原则和巡视工作条例有关规定，现将巡视整改情况予以公布。

一、切实把巡视整改作为一项重大政治任务抓紧抓好

中央巡视组向中国五矿反馈巡视意见后，集团公司迅速行动，把巡视整改作为中国五矿深化改革、创新发展的重要机遇，作为各项工作的重中之重，以严肃的态度对待反馈问题、以钉钉子的精神抓好整改落实，确保整改事项件件有着落、事事有结果，取得实实在在的成效。

（一）统一思想认识。巡视组反馈意见后，中国五矿党组立即召开会议，认真组织学习习近平总书记关于巡视工作的重要指示精神和王岐山同志关于做好巡视整改工作的明确要求，充分认识央企存在问题的严重性及巡视整改工作的严肃性、重要性和紧迫性，切实把思想统一到中央部署上来。党组书

记、董事长何文波强调要运用好巡视整改的震慑力和深化改革的驱动力两种强大力量，把严肃查处腐败的决心和战胜困难的信心结合起来，处理好遵纪守法和激发正能量的关系，充分认清整改的任务和使命，按照"界定整改问题、厘清管理责任、明确整改目标、落实整改措施"的整改思路，坚持"立行立改与建立长效机制紧密结合、突出重点与全面推进紧密结合、巡视整改与集团公司管理变革紧密结合"的整改原则，以实实在在的整改成效让党中央放心、让广大干部职工满意。

（二）强化整改责任。中国五矿党组认真落实巡视整改工作的主体责任，成立巡视整改工作领导小组，何文波任组长，对整改工作负总责；其他党组成员为各自负责领域整改工作的第一责任人。领导小组下设办公室，党组成员、纪检组组长李新丽兼任办公室主任。党组逐条分析研究巡视反馈意见，及时制定《中国五矿集团公司关于中央第六巡视组反馈意见的整改工作方案》，建立"党组成员亲自督办、职能部门牵头整改、相关单位积极配合、纪检部门协调督促"的整改责任体系。党组书记、纪检组长分别集体约谈二级企业党委书记、纪委书记，进一步传导整改工作压力和责任，督促抓实"两个责任"、履职尽责、形成合力。

（三）做实工作环节。做好动员部署，巡视反馈后中国五矿党组及时召开"巡视整改工作部署会"和"巡视整改工作推进会"，强调了推进巡视整改的工作原则和工作要求，各业务中心、直管单位党委书记汇报整改计划，党组下发《整改任务分解表》，将40项重点整改任务分解为120个整改子项，落实到9个牵头职能部门、3个业务中心和1家直管单位，并成立2个专项调查组。巡视整改工作办公室印制《巡视整改工作手册》，建立《巡视整改进度台账》，采取倒排时间进度、任务逐项销号等方式，确保整改落实到位。抓好过程推进，明确15个重点整改专题，先后召开10次党组会议、3次专项汇报会专题研究；办公室每周召开一次工作例会，加强督办。7月20日整改中期，何文波主持召开"巡视整改工作阶段推进会"，针对有的干部消极被动、等待观望等现象，再次强调每个问题都要高度重视，不能强调客观，促进思想认识再提高、整改力度再加大、时间进度再抓紧；整改办公室通报了整改进展，4家单位作了情况交流。搞好总结验收，坚持高标准、严要求，对各二级企业和牵头职能部门提交的巡视整改总结报告对照整改要求逐项核对。坚持治标与治本相结合，巡视以来共给予78人党政纪处分或组织处理，2人移送司法机关；注重建立长效机制，制定完善制度136项，将整改中形成的行之有效的办法固化于制，更加有效地去除"顽疾"、根除"病灶"，确保整改成效。

（四）坚持"开门整改"。党组通过多种方式倾听基层声音，何文波主持召开矿山企业座谈会、青年员工座谈会、基层党支部书记座谈会和职工代表座谈会，广泛听取意见。在集团内网首页显著位置开设"巡视整改进行时"专栏，刊发稿件48篇，点击率达两万余次。在《中国五矿报》开辟"巡视整改在五矿"专栏，及时刊载整改信息。集团公司共编写10期《巡视整改工作简报》，在一定范围内通报整改情况，接受干部职工监督。

二、中央巡视组反馈意见整改落实情况

（一）关于企业党建工作薄弱，纪律意识和规矩意识淡薄的问题

1. 关于重业务发展、轻党建工作，管党治党责任不力的问题。党组把加强企业党的建设工作摆在更加突出的位置，进一步明确工作定位，完善全系统党建工作领导体制和工作机制，强化企业党建工作基础，实现对各级党组织日常管理的全覆盖。一是坚持党组织参与企业重大问题决策。制定《中国五矿集团公司党组工作规则》，细化党组研究决定企业重大问题的范围、方式和程序。成立党组办公室，从组织上、制度上、程序上进一步规范党组工作。加强对所属企业党委参与企业重大问题、有效发挥政治核心作用的指导。成立中国五矿党建思想政治工作研究会，组织开展企业党的建设和思想政治工作理论与实践问题研究。二是强化党组对全系统党建工作的领导。理顺党组织领导管理关系，规范工作流程。明确每年年初召开党组专题会议，听取上一年全系统党建工作情况，研究并以党组名义发布年度党建工作要点。明确集团公司党组每年召开党建工作会议，对全系统党建工作作出部署。三是加强思想政治建设，进一步增强管党治党责任意识。党组及时组织"落实主体责任"、"三严三实"、"贯彻中央八项规定精神"、"把纪律挺在前面"的再学习、再研讨，以中央精神统一思想。何文波讲了题为"按照'三严三实'要求建设高素质干部队伍"的专题党课，每位党组成员和二级企业党委书记分别到分管单位讲授专题党课。制定《中国五矿集团公司所属企业党委民主生活会规定》和《中国五矿集团公司所属企业党委中心组学习规定》，推进民主生活会及理论中心组学习制度化。四是进一步加强基层党组织建设。根据"三同时"原则，对新建或重组企业的党组织建设提出明确意见。制定《中国五矿集团公司直属基层党组织换届选举工作办法》，规范业务中心和直管单位党建工作部门及人员设置。严格督促业务中心、直管单位及所属重点

企业党委按时进行换届选举，指导十年未换届的邯邢矿业召开党代会，指导正在进行机构改革的五矿地产设立临时党委，调整充实 5 名二级单位和部门党组织负责人。健全工作机构，6 个规模较大二级企业单独设立党群工作部，未单独设立的也明确责任部门，配备专职党群工作人员。五是健全考核评价工作，加强企业文化建设。修订《中国五矿集团公司所属企业党委党建基础工作检查评价方案（试行）》，每季度对检查评价情况进行通报。发布《中国五矿集团公司企业文化指导意见》，进一步加强以诚信、合规为基础的企业文化建设，营造良好企业生态。

2. 关于落实主体责任不力的问题。党组切实贯彻《关于落实党风廉政建设主体责任的实施意见》，把中央关于党风廉政建设的部署要求落到实处。一是坚持定期研究部署集团公司反腐倡廉工作，及时听取纪检监察工作、巡视工作汇报，支持党组纪检组、监察局依纪依规办案，党组书记对重大案件亲自协调、亲自督办。二是明确"两个报告"制度，各级党委每半年不少于一次向上级党委、纪委汇报落实主体责任、推进党风廉政建设工作情况，每年年底向上级党委、纪委提交落实主体责任专题报告。制定《中国五矿集团公司党风廉政建设约谈实施办法》，健全约谈制度，对落实主体责任不力的领导人员及时进行约谈。三是开展对各单位党风廉政建设分解任务完成情况的检查考核，将考核结果纳入领导班子综合考评，与领导人员业绩考核和薪酬挂钩。

3. 关于落实监督责任不力的问题。党组纪检组通过各种方式，将各级纪委的认识统一到中央要求上来，督促深入转职能、转方式、转作风，聚焦监督执纪问责主业。一是加大执纪力度，组织专项调查组严肃查办巡视组移交的 125 件反映问题线索，办结 71 件，已给予党政纪处分 18 人，组织处理 7 人，对尚未办结的线索正在集中力量继续抓紧查办。设立举报专线、举报邮箱，构建信、访、网、电"四位一体"举报格局。加强对下级纪委案件查办工作的领导，深入二级企业具体了解案件办理情况，对转交下级纪委查核的举报件进行复核。编制《查办案件工作手册》，明确办案流程和标准。二是对有的企业领导人员支持、默许、纵容亲属与所属企业做关联交易的问题开展专项治理，组织全系统关键岗位人员就该情况自行申报、登记备案，并在内网公示，对接到的举报认真核实，给予 3 名二级单位领导班子成员撤职等党政纪处分。三是加大对领导班子的监督，派出党组巡视组，对所属企业领导班子开展内部巡视。对两家下属企业负责人经济责任审计反映出来的问题，组织力量进行核查，给予 5 名领导班子成员党政纪处分或组织处理。制定《中国五矿集团公司关于实行领导人员问责的暂行办法》，加大问责力度。四是开展警示教育，召开中国五矿违纪违规案件通报会，对巡视期间查处的 10 起案件、涉及 16 人的处理情况进行通报。对近三年来新提拔干部进行集中警示教育。举办警示教育展览，展出公司内部 7 起典型违法犯罪案件和 13 起典型违纪违规案件，用身边事教育身边人，干部职工反响强烈。五是强化纪检监察队伍建设。党组印发《关于加强和改进纪检监察工作的意见》，明确集团公司监察局增加编制 7 名；及时配备 2 名二级企业纪委书记，落实 7 家二级企业纪委书记专职化；6 家二级企业单独设立纪检监察部门，未单独设立的也配备专职纪检监察干部。印发集团公司《直属企业纪委书记、副书记提名考察办法》。组织二级企业纪委书记年度集中述职。加大纪检监察干部交流力度，落实三年培训计划，实行培训上岗制度，未经培训不得直接从事纪检监察工作。

4. 关于"四风"问题屡禁不止的问题。一是开展办公用房、公务用车专项清理和监督检查，全系统从严从速清理整改，党组成员带头搬至面积较小的办公室办公，在内网公开接受监督，同时着力建章立制，规范存量用房，落实《中国五矿集团公司办公用房管理办法》规定，全系统办公用房整改达标，《人民日报》对此进行了报道；全面推行公车改革，集团总部和二级企业一次到位，拍卖公车 165 辆。二是完善和落实《中国五矿集团公司负责人履职待遇、业务支出实施细则》、《总部履职待遇、业务支出实施细则》和《出资企业负责人履职待遇、业务支出实施细则》等制度，全系统"三项支出"大幅下降。制定《中国五矿集团公司贯彻落实中央八项规定精神监督检查工作细则》，开展专项检查，对发现的问题及时处理。三是就公款打高尔夫球问题进行深入核实，给予 6 人党政纪处分、3 人组织处理，对现有高尔夫球卡全部冻结并进行市场化处理，坚决杜绝公款打高尔夫球行为。就违规使用工会经费发放节假日补贴问题，责成集团工会作出深刻检查，对 7 家单位购买服务卡问题予以通报批评，暂停向其下拨工会活动经费，对有关二级单位工会组织提出警告、责令限期整改。就以建设调度中心为名兴建办公楼问题，鲁中矿业党委作出深刻检讨，承诺大楼建成后领导班子和职能部门不进入办公，同时按照"达标、实用、节俭"的原则最大限度压缩大楼后期施工费用，确保不超预算。

（二）关于组织人事纪律松弛的问题

1. 关于选人用人把关不严、"带病提拔"等问题。一是对发现的个别单位任用亲近人员、以一把手审批代替党委会研究、以核签代替会议审议等程序不规范问题，提出明确整改措施。在集团公司人力资源部内部设立干部监督部门，加大干部监督管理力度。严格执行干部选拔任用政策法规，各级党委切实把好选人用人关，各级纪委加强对考察对象廉洁自律情况的审查。二是对邯邢矿业突击提拔干部问题进行严肃处理，对邯邢矿业原主要负责人予以免职，对突击提拔的 5 名干部作无效处理。三是加强制度建设，将严肃组织人事纪律、严把选人用人关、强化干部选拔任用监督等要求作为制度建设的重点，修订完善集团公司《关键岗位人员管理办法》、《干部人才选拔任用工作办法》和《干部人才交流管理办法》等制度，研究制定干部监督、外派人员管理等制度。四是定期开展选人用人监督检查，对查实的问题坚决予以纠正和处理。坚持"凡提必核"，对今年提拔、未核实个人报告事项的 7 名领导人员进行补充查核，并加强对下属企业执行"凡提必核"情况的监督检查。

2. 关于滥设领导岗位，集团总经理助理配备过多、程序不规范的问题。通过转任、解聘、免职等方式，减少总经理助理 8 人。对原有总经理助理中 4 人任职程序不规范的问题，认真吸取教训，重申严格执行有关规定的要求，坚决杜绝类似问题再次发生。

3. 关于一些关键岗位领导任职时间过长，一些外派人员长期不交流的问题。对任职年限在 10 年以上的关键岗位及初级管理岗位人员进行摸底，对其中涉及的 19 名关键岗位人员和派驻境外的 32 名关键岗位人员，结合机构调整、干部交流及"绿卡"、"裸官"清理等工作，制定调整预案，陆续进行调整。对 4 名不适合担任原职务的"裸官"进行调整。

4. 关于违规回聘有关问题。对五矿有色 1 名副总经理违规回聘问题进行纠正，调整其工作岗位，下调绩效考核等级。取消现行领导人员回聘制度，将此类人员的引进纳入社会人才招聘范畴，统一标准、规范流程，严把进人关。

（三）关于从传统外贸企业向综合投资企业转型中利益输送问题突出的问题

1. 关于向民企输送利益的问题。一是由党组成员牵头成立专项调查组，对五矿有色执意与民企合资开发一里坪盐湖项目，并以虚假工商资料骗取采矿权，单方面投入建设资金问题进行深入调查，给予3名直接责任人和分管领导党政纪处分或组织处理，目前已与两家民企签订框架协议，拟在履行内部审批程序后，通过变更股权关系，实现对五矿盐湖公司的绝对控股，通过转让债权或债转股方式，解决项目后续建设所需资金问题，防止国有资产流失。二是就五矿置业与民企合作中，在对方屡次违约的情况下仍陆续投入资金等问题，由党组成员牵头成立专项调查组，对涉及与民企合作的5个项目进行了深入调查，对存在的违规决策、违规投资、违规融资、违规招投标、未按股比投入建设资金或在民企屡次违约情况下仍继续投入建设资金等为民企让利问题进行严肃处理，已将五矿置业总经理调离岗位，对其他4人的责任追究正在按照程序进行。对五矿地产领导班子进行调整，全面清理在手投资项目，加大重点难点项目处置力度，加快地产板块管理整合，提升管理水平。

2. 关于投资并购损失巨大的问题。一是按照决策程序不规范、投资超审批额度、投资失败或可能失败、与民企合作不规范等4类问题对投资项目进行全面排查，对68个项目涉及的79个问题进行分类处置，对20个决策程序不规范问题，视项目具体类型和实施进度决定叫停或继续推进；对22个投资超审批额度问题，结合实施进展和超支情况履行相应投资变更程序；对26个可能发生损失的在实施项目问题开展动态评估，对建设条件难落实、预期盈利水平低、后续资金投入困难的项目采取措施尽早止住出血点；对11个与民企合作不规范问题，要求项目主管单位采取措施及时纠正不规范行为，印发集团公司《关于与非国有资本投资合作指引》，明确今后在对与民企合作项目的审核中，除适用常规审议流程外，还要重点关注对合作方的尽职调查情况，充分考虑其行业地位、资金实力和占有优质资源等条件，在合作协议中充分体现"同股同权、同股同责"，同时严格履行资产评估程序。二是印发集团公司《投资决策违规事项专项管理办法》和《投资变更管理实施细则》等制度，构建权责对等、导向明晰的投资管理体系。剖析典型案例，针对问题较为集中的投资项目类型编制专项可行性研究工作指引。建立项目决策、实施等阶段的责任声明机制，为后续问责提供基础。进一步扩大投资后评价覆盖面，全面推行项目自评价工作，巩固PDCA良性循环。三是对问题突出的10个项目，组织力量进行集中查处，目前已办结4个，对涉及的6名违纪违规人员正在处理中。

3. 关于与民企开展不规范贸易业务有关问题。对五矿有色2007年至

2013 年与有关民企的贸易中，有的存在没有实地考察货物，也未取得第三方货权转移凭证，导致形成虚假贸易，为对方增加银行授信额度提供了便利等问题进行严肃查处，给予五矿有色 1 名副总经理行政警告处分，给予 2 名铅锌部负责人和 1 名项目具体责任人行政记过和行政记大过处分，给予 3 名相关人员组织处理。针对上述问题，五矿有色及时制定《仓储物流风险管理指引》，做到"资金流、票据流、物流"完整一致；修订《合同管理办法》，严禁以虚假贸易合同的形式协助民企、外企达到从银行融资的目的；整顿和取消部分直发业务，严格物流关键环节的审核管理，确保贸易业务合规运行。

4. 关于管理混乱，损公肥私问题频发的问题。一是对重大事项和业务长期个人独揽、暗箱操作情况开展全面排查，28 家单位有财务审批权的领导人员全部签署承诺书。针对已暴露的问题，全面梳理集团公司近八年来的广告宣传项目，重新核定今年的广告宣传费用预算，制定集团公司《领导班子议事规则》、《广告宣传类项目招标采购实施细则》和《广告宣传费使用管理办法》等制度，堵塞管理漏洞。二是加强内控工作，创新设计"事件出发、顺藤摸瓜"内控评价模式，通过模拟复盘风险事件过程，查找直接、间接风险源，分析制度建立、执行和监督等方面的不足，提出有针对性的防范措施。通过全面排查，发现风险事件 98 个，认定内控缺陷 200 余条，通过整改及完善风险管理及内控信息系统，强化工程招投标、财务管理、风险管理等制度的执行。三是加强资金监管，对排查中发现的备用金管理不规范、现金使用量过大、承兑汇票盘点不及时、与银行对账记录不全等问题及时整改。制定集团公司《大额资金支出管理办法》和实施细则，对内部资金调拨、对外资金支付等活动进行进一步规范。修订完善集团公司《财务人员管理办法》，进一步规范财务人员的配备、轮岗交流和监管。

5. 关于房地产项目招投标有关问题。一是对五矿地产近三年来所有招投标项目进行梳理核查，对五矿地产所属公司 119 个项目应招标未招标、五矿置业有关项目先开工、后招标，招标前就支付工程款的问题进行了严肃处理，给予 12 人党政纪处分，对 12 人进行通报批评或诫勉谈话。二是五矿地产成立由项目管理、审计、纪检监察等部门组成的巡检小组，按季度进行巡检，将巡检结果纳入当期考核，对发现的问题严肃问责。逐步建立完善工程建设项目招投标业务信息化平台，实现招投标全流程在线监管。集团公司连续多年将工程建设项目招投标工作纳入效能监察，近三年来共对 53 家下属企业进行监督检查。三是建立长效机制，设立工程建设项目招投标工作统一管理机构，明确工作流程、施行分级审批，将资格预审、评委预审、招标实施"三权分离"，确保招标、开标、评标和定标活动现场监管"四个到位"。制定集团公司《招投标管理办法》和《房地产开发项目招标管理办法》、修订《招投标监督办法》，促进招投标工作规范化。

6. 关于监管缺失，境外资产状况堪忧的问题。集团公司对235家境外企业资产和管理状况开展全面调查，摸清底数，对存在的个别企业未批先设、境外壳公司多、低效资产多、境外派出人员分布与资产布局不匹配、对重点企业有效管控不足、对部分流通企业经营监管措施不力、境外传统贸易企业价值和定位需重估、部分境外投资项目论证不充分、一些境外工程项目风险大等9个突出问题进行了梳理，研究提出一揽子整改方案。一是将境外未批先设企业和壳公司纳入清理范围，对其他资产进行动态评估。加强对境外重点企业和重点项目的监管，派出高管人员直接实施管理，全面了解掌握项目进展，强化项目运营管控，确保项目计划平稳实施。二是制定《五矿资源管控方案》和《海外管理总体调整方案》，重估境外传统贸易企业价值，明确业务定位及商业模式，优化全球网络布局。三是严肃问责，对境外两家公司出现的大额亏损和重大风险事件，立即采取措施积极处置，并对公司负责人作出降职、停职等处理。

三、持续整改，有力推动中国五矿深化改革、健康发展

中国五矿巡视整改虽然取得了一定成效，但更多涉及全局性、长远性的治本之策，还有待在深化改革、管理变革的实际进程中不断深化，整改成果还有待进一步丰富和拓展。下一步，中国五矿党组将继续按照巡视整改要求，持续深入学习贯彻习近平总书记系列重要讲话精神，认真贯彻落实中央巡视工作领导小组、中央巡视组和中央巡视办有关要求，将整改工作引向深入、融入改革，使之始终成为推动中国五矿持续健康发展的强劲动力。

（一）持之以恒抓好后续整改。坚持目标不变、标准不降、力度不减，以踏石留印、抓铁有痕的作风，持续做好后续整改工作。对影响长远、需要一定时间整改到位的问题，建立台账，明确时间表，加强跟踪督促，确保按时完成。继续完善相关制度，特别是在强化制度执行上下功夫，着力建立长效机制，确保整改成效。

（二）不折不扣落实"两个责任"。充分认识国企不全面从严治党就会偏离方向、不全面深化改革就没有出路，决不允许以企业"特殊论"降低标准、放松要求。坚持把党风廉政建设和反腐败工作摆上重要议事日程，融入

到集团改革发展各项工作中，做到同步考虑、同步部署、同步实施、同步考核。加大问责力度，对发生违反政治纪律和政治规矩问题、发生顶风违纪问题、"四风"问题突出的单位和部门，既追究主体责任、监督责任，又追究领导责任。

（三）坚持不懈把纪律和规矩挺在前面。落实从严治企要求，继续开展对落实中央八项规定精神、"三重一大"决策制度等情况的监督检查、坚持一个节点一个节点抓，保持高压态势，坚决防止"四风"反弹。继续以坚决的态度认真处置巡视中发现的各类问题线索，加大案件审查力度，严惩腐败、形成震慑。

（四）坚定不移深化改革。适应市场化、国际化新形势，在中国五矿战略体系与治理架构优化、财务资源内部市场化配置、投资项目全过程管理、市场化选人用人机制完善等方面取得实质性进展。进一步提升管理水平，压缩管理层级，坚持价值思维、问题导向，在完善现代企业制度、三项制度改革、资源配置再市场化等领域解决体制机制问题。进一步明晰中国五矿战略愿景和承载使命，通过境内外矿产资源的开发与利用，提升重要金属资源战略保障能力；通过促进稀土、钨、锑等优势资源全产业链创新，将资源优势转变为技术优势、经济优势；通过现代信息技术、物流技术的综合开发应用，促进大宗商品流通效率的改善提升。通过一系列改革举措，释放更多改革红利，为推动中国五矿持续健康发展提供有力保障。

欢迎广大干部群众对巡视整改落实情况进行监督。如有意见建议，请及时向我们反映。联系电话：010－60169721。邮政信箱：北京市东城区朝阳门北大街3号中国五矿集团公司巡视整改工作领导小组办公室。邮政编码：100010。电子邮箱：xfjb@minmetals.com。

中共中国五矿集团公司党组

2015 年 9 月 15 日

教育部办公厅关于表扬 2010 年度报送信息先进单位、先进个人的通报

各省、自治区、直辖市党委教育工作部门、教育厅（教委），各计划单列市教育局，新疆生产建设兵团教育局，部属各高等学校，有关省部共建、省部共同重点支持建设高校：

2010 年，各地教育部门、部属各高校以及省部共建、省部共同重点支持

建设高校，认真贯彻落实全国教育工作会议精神和教育规划纲要，紧紧围绕教育改革、发展、稳定工作大局，结合本地本校实际，及时、全面、准确、规范地向教育部报送了大量信息，为上级领导机关了解情况、科学决策和指导工作发挥了重要作用。根据年度信息采用情况，决定对55个报送信息先进单位、57名报送信息先进个人予以通报表扬（名单见附件）。

希望受到表扬的单位和个人珍惜荣誉，再接再厉，在为上级领导机关提供良好信息服务方面取得更加优异的成绩。其他地区和单位要向受到表扬的单位和个人学习，进一步加强信息报送工作，不断提高报送信息质量，为推动教育事业科学发展，维护教育系统安全稳定做出新的更大贡献。

附件：1. 2010年度向教育部报送信息先进单位名单
　　　2. 2010年度向教育部报送信息先进个人名单

教育部办公厅
2011年3月21日

国务院安委会办公室关于山西晋城
"2·25"重大道路交通事故情况的通报

安委办〔2012〕10号

各省、自治区、直辖市及新疆生产建设兵团安全生产委员会：

2012年2月25日凌晨，河南省三门峡市汽车运输有限责任公司旅游分公司一辆号牌为豫M08666的大型普通客车（核载35人，实载34人），从河南省三门峡市义马市前往山西省晋城市泽州县山河镇道宝河村登山，因该车辆驾驶人路线不熟，车辆驶过目的地后掉头返回。上午9时27分，当车辆行驶至207国道1319公里950米处（山西省晋城市泽州县山河镇境内）时，失控撞毁道路右侧水泥警示墩后坠入约45米深的悬崖，造成15人死亡、19人受伤。

依据有关规定，国务院安委会已对该起事故的查处实行挂牌督办，查处结果将及时向社会公布。据初步分析，事故直接原因是驾驶人疲劳驾驶以及在连续急弯下坡路段超速行驶。事故详细原因正在进一步调查。该起事故的发生，不仅暴露出车辆超速行驶的问题，也暴露出部分地区在旅游包车管理、山区公路安全设施管理维护、道路交通秩序管控等方面存在薄弱环节。为深刻吸取事故教训，举一反三，进一步做好道路交通安全工作，有效防范和坚决遏制重大事故的发生，现提出以下要求：

一、高度重视、迅速部署，切实加强旅游包车安全工作。各地区、各有关部门要认真贯彻落实《国务院关于坚持科学发展安全发展促进安全生产形势持续稳定好转的意见》（国发〔2011〕40号）和《国务院办公厅关于继续深入扎实开展"安全生产年"活动的通知》（国办发〔2012〕14号）精神，进一步抓紧研究加强道路交通安全特别是旅游包车安全工作的具体政策措施。要加强组织领导，加强科学管理，加大安全投入，强化综合治理，不断完善工作体制和机制，努力推动道路交通领域的科学发展、安全发展。要充分认识道路交通安全工作的长期性和复杂性，定期分析本地区道路交通安全工作的形势和规律，针对春运过后道路交通事故可能有所反弹的状况，因地制宜地采取有针对性的治理防范措施，确保道路交通安全形势持续稳定好转。

二、排查隐患、细化措施，加大山区公路安全管理力度。各地区、各有关部门要高度重视山区公路交通安全管理工作，增强山区公路交通安全监管的紧迫感和使命感。要加强对山区危险路段的安全隐患排查整治力度，继续推进山区公路"生命工程"建设，针对山区公路急弯、陡坡、临水、临崖、路面积水、连续下坡等路段安全技术指标接近极限、事故易发多发的特点，进一步科学增设交通安全警告提示标志，不断完善路面交通标线和道路渠化，加固水泥防撞隔离墩、波形护栏等防撞设施。要确保整治专项投入和措施按时落实到位，明确整治责任单位、责任人和整治期限，加快整治进度、提升整治效果，切实消除道路交通安全隐患。要进一步加大山区公路交通安全管控力度，严厉查处超速、超员、超载、疲劳驾驶、非客运车辆非法载人等非法违法行为，严格落实三级及以下公路夜间禁止客运车辆通行的规定，提升道路交通安全程度。

三、强化监督、完善制度，落实企业安全生产主体责任。各地区、各有关部门要对包车客运标志牌核发、使用情况进行全面摸排，切实加强对旅游客运、包车客运车辆的安全监管。要进一步强化对道路客运企业的安全监管，不断完善安全生产各项规章制度，落实企业安全生产主体责任。要督促道路客运企业在客运包车出车前组织驾驶人熟悉路线，明确危险路段，提醒驾驶人提高警惕、安全驾驶。要督促道路客运企业加强车辆的动态监管，不断完善企业内部考核制度，对所属车辆超速行驶、未按规定路线行驶的行为要及时进行制止和纠正。对不具备安全运营条件、安全管理混乱、存在重大安全隐患的企业，要依法责令停业整顿，整顿后仍不达标的，坚决取消相应经营资质。

四、严肃查处事故，加大责任追究力度。各有关地区要按照"四不放过"和"科学严谨、依法依规、实事求是、注重实效"的原则，认真组织开展事故调查，对事故负有领导、监督、管理责任的单位和人员，要依法依规严肃处理。要认真执行事故查处挂牌督办制度，确保事故按期结案，及时向社会公布调查处理结果，并跟踪督促事故责任和整改措施的落实。要通过认真调查事故原因，严肃责任追究，教育广大企业和干部群众吸取事故教训，举一反三，查隐患、堵漏洞，切实搞好道路交通安全工作。

国务院安全生产委员会办公室

2012 年 2 月 28 日

知识聚焦

一、通报的概念

《条例》规定，通报"适用于表彰先进、批评错误、传达重要精神和告知重要情况"。通报适用范围也较为广泛，各级国家机关、社会团体、企事业单位等表彰具体的好人好事、批评错误、通报情况时均可使用通报行文，以便起到倡导、警诫、启发、教育和沟通情况的作用。

二、通报的种类

根据通报的使用范围和作用，将通报分为表彰性通报、批评性通报和情况通报三种。

1. 表彰性通报

表彰性通报适用于表彰具有典型意义的先进的人物和事迹，并将先进经验通报给有关单位和人员，起到弘扬正气、鼓舞群众的作用。如《教育部办公厅关于表扬 2010 年度报送信息先进单位、先进个人的通报》。

2. 批评性通报

批评性通报适用于批评严重错误，通常是对具有严重影响的重大责任事故以及犯有严重错误的人等进行批评、处分的通报，以起到警诫、教育作用。如《国务院安委会办公室关于陕西省西安市樊记腊汁肉夹馍店"11·14"液化石油气泄漏爆炸事故的通报》。

3. 告知性通报

适用于传达重要精神或情况。一般是向有关方面知照应该掌握和了解的信息、动态，以供工作参考及起到交流沟通情况的作用。如《国家林业局关于 2011 年林木种子质量抽查情况的通报》。

三、通报的写作要求

通报的格式一般包括标题、发文字号、主送机关、正文和落款几个部分。

1. 标题

通报的标题一般有两种写法：

（1）发文机关＋事由＋文种，如《国家安全监管总局办公厅关于中央企业落实建设项目职业卫生"三同时"制度调查情况的通报》（安监总厅安健〔2011〕231 号）。

（2）事由＋文种，如《关于全国旅游团队服务管理系统推广应用情况通报》（旅办发〔2012〕4 号）。

2. 发文字号

通报的发文字号一般均采用发文机关代字、六角号年份、序号的形式，如粤办〔2012〕18 号，如果是联合行文的通报，只需标注主办机关的。

3. 主送机关

通报和通知一样，一般应标明主送机关，其主送机关一般是直接隶属的下级机关，需注意按级别分系统书写。

4. 正文

通报的正文一般由原由、事项和结尾组成，但不同类型的通报，其具体的写作内容和层次安排有所不同。

（1）表彰性通报正文的写法

分四个层次：第一，通报表彰的依据，即概述先进事迹，包括时间、地点、人物、事迹、怎么做、结果。此部分要注意详略得当，重点突出。第二，简明扼要地对上述事件进行分析、评价，或指出其典型意义，或概括其主要经验。第三，在分析评价的基础上，做出表彰的决定。第四，提出希望号召。

（2）批评性通报正文的写法

批评性通报有两个小类，一是对个人的通报批评，这种通报的写法和表彰通报正文层次安排相似，即先概述错误事实，然后在分析评价的基础上提出通报批评，最后提出告诫，以便吸取教训。二是对单位或集体的通报批评，往往是对发生重大的安全事故（如交通、煤矿、食品等方面）进行通报批评，其目的在于对这类恶性事故的性质、后果及造成事故的原因进行深入分析，总结教训，找出防范措施或改进建议。这种通报在机关单位中使用最多。

①通报原由，即将事故或错误事实的经过情况、时间、地点、事故、后果等交代清楚；

②对事故进行分析评议，重点分析事故发生的原因，指出事故的性质及其危害，并提出处分决定；

③写明防止此类事故的措施，要对症下药，提出告诫，或重申某一方面的纪律。

（3）告知性通报正文的写法

告知性通报正文一般先写通报的背景、依据等，然后以"现将有关情况通报如下"等文种承启语过渡到事项部分；事项部分一般采用条项式对所要通报的情况进行有条理的说明、介绍，然后再对存在的问题进行分析，最好根据分析提出一定的要求。

任务演练

根据下列材料，并查阅相关案例，分别以相关地区纪委的名义，写一则通报。

中纪委通报 112 起违反中央八项规定精神典型案件

2015 年 04 月 21 日 来源：人民网

北京市

北京市通报 8 起违反中央八项规定精神典型案件

1. 丰台区国有资本经营管理中心违规发放津贴补贴问题。2014 年 8 月，丰台区国有资本经营管理中心购买帐篷、充气垫、保暖毯等物品发放给中心所有工作人员，共计人民币 11570 元。丰台区纪委决定给予丰台区国有资本经营管理中心原总经理伊敏党内警告处分。

2. 北京市公安局东城分局警务保障处原副处长王波违规收受礼品礼金问题。王波任东城分局警务保障处副处长期间，于 2012 年底至 2013 年初 3 次收受合作企业赠予的酒店惠宾卡、商务卡、加油卡共计人民币 1.2 万元。北京市公安局东城分局党委决定，给予王波党内严重警告处分。

3. 北京市对外经济贸易大学人力资源处处长郭敏公款旅游问题。2013年8月至2014年7月，对外经济贸易大学人力资源处在组织青年教师赴广西、甘肃进行社会实践考察过程中，到景点旅游。经对外经济贸易大学校党委常委会批准，校纪委给予郭敏党内警告处分。

4. 昌平区沙河地区办事处副主任、沙河镇副镇长代景茂违规收受礼品礼金问题。代景茂任沙河地区办事处副主任、沙河镇副镇长期间，于2013年春节前，收受他人赠予的购物卡5张，共计人民币5000元，用于个人消费。昌平区纪委决定给予代景茂党内警告处分。

5. 昌平区南邵镇党委委员、副镇长赵学君违规收受礼品礼金问题。赵学君任沙河地区办事处副主任、沙河镇副镇长期间，于2013年春节前，收受他人赠予的购物卡5张，共计人民币5000元，用于个人消费。昌平区纪委决定给予赵学君党内警告处分。

6. 昌平区沙河镇政府农业办公室主任高大旗违规收受礼品礼金问题。高大旗任沙河镇政府农业办公室主任期间，于2013年、2014年春节前，分两次收受他人赠予的购物卡5张，共计人民币5000元，用于个人消费。昌平区纪委决定给予高大旗党内警告处分。

7. 昌平区沙河地区办事处副主任、沙河镇副镇长李红春违规收受礼品礼金问题。李红春任沙河地区办事处副主任、沙河镇副镇长期间，于2013年、2014年春节前，分两次收受他人赠予的面值1000元购物卡10张，共计人民币10000元，用于个人消费。昌平区纪委决定给予李红春党内警告处分。

8. 昌平区沙河镇政府城镇建设管理科科长孟祥宝违规收受礼品礼金问题。孟祥宝任沙河镇政府城镇建设管理科科长、负责沙河镇社会治安综合治理办公室工作期间，于2013年、2014年春节前，分两次收受他人赠予的购物卡6张，共计人民币6000元，用于个人消费。昌平区纪委决定给予孟祥宝党内警告处分。（北京市纪委）

天津市
天津市通报2起违反中央八项规定精神典型案件

1. 市市政公路管理局工会原副主席董铁为其子大办婚事问题。给予董铁党内警告处分，并责令其退还违规收受的礼金3.4万元。

2. 津南区人力资源和社会保障局局长、党组书记刘艳玲违规发放津贴补

贴问题。给予刘艳玲党内警告处分。（天津市纪委）

河北省
河北省通报5起违反中央八项规定精神典型案件

1. 邯郸市国资委党委书记、主任杨俊英和党委副书记、副主任孙恒均，违规借用下属企业车辆，作为自己的侧重服务用车。邯郸市监察局分别给予杨俊英、孙恒均行政警告处分。

2. 唐山市丰润区卫生局党委副书记、局长李佩安，2012年至2014年春节期间，3次违规收受礼金。丰润区纪委给予其党内严重警告处分、行政记大过处分。

3. 顺平县科学技术协会党组书记、主席于树青，将私人聚餐费用违规在单位财务报销。顺平县纪委给予其党内严重警告处分，并退还所报销餐费。

4. 衡水市食品药品监督管理局滨湖新区分局局长刘放，公车私用。衡水市食品药品监督管理局给予其行政警告处分。

5. 隆化县卫生局违规发放奖金。隆化县纪委给予卫生局局长王庆华党内警告处分，对违规发放的奖金予以收回。（河北省纪委）

山西省
山西省通报2起违反中央八项规定精神典型案件

1. 芮城县中医院原院长裴振海违规收受礼金、违反财经纪律等问题。裴振海在2014年7月自建房封顶当天，收受本院医护、后勤等非亲属人员礼金共计4900元，同时还存在违规入股经商，违反财经纪律等问题。经芮城县纪委、县监察局研究，决定给予裴振海党内严重警告处分，降低岗位等级，并收缴其违纪所得。芮城县人民政府常务会议研究，决定免去裴振海县中医院院长职务。

2. 霍州市交警大队事故中队民警刘刚为其父过寿大操大办问题。2015年2月，刘刚在临汾市给其父亲过寿，收受非亲属人员礼金76100元。经霍州市纪委、市监察局研究，决定给予刘刚留党察看一年、行政降级处分，并收缴其违纪所得。同时，对落实主体责任、监督责任不力的市交警大队分管事故中队的副队长朱敏党内严重警告处分；交警大队纪检组长薛新红党内警告处分；对交警大队队长张连杰进行诫勉谈话，并责令作出书面检查。（山西省纪委）

任务 10 公报

范文举例

中国共产党第十八届中央委员会第四次全体会议公报

（2014 年 10 月 23 日中国共产党第十八届中央委员会第四次全体会议通过）

中国共产党第十八届中央委员会第四次全体会议，于 2014 年 10 月 20 日至 23 日在北京举行。

出席这次全会的有，中央委员 199 人，候补中央委员 164 人。中央纪律检查委员会常务委员会委员和有关方面负责同志列席了会议。党的十八大代表中部分基层同志和专家学者也列席了会议。

全会由中央政治局主持。中央委员会总书记习近平作了重要讲话。

全会听取和讨论了习近平受中央政治局委托作的工作报告，审议通过了《中共中央关于全面推进依法治国若干重大问题的决定》。习近平就《决定（讨论稿）》向全会作了说明。

全会充分肯定党的十八届三中全会以来中央政治局的工作。一致认为，党的十八届三中全会以来，国际形势错综复杂，国内改革发展任务极为繁重，中央政治局全面贯彻党的十八大和十八届一中、二中、三中全会精神，高举中国特色社会主义伟大旗帜，以邓小平理论、"三个代表"重要思想、科学发展观为指导，深入贯彻习近平总书记系列重要讲话精神，团结带领全党全军全国各族人民，统筹国内国际两个大局，牢牢把握稳中求进工作总基调，保持战略定力，以全面深化改革推动各项工作，注重从思想上、制度上谋划涉及改革发展稳定、内政外交国防、治党治国治军的战略性、全局性、长远性问题。中央政治局适应经济发展新常态，创新宏观调控思路和方式，积极破解经济社会发展难题，着力保障和改善民生，基本完成党的群众路线教育实践活动，坚定不移反对腐败，有效应对各种风险挑战，各方面工作取得新成效，党和国家事业发展打开新局面。

全会高度评价长期以来特别是党的十一届三中全会以来我国社会主义法治建设取得的历史性成就，研究了全面推进依法治国若干重大问题，认为全面建成小康社会、实现中华民族伟大复兴的中国梦，全面深化改革、完善和发展中国特色社会主义制度，提高党的执政能力和执政水平，必须全面推进依法治国。

全会提出，面对新形势新任务，我们党要更好统筹国内国际两个大局，更好维护和运用我国发展的重要战略机遇期，更好统筹社会力量、平衡社会利益、调节社会关系、规范社会行为，使我国社会在深刻变革中既生机勃勃又井然有序，实现经济发展、政治清明、文化昌盛、社会公正、生态良好，实现我国和平发展的战略目标，必须更好发挥法治的引领和规范作用。

全会强调，全面推进依法治国，必须贯彻落实党的十八大和十八届三中全会精神，高举中国特色社会主义伟大旗帜，以马克思列宁主义、毛泽东思想、邓小平理论、"三个代表"重要思想、科学发展观为指导，深入贯彻习近平总书记系列重要讲话精神，坚持党的领导、人民当家做主、依法治国有机统一，坚定不移走中国特色社会主义法治道路，坚决维护宪法法律权威，依法维护人民权益、维护社会公平正义、维护国家安全稳定，为实现"两个一百年"奋斗目标、实现中华民族伟大复兴的中国梦提供有力法治保障。

全会提出，全面推进依法治国，总目标是建设中国特色社会主义法治体系，建设社会主义法治国家。这就是，在中国共产党领导下，坚持中国特色社会主义制度，贯彻中国特色社会主义法治理论，形成完备的法律规范体系、高效的法治实施体系、严密的法治监督体系、有力的法治保障体系，形成完善的党内法规体系，坚持依法治国、依法执政、依法行政共同推进，坚持法治国家、法治政府、法治社会一体建设，实现科学立法、严格执法、公正司法、全民守法，促进国家治理体系和治理能力现代化。实现这个总目标，必须坚持中国共产党的领导，坚持人民主体地位，坚持法律面前人人平等，坚持依法治国和以德治国相结合，坚持从中国实际出发。

全会强调，党的领导是中国特色社会主义最本质的特征，是社会主义法治最根本的保证。把党的领导贯彻到依法治国全过程和各方面，是我国社会主义法治建设的一条基本经验。我国宪法确立了中国共产党的领导地位。坚持党的领导，是社会主义法治的根本要求，是党和国家的根本所在、命脉所在，是全国各族人民的利益所系、幸福所系，是全面推进依法治国的题中应有之义。党的领导和社会主义法治是一致的，社会主义法治必须坚持党的领导，党的领导必须依靠社会主义法治。只有在党的领导下依法治国、厉行法治，人民当家做主才能充分实现，国家和社会生活法治化才能有序推进。依法执政，既要求党依据宪法法律治国理政，也要求党依据党内法规管党治党。

全会明确了全面推进依法治国的重大任务，这就是：完善以宪法为核心的中国特色社会主义法律体系，加强宪法实施；深入推进依法行政，加快建设法治政府；保证公正司法，提高司法公信力；增强全民法治观念，推进法治社会建设；加强法治工作队伍建设；加强和改进党对全面推进依法治国的领导。

全会提出，法律是治国之重器，良法是善治之前提。建设中国特色社会主义法治体系，必须坚持立法先行，发挥立法的引领和推动作用，抓住提高立法质量这个关键。要恪守以民为本、立法为民理念，贯彻社会主义核心价值观，使每一项立法都符合宪法精神、反映人民意志、得到人民拥护。要把公正、公平、公开原则贯穿立法全过程，完善立法体制机制，坚持立改废释并举，增强法律法规的及时性、系统性、针对性、有效性。坚持依法治国首先要坚持依宪治国，坚持依法执政首先要坚持依宪执政。健全宪法实施和监督制度，完善全国人大及其常委会宪法监督制度，健全宪法解释程序机制。完善立法体制，加强党对立法工作的领导，完善党对立法工作中重大问题决策的程序，健全有立法权的人大主导立法工作的体制机制，依法赋予设区的市地方立法权。深入推进科学立法、民主立法，完善立法项目征集和论证制度，健全立法机关主导、社会各方有序参与立法的途径和方式，拓宽公民有序参与立法途径。加强重点领域立法，加快完善体现权利公平、机会公平、规则公平的法律制度，保障公民人身权、财产权、基本政治权利等各项权利不受侵犯，保障公民经济、文化、社会等各方面权利得到落实。实现立法和改革决策相衔接，做到重大改革于法有据、立法主动适应改革和经济社会发展需要。

全会提出，法律的生命力在于实施，法律的权威也在于实施。各级政府必须坚持在党的领导下、在法治轨道上开展工作，加快建设职能科学、权责法定、执法严明、公开公正、廉洁高效、守法诚信的法治政府。依法全面履行政府职能，推进机构、职能、权限、程序、责任法定化，推行政府权力清单制度。健全依法决策机制，把公众参与、专家论证、风险评估、合法性审查、集体讨论决定确定为重大行政决策法定程序，建立行政机关内部重大决策合法性审查机制，建立重大决策终身责任追究制度及责任倒查机制。深化行政执法体制改革，健全行政执法和刑事司法衔接机制。坚持严格规范公正文明执法，依法惩处各类违法行为，加大关系群众切身利益的重点领域执法力度，建立健全行政裁量权基准制度，全面落实行政执法责任制。强化对行政权力的制约和监督，完善纠错问责机制。全面推进政务公开，坚持以公开为常态、不公开为例外原则，推进决策公开、执行公开、管理公开、服务公开、结果公开。

全会提出，公正是法治的生命线。司法公正对社会公正具有重要引领作用，司法不公对社会公正具有致命破坏作用。必须完善司法管理体制和司法权力运行机制，规范司法行为，加强对司法活动的监督，努力让人民群众在每一个司法案件中感受到公平正义。完善确保依法独立公正行使审判权和检察权的制度，建立领导干部干预司法活动、插手具体案件处理的记录、通报和责任追究制度，建立健全司法人员履行法定职责保护机制。优化司法职权配置，推动实行审判权和执行权相分离的体制改革试点，最高人民法院设立巡回法庭，探索设立跨行政区划的人民法院和人民检察院，探索建立检察机关提起公益诉讼制度。推进严格司法，坚持以事实为根据、以法律为准绳，推进以审判为中心的诉讼制度改革，实行办案质量终身负责制和错案责任倒查问责制。保障人民群众参与司法，在司法调解、司法听证、涉诉信访等司法活动中保障人民群众参与，完善人民陪审员制度，构建开放、动态、透明、便民的阳光司法机制。加强人权司法保障。加强对司法活动的监督，完善检察机关行使监督权的法律制度，加强对刑事诉讼、民事诉讼、行政诉讼的法律监督，完善人民监督员制度，绝不允许法外开恩，绝不允许办关系案、人情案、金钱案。

全会提出，法律的权威源自人民的内心拥护和真诚信仰。人民权益要靠法律保障，法律权威要靠人民维护。必须弘扬社会主义法治精神，建设社会主义法治文化，增强全社会厉行法治的积极性和主动性，形成守法光荣、违法可耻的社会氛围，使全体人民都成为社会主义法治的忠实崇尚者、自觉遵守者、坚定捍卫者。推动全社会树立法治意识，深入开展法治宣传教育，把法治教育纳入国民教育体系和精神文明创建内容。推进多层次多领域依法治理，坚持系统治理、依法治理、综合治理、源头治理，深化基层组织和部门、行业依法治理，支持各类社会主体自我约束、自我管理，发挥市民公约、乡规民约、行业规章、团体章程等社会规范在社会治理中的积极作用。建设完备的法律服务体系，推进覆盖城乡居民的公共法律服务体系建设，完善法律援助制度，健全司法救助体系。健全依法维权和化解纠纷机制，建立健全社会矛盾预警机制、利益表达机制、协商沟通机制、救济救助机制，畅通群众利益协调、权益保障法律渠道。完善立体化社会治安防控体系，保障人民生命财产安全。

全会提出，全面推进依法治国，必须大力提高法治工作队伍思想政治素质、业务工作能力、职业道德水准，着力建设一支忠于党、忠于国家、忠于人民、忠于法律的社会主义法治工作队伍。建设高素质法治专门队伍，把思想政治建设摆在首位，加强立法队伍、行政执法队伍、司法队伍建设，畅通立法、执法、司法部门干部和人才相互之间以及与其他部门具备条件的干部和人才交流渠道，推进法治专门队伍正规化、专业化、职业化，完善法律职业准入制度，建立从符合条件的律师、法学专家中招录立法工作者、法官、检察官制度，健全从政法专业毕业生中招录人才的规范便捷机制，完善职业保障体系。加强法律服务队伍建设，增强广大律师走中国特色社会主义法治道路的自觉性和坚定性，构建社会律师、公职律师、公司律师等优势互补、结构合理的律师队伍。创新法治人才培养机制，形成完善的中国特色社会主义法学理论体系、学科体系、课程体系，推动中国特色社会主义法治理论进教材进课堂进头脑，培养造就熟悉和坚持中国特色社会主义法治体系的法治人才及后备力量。

全会强调，党的领导是全面推进依法治国、加快建设社会主义法治国家最根本的保证。必须加强和改进党对法治工作的领导，把党的领导贯彻到全面推进依法治国全过程。坚持依法执政，各级领导干部要带头遵守法律，带头依法办事，不得违法行使权力，更不能以言代法、以权压法、徇私枉法。健全党领导依法治国的制度和工作机制，完善保证党确定依法治国方针政策和决策部署的工作机制和程序，加强对全面推进依法治国统一领导、统一部署、统筹协调，完善党委依法决策机制。各级人大、政府、政协、审判机关、检察机关的党组织要领导和监督本单位模范遵守宪法法律，坚决查处执法犯法、违法用权等行为。加强党内法规制度建设，完善党内法规制定体制机制，形成配套完备的党内法规制度体系，运用党内法规把党要管党、从严治党落到实处，促进党员、干部带头遵守国家法律法规。提高党员干部法治思维和依法办事能力，把法治建设成效作为衡量各级领导班子和领导干部工作实绩重要内容、纳入政绩考核指标体系，把能不能遵守法律、依法办事作为考察干部重要内容。推进基层治理法治化，发挥基层党组织在全面推进依法治国中的战斗堡垒作用，建立重心下移、力量下沉的法治工作机制。深入推进依法治军、从严治军，紧紧围绕党在新形势下的强军目标，构建完善的中国特色军事法治体系，提高国防和军队建设法治化水平。依法保障"一国两制"实践和推进祖国统一，保持香港、澳门长期繁荣稳定，推进祖国和平统一，依法保护港澳同胞、台湾同胞权益。加强涉外法律工作，运用法律手段维护我国主权、安全、发展利益，维护我国公民、法人在海外及外国公民、法人在我国的正当权益。

全会分析了当前形势和任务，强调全党同志要把思想和行动统一到中央关于全面深化改革、全面推进依法治国重大决策部署上来，审时度势、居安思危，既要有抓住和用好重要战略机遇期推进改革发展的战略定力，又要敏锐把握国内外环境的变化，以钉钉子精神，继续做好保持经济持续健康发展工作，继续做好改善和保障民生特别是帮扶困难群众工作，继续做好作风整改工作，继续做好从严治党工作，继续做好保持社会和谐稳定工作，为明年开局打好基础。

全会按照党章规定，决定递补中央委员会候补委员马建堂、王作安、毛万春为中央委员会委员。

全会审议并通过了中共中央纪律检查委员会关于李东生、蒋洁敏、王永春、李春城、万庆良严重违纪问题的审查报告，审议并通过了中共中央军事委员会纪律检查委员会关于杨金山严重违纪问题的审查报告，确认中央政治局之前作出的给予李东生、蒋洁敏、杨金山、王永春、李春城、万庆良开除党籍的处分。

全会号召，全党同志和全国各族人民紧密团结在以习近平同志为总书记的党中央周围，高举中国特色社会主义伟大旗帜，积极投身全面推进依法治国伟大实践，开拓进取，扎实工作，为建设法治中国而奋斗！

中华人民共和国与印度尼西亚共和国联合新闻公报

新华网雅加达 4 月 22 日电 中华人民共和国与印度尼西亚共和国 22 日发表联合新闻公报。公报全文如下：

一、应印度尼西亚共和国总统佐科·维多多邀请，中华人民共和国主席习近平于 2015 年 4 月 21 日至 24 日赴印尼出席亚非领导人会议和万隆会议 60 周年纪念活动。

二、习近平主席同佐科总统在会议期间举行会晤。习近平主席忆及自 2013 年就任国家主席以来两次到访印尼，感谢佐科总统和印尼人民的热烈欢迎和友好接待。佐科总统也忆及他 2014 年 10 月执政后 5 个月内两次访华，显示了两国友好关系和紧密合作的重要性。佐科总统对中方的热情友好接待表示感谢。

三、两国元首就中印尼建交 65 周年互致祝贺，一致同意在"和平繁荣伙伴"主题下办好相关庆祝活动，弘扬两国传统友谊，深化民众相互了解，打造面向未来、世代友好的中印尼关系。

四、两国元首一致认为，深化中印尼全面战略伙伴关系符合双方共同利益。双方将加快制定《全面战略伙伴关系未来五年行动计划》，推动两国关系继续向更广领域和更深层次发展。

五、两国元首一致同意继续加强和完善两国各领域合作机制建设，逐步将现有的中印尼副总理级对话、高层经济对话和即将建立的副总理级人文交流机制打造成引领两国政治安全、经贸、人文领域合作的"三驾马车"，推动中印尼各领域务实合作不断取得新进展。

六、两国元首重申将全面对接中方建设"21 世纪海上丝绸之路"战略构想和印尼方"全球海洋支点"发展规划，加强政策协调、务实合作和文明互鉴，打造共同发展、共享繁荣的"海洋发展伙伴"。

七、两国元首同意，双方应落实好中印尼高层经济对话第一次会议达成的共识。双方同意共同努力，争取实现双边贸易额到 2020 年突破 1500 亿美元。双方同意努力减少关税和非关税贸易壁垒，加强两国贸易部门交流，通过尽早商签《中印尼果蔬产品检验检疫互认合作协议》增进货物贸易领域的合作。双方同意将共同实施好中国商务部与印尼工业部签署的两国政府关于中国－印尼综合产业园区的协定。中方愿为印尼商品扩大进入中国市场准入，鼓励中国企业扩大对印尼投资。印尼方同意加紧制定有关配套政策，优化投资环境。中方愿在印尼出口商品设计研发、提供中国市场机遇和规则信息等方面给予技术支持。

知识聚焦

一、公报的概念

《条例》规定,公报"适用于公布重要决定或者重大事项"。

二、公报的种类

公报根据内容和写法的不同,分为会议公报、统计公报、新闻公报等几种。

1. 会议公报

会议公报适用于反映重大会议情况、会议精神和决议事项,一般以会议名义发布。如《中国共产党第十七届中央纪律检查委员会第七次全体会议公报》。

2. 统计公报

统计公报适用于向社会公布国民经济计划执行结果和社会发展情况统计数字。如《中华人民共和国 2010 年国民经济和社会发展统计公报》。

统计公报必须由国家各级统计部门或国家指定的机构发布,任何机构不得随意发布全国性、地区性的统计数字。统计公报以发布各种数据为主,其内容一定要科学、准确。统计公报一般分项分点或结合表格形式发布。

3. 新闻公报

新闻公报是以公报的形式发布新闻报道,必须遵循新闻的写作发布原则,内容要新,发布要快。

新闻公报适用于公布两个或两个以上的国家政府、政党会谈情况、达成协议内容的情况,也称"外交公报"或"会谈公报"。如《第十四次中欧领导人会晤联合新闻公报》。

三、公报的写作要求

1. 标题

公报的标题一般有三种写法:

(1)发文机关 + 事由 + 文种,如《中华人民共和国国家统计局关于 2000

年国民经济和社会发展的统计公报》。

（2）会议名称＋文种，如《中国共产党第十六届中央委员会第一次全体会议公报》。

（3）发布形式＋文种，如《新闻公报》等。

2. 题注

公报的题注是指公报的发布时间，一般标示于标题下方正中括号内，年月日要齐全。

3. 正文

公报的类型不同，其正文内容构成和写法也不相同。

（1）会议公报正文的写法

会议公报的正文一般包括会议的基本情况、会议讨论的问题、达成的共识、议定的事项和会议的要求、号召等几部分。

会议的基本情况需介绍会议召开的时间、地点、与会人员及主持人等；

会议讨论的问题、达成的共识和议定事项需反映会议的全部内容，代表全体与会人员的意志，这个层次每一段落常使用"会议指出"、"会议听取"、"会议强调"、"会议审议"、"会议决定"等惯用语统领。

会议要求和号召部分，常用"会议要求"、"会议号召"等惯用语统领。

（2）统计公报正文的写法

统计公报是公布某一时期的人口数据或国民经济和社会发展的情况和数据的，一般篇幅较长，内容全面而具体。正文一般包括前言和主体两大部分。

前言部分，简要说明发布公报的依据、背景和主要内容，然后以"现将××公报发布如下"承启语过渡到主体部分。

主体部分是公报的核心，内容要求全面而具体。一般采用分项陈述的方法写作。统计公报是以调查统计为基础，反映某一时期某个方面的客观情况的，所以其内容一定要真实、准确，并且需将文字说明和具体数字、数据相匹配。

（3）新闻公报正文写法

新闻公报具有新闻报道的性质，其写法也类似消息，正文包括导语、主体和结尾三个部分。

导语部分简明扼要地对事件的主要内容进行概括。

主体是新闻公报的主要部分，就事件的重要内容分别进行说明，如有必要可分条项写作。

结尾部分或强调事件的重要意义，或提出希望。

任务演练

登录 http：//www. gd. gov. cn/govpub/zfgb/查看广东省人民政府公报，并选择其中相关材料，写一则新闻公报。

任务 11 决定

———— 范文举例 ————

中共中央关于全面推进依法治国若干重大问题的决定

为贯彻落实党的十八大作出的战略部署,加快建设社会主义法治国家,十八届中央委员会第四次全体会议研究了全面推进依法治国若干重大问题,作出如下决定。

一、坚持走中国特色社会主义法治道路,建设中国特色社会主义法治体系

依法治国,是坚持和发展中国特色社会主义的本质要求和重要保障,是实现国家治理体系和治理能力现代化的必然要求,事关我们党执政兴国,事关人民幸福安康,事关党和国家长治久安。

全面建成小康社会、实现中华民族伟大复兴的中国梦,全面深化改革、完善和发展中国特色社会主义制度,提高党的执政能力和执政水平,必须全面推进依法治国。

我国正处于社会主义初级阶段,全面建成小康社会进入决定性阶段,改革进入攻坚期和深水区,国际形势复杂多变,我们党面对的改革发展稳定任务之重前所未有、矛盾风险挑战之多前所未有,依法治国在党和国家工作全局中的地位更加突出、作用更加重大。面对新形势新任务,我们党要更好统筹国内国际两个大局,更好维护和运用我国发展的重要战略机遇期,更好统筹社会力量、平衡社会利益、调节社会关系、规范社会行为,使我国社会在深刻变革中既生机勃勃又井然有序,实现经济发展、政治清明、文化昌盛、

社会公正、生态良好，实现我国和平发展的战略目标，必须更好发挥法治的引领和规范作用。

我们党高度重视法治建设。长期以来，特别是党的十一届三中全会以来，我们党深刻总结我国社会主义法治建设的成功经验和深刻教训，提出为了保障人民民主，必须加强法治，必须使民主制度化、法律化，把依法治国确定为党领导人民治理国家的基本方略，把依法执政确定为党治国理政的基本方式，积极建设社会主义法治，取得历史性成就。目前，中国特色社会主义法律体系已经形成，法治政府建设稳步推进，司法体制不断完善，全社会法治观念明显增强。

同时，必须清醒看到，同党和国家事业发展要求相比，同人民群众期待相比，同推进国家治理体系和治理能力现代化目标相比，法治建设还存在许多不适应、不符合的问题，主要表现为：有的法律法规未能全面反映客观规律和人民意愿，针对性、可操作性不强，立法工作中部门化倾向、争权诿责现象较为突出；有法不依、执法不严、违法不究现象比较严重，执法体制权责脱节、多头执法、选择性执法现象仍然存在，执法司法不规范、不严格、不透明、不文明现象较为突出，群众对执法司法不公和腐败问题反映强烈；部分社会成员尊法信法守法用法、依法维权意识不强，一些国家工作人员特别是领导干部依法办事观念不强、能力不足，知法犯法、以言代法、以权压法、徇私枉法现象依然存在。这些问题，违背社会主义法治原则，损害人民群众利益，妨碍党和国家事业发展，必须下大气力加以解决。

全面推进依法治国，必须贯彻落实党的十八大和十八届三中全会精神，高举中国特色社会主义伟大旗帜，以马克思列宁主义、毛泽东思想、邓小平理论、"三个代表"重要思想、科学发展观为指导，深入贯彻习近平总书记系列重要讲话精神，坚持党的领导、人民当家做主、依法治国有机统一，坚定不移走中国特色社会主义法治道路，坚决维护宪法法律权威，依法维护人民权益、维护社会公平正义、维护国家安全稳定，为实现"两个一百年"奋斗目标、实现中华民族伟大复兴的中国梦提供有力法治保障。

全面推进依法治国，总目标是建设中国特色社会主义法治体系，建设社会主义法治国家。这就是，在中国共产党领导下，坚持中国特色社会主义制度，贯彻中国特色社会主义法治理论，形成完备的法律规范体系、高效的法治实施体系、严密的法治监督体系、有力的法治保障体系，形成完善的党内法规体系，坚持依法治国、依法执政、依法行政共同推进，坚持法治国家、法治政府、法治社会一体建设，实现科学立法、严格执法、公正司法、全民守法，促进国家治理体系和治理能力现代化。

实现这个总目标，必须坚持以下原则。

——坚持中国共产党的领导。党的领导是中国特色社会主义最本质的特征，是社会主义法治最根本的保证。把党的领导贯彻到依法治国全过程和各方面，是我国社会主义法治建设的一条基本经验。我国宪法确立了中国共产党的领导地位。坚持党的领导，是社会主义法治的根本要求，是党和国家的根本所在、命脉所在，是全国各族人民的利益所系、幸福所系，是全面推进依法治国的题中应有之义。党的领导和社会主义法治是一致的，社会主义法治必须坚持党的领导，党的领导必须依靠社会主义法治。只有在党的领导下依法治国、厉行法治，人民当家做主才能充分实现，国家和社会生活法治化才能有序推进。依法执政，既要求党依据宪法法律治国理政，也要求党依据党内法规管党治党。必须坚持党领导立法、保证执法、支持司法、带头守法，把依法治国基本方略同依法执政基本方式统一起来，把党总揽全局、协调各方同人大、政府、政协、审判机关、检察机关依法依章程履行职能、开展工作统一起来，把党领导人民制定和实施宪法法律同党坚持在宪法法律范围内活动统一起来，善于使党的主张通过法定程序成为国家意志，善于使党组织推荐的人选通过法定程序成为国家政权机关的领导人员，善于通过国家政权机关实施党对国家和社会的领导，善于运用民主集中制原则维护中央权威、维护全党全国团结统一。

——坚持人民主体地位。人民是依法治国的主体和力量源泉，人民代表大会制度是保证人民当家做主的根本政治制度。必须坚持法治建设为了人民、依靠人民、造福人民、保护人民，以保障人民根本权益为出发点和落脚点，保证人民依法享有广泛的权利和自由、承担应尽的义务，维护社会公平正义，促进共同富裕。必须保证人民在党的领导下，依照法律规定，通过各种途径和形式管理国家事务，管理经济文化事业，管理社会事务。必须使人民认识到法律既是保障自身权利的有力武器，也是必须遵守的行为规范，增强全社会学法遵法守法用法意识，使法律为人民所掌握、所遵守、所运用。

——坚持法律面前人人平等。平等是社会主义法律的基本属性。任何组织和个人都必须尊重宪法法律权威，都必须在宪法法律范围内活动，都必须依照宪法法律行使权力或权利、履行职责或义务，都不得有超越宪法法律的特权。必须维护国家法制统一、尊严、权威，切实保证宪法法律有效实施，绝不允许任何人以任何借口任何形式以言代法、以权压法、徇私枉法。必须以规范和约束公权力为重点，加大监督力度，做到有权必有责、用权受监督、违法必追究，坚决纠正有法不依、执法不严、违法不究行为。

——坚持依法治国和以德治国相结合。国家和社会治理需要法律和道德共同发挥作用。必须坚持一手抓法治、一手抓德治，大力弘扬社会主义核心价值观，弘扬中华传统美德，培育社会公德、职业道德、家庭美德、个人品德，既重视发挥法律的规范作用，又重视发挥道德的教化作用，以法治体现道德理念、强化法律对道德建设的促进作用，以道德滋养法治精神、强化道德对法治文化的支撑作用，实现法律和道德相辅相成、法治和德治相得益彰。

——坚持从中国实际出发。中国特色社会主义道路、理论体系、制度是全面推进依法治国的根本遵循。必须从我国基本国情出发，同改革开放不断深化相适应，总结和运用党领导人民实行法治的成功经验，围绕社会主义法治建设重大理论和实践问题，推进法治理论创新，发展符合中国实际、具有中国特色、体现社会发展规律的社会主义法治理论，为依法治国提供理论指导和学理支撑。汲取中华法律文化精华，借鉴国外法治有益经验，但决不照搬外国法治理念和模式。

全面推进依法治国是一个系统工程，是国家治理领域一场广泛而深刻的革命，需要付出长期艰苦努力。全党同志必须更加自觉地坚持依法治国、更加扎实地推进依法治国，努力实现国家各项工作法治化，向着建设法治中国不断前进。

二、完善以宪法为核心的中国特色社会主义法律体系，加强宪法实施

法律是治国之重器，良法是善治之前提。建设中国特色社会主义法治体系，必须坚持立法先行，发挥立法的引领和推动作用，抓住提高立法质量这个关键。要恪守以民为本、立法为民理念，贯彻社会主义核心价值观，使每一项立法都符合宪法精神、反映人民意志、得到人民拥护。要把公正、公平、公开原则贯穿立法全过程，完善立法体制机制，坚持立改废释并举，增强法律法规的及时性、系统性、针对性、有效性。

（一）健全宪法实施和监督制度。宪法是党和人民意志的集中体现，是通过科学民主程序形成的根本法。坚持依法治国首先要坚持依宪治国，坚持依法执政首先要坚持依宪执政。全国各族人民、一切国家机关和武装力量、各政党和各社会团体、各企业事业组织，都必须以宪法为根本的活动准则，并且负有维护宪法尊严、保证宪法实施的职责。一切违反宪法的行为都必须

予以追究和纠正。

完善全国人大及其常委会宪法监督制度，健全宪法解释程序机制。加强备案审查制度和能力建设，把所有规范性文件纳入备案审查范围，依法撤销和纠正违宪违法的规范性文件，禁止地方制发带有立法性质的文件。

将每年十二月四日定为国家宪法日。在全社会普遍开展宪法教育，弘扬宪法精神。建立宪法宣誓制度，凡经人大及其常委会选举或者决定任命的国家工作人员正式就职时公开向宪法宣誓。

（二）完善立法体制。加强党对立法工作的领导，完善党对立法工作中重大问题决策的程序。凡立法涉及重大体制和重大政策调整的，必须报党中央讨论决定。党中央向全国人大提出宪法修改建议，依照宪法规定的程序进行宪法修改。法律制定和修改的重大问题由全国人大常委会党组向党中央报告。

健全有立法权的人大主导立法工作的体制机制，发挥人大及其常委会在立法工作中的主导作用。建立由全国人大相关专门委员会、全国人大常委会法制工作委员会组织有关部门参与起草综合性、全局性、基础性等重要法律草案制度。增加有法治实践经验的专职常委比例。依法建立健全专门委员会、工作委员会立法专家顾问制度。

加强和改进政府立法制度建设，完善行政法规、规章制定程序，完善公众参与政府立法机制。重要行政管理法律法规由政府法制机构组织起草。

明确立法权力边界，从体制机制和工作程序上有效防止部门利益和地方保护主义法律化。对部门间争议较大的重要立法事项，由决策机关引入第三方评估，充分听取各方意见，协调决定，不能久拖不决。加强法律解释工作，及时明确法律规定含义和适用法律依据。明确地方立法权限和范围，依法赋予设区的市地方立法权。

（三）深入推进科学立法、民主立法。加强人大对立法工作的组织协调，健全立法起草、论证、协调、审议机制，健全向下级人大征询立法意见机制，建立基层立法联系点制度，推进立法精细化。健全法律法规规章起草征求人大代表意见制度，增加人大代表列席人大常委会会议人数，更多发挥人大代表参与起草和修改法律作用。完善立法项目征集和论证制度。健全立法机关主导、社会各方有序参与立法的途径和方式。探索委托第三方起草法律法规草案。

健全立法机关和社会公众沟通机制，开展立法协商，充分发挥政协委员、民主党派、工商联、无党派人士、人民团体、社会组织在立法协商中的作用，探索建立有关国家机关、社会团体、专家学者等对立法中涉及的重大利益调整论证咨询机制。拓宽公民有序参与立法途径，健全法律法规规章草案公开征求意见和公众意见采纳情况反馈机制，广泛凝聚社会共识。

完善法律草案表决程序，对重要条款可以单独表决。

（四）加强重点领域立法。依法保障公民权利，加快完善体现权利公平、机会公平、规则公平的法律制度，保障公民人身权、财产权、基本政治权利等各项权利不受侵犯，保障公民经济、文化、社会等各方面权利得到落实，实现公民权利保障法治化。增强全社会尊重和保障人权意识，健全公民权利救济渠道和方式。

社会主义市场经济本质上是法治经济。使市场在资源配置中起决定性作用和更好发挥政府作用，必须以保护产权、维护契约、统一市场、平等交换、公平竞争、有效监管为基本导向，完善社会主义市场经济法律制度。健全以公平为核心原则的产权保护制度，加强对各种所有制经济组织和自然人财产权的保护，清理有违公平的法律法规条款。创新适应公有制多种实现形式的产权保护制度，加强对国有、集体资产所有权、经营权和各类企业法人财产权的保护。国家保护企业以法人财产权依法自主经营、自负盈亏，企业有权拒绝任何组织和个人无法律依据的要求。加强企业社会责任立法。完善激励创新的产权制度、知识产权保护制度和促进科技成果转化的体制机制。加强市场法律制度建设，编纂民法典，制定和完善发展规划、投资管理、土地管理、能源和矿产资源、农业、财政税收、金融等方面法律法规，促进商品和要素自由流动、公平交易、平等使用。依法加强和改善宏观调控、市场监管，反对垄断，促进合理竞争，维护公平竞争的市场秩序。加强军民融合深度发展法治保障。

制度化、规范化、程序化是社会主义民主政治的根本保障。以保障人民当家做主为核心，坚持和完善人民代表大会制度，坚持和完善中国共产党领导的多党合作和政治协商制度、民族区域自治制度以及基层群众自治制度，推进社会主义民主政治法治化。加强社会主义协商民主制度建设，推进协商民主广泛多层制度化发展，构建程序合理、环节完整的协商民主体系。完善和发展基层民主制度，依法推进基层民主和行业自律，实行自我管理、自我服务、自我教育、自我监督。完善国家机构组织法，完善选举制度和工作机制。加快推进反腐败国家立法，完善惩治和预防腐败体系，形成不敢腐、不能腐、不想腐的有效机制，坚决遏制和预防腐败现象。完善惩治贪污贿赂犯罪法律制度，把贿赂犯罪对象由财物扩大为财物和其他财产性利益。

建立健全坚持社会主义先进文化前进方向、遵循文化发展规律、有利于激发文化创造活力、保障人民基本文化权益的文化法律制度。制定公共文化服务保障法，促进基本公共文化服务标准化、均等化。制定文化产业促进法，把行之有效的文化经济政策法定化，健全促进社会效益和经济效益有机统一的制度规范。制定国家勋章和国家荣誉称号法，表彰有突出贡献的杰出人士。加强互联网领域立法，完善网络信息服务、网络安全保护、网络社会管理等方面的法律法规，依法规范网络行为。

加快保障和改善民生、推进社会治理体制创新法律制度建设。依法加强和规范公共服务，完善教育、就业、收入分配、社会保障、医疗卫生、食品安全、扶贫、慈善、社会救助和妇女儿童、老年人、残疾人合法权益保护等方面的法律法规。加强社会组织立法，规范和引导各类社会组织健康发展。制定社区矫正法。

贯彻落实总体国家安全观，加快国家安全法治建设，抓紧出台反恐怖等一批急需法律，推进公共安全法治化，构建国家安全法律制度体系。

用严格的法律制度保护生态环境，加快建立有效约束开发行为和促进绿色发展、循环发展、低碳发展的生态文明法律制度，强化生产者环境保护的法律责任，大幅度提高违法成本。建立健全自然资源产权法律制度，完善国土空间开发保护方面的法律制度，制定完善生态补偿和土壤、水、大气污染防治及海洋生态环境保护等法律法规，促进生态文明建设。

实现立法和改革决策相衔接，做到重大改革于法有据、立法主动适应改革和经济社会发展需要。实践证明行之有效的，要及时上升为法律。实践条件还不成熟、需要先行先试的，要按照法定程序作出授权。对不适应改革要求的法律法规，要及时修改和废止。

三、深入推进依法行政，加快建设法治政府

法律的生命力在于实施，法律的权威也在于实施。各级政府必须坚持在党的领导下、在法治轨道上开展工作，创新执法体制，完善执法程序，推进综合执法，严格执法责任，建立权责统一、权威高效的依法行政体制，加快建设职能科学、权责法定、执法严明、公开公正、廉洁高效、守法诚信的法治政府。

（一）依法全面履行政府职能。完善行政组织和行政程序法律制度，推进机构、职能、权限、程序、责任法定化。行政机关要坚持法定职责必须为、法无授权不可为，勇于负责、敢于担当，坚决纠正不作为、乱作为，坚决克服懒政、怠政，坚决惩处失职、渎职。行政机关不得法外设定权力，没有法律法规依据不得作出减损公民、法人和其他组织合法权益或者增加其义务的决定。推行政府权力清单制度，坚决消除权力设租寻租空间。

推进各级政府事权规范化、法律化，完善不同层级政府特别是中央和地方政府事权法律制度，强化中央政府宏观管理、制度设定职责和必要的执法权，强化省级政府统筹推进区域内基本公共服务均等化职责，强化市县政府执行职责。

（二）健全依法决策机制。把公众参与、专家论证、风险评估、合法性审查、集体讨论决定确定为重大行政决策法定程序，确保决策制度科学、程序正当、过程公开、责任明确。建立行政机关内部重大决策合法性审查机制，未经合法性审查或经审查不合法的，不得提交讨论。

积极推行政府法律顾问制度，建立政府法制机构人员为主体、吸收专家和律师参加的法律顾问队伍，保证法律顾问在制定重大行政决策、推进依法行政中发挥积极作用。

建立重大决策终身责任追究制度及责任倒查机制，对决策严重失误或者依法应该及时作出决策但久拖不决造成重大损失、恶劣影响的，严格追究行政首长、负有责任的其他领导人员和相关责任人员的法律责任。

（三）深化行政执法体制改革。根据不同层级政府的事权和职能，按照减少层次、整合队伍、提高效率的原则，合理配置执法力量。

推进综合执法，大幅减少市县两级政府执法队伍种类，重点在食品药品安全、工商质检、公共卫生、安全生产、文化旅游、资源环境、农林水利、交通运输、城乡建设、海洋渔业等领域内推行综合执法，有条件的领域可以推行跨部门综合执法。

完善市县两级政府行政执法管理，加强统一领导和协调。理顺行政强制执行体制。理顺城管执法体制，加强城市管理综合执法机构建设，提高执法和服务水平。

严格实行行政执法人员持证上岗和资格管理制度，未经执法资格考试合格，不得授予执法资格，不得从事执法活动。严格执行罚缴分离和收支两条线管理制度，严禁收费罚没收入同部门利益直接或者变相挂钩。

健全行政执法和刑事司法衔接机制，完善案件移送标准和程序，建立行政执法机关、公安机关、检察机关、审判机关信息共享、案情通报、案件移送制度，坚决克服有案不移、有案难移、以罚代刑现象，实现行政处罚和刑事处罚无缝对接。

（四）坚持严格规范公正文明执法。依法惩处各类违法行为，加大关系群众切身利益的重点领域执法力度。完善执法程序，建立执法全过程记录制度。明确具体操作流程，重点规范行政许可、行政处罚、行政强制、行政征收、行政收费、行政检查等执法行为。严格执行重大执法决定法制审核制度。

建立健全行政裁量权基准制度，细化、量化行政裁量标准，规范裁量范围、种类、幅度。加强行政执法信息化建设和信息共享，提高执法效率和规范化水平。

全面落实行政执法责任制，严格确定不同部门及机构、岗位执法人员执法责任和责任追究机制，加强执法监督，坚决排除对执法活动的干预，防止和克服地方和部门保护主义，惩治执法腐败现象。

（五）强化对行政权力的制约和监督。加强党内监督、人大监督、民主监督、行政监督、司法监督、审计监督、社会监督、舆论监督制度建设，努力形成科学有效的权力运行制约和监督体系，增强监督合力和实效。

加强对政府内部权力的制约，是强化对行政权力制约的重点。对财政资金分配使用、国有资产监管、政府投资、政府采购、公共资源转让、公共工程建设等权力集中的部门和岗位实行分事行权、分岗设权、分级授权，定期轮岗，强化内部流程控制，防止权力滥用。完善政府内部层级监督和专门监督，改进上级机关对下级机关的监督，建立常态化监督制度。完善纠错问责机制，健全责令公开道歉、停职检查、引咎辞职、责令辞职、罢免等问责方式和程序。

完善审计制度，保障依法独立行使审计监督权。对公共资金、国有资产、国有资源和领导干部履行经济责任情况实行审计全覆盖。强化上级审计机关对下级审计机关的领导。探索省以下地方审计机关人财物统一管理。推进审计职业化建设。

（六）全面推进政务公开。坚持以公开为常态、不公开为例外原则，推进决策公开、执行公开、管理公开、服务公开、结果公开。各级政府及其工作部门依据权力清单，向社会全面公开政府职能、法律依据、实施主体、职责权限、管理流程、监督方式等事项。重点推进财政预算、公共资源配置、重大建设项目批准和实施、社会公益事业建设等领域的政府信息公开。

涉及公民、法人或其他组织权利和义务的规范性文件，按照政府信息公开要求和程序予以公布。推行行政执法公示制度。推进政务公开信息化，加强互联网政务信息数据服务平台和便民服务平台建设。

四、保证公正司法，提高司法公信力

公正是法治的生命线。司法公正对社会公正具有重要引领作用，司法不公对社会公正具有致命破坏作用。必须完善司法管理体制和司法权力运行机制，规范司法行为，加强对司法活动的监督，努力让人民群众在每一个司法案件中感受到公平正义。

（一）完善确保依法独立公正行使审判权和检察权的制度。各级党政机关和领导干部要支持法院、检察院依法独立公正行使职权。建立领导干部干预司法活动、插手具体案件处理的记录、通报和责任追究制度。任何党政机关和领导干部都不得让司法机关做违反法定职责、有碍司法公正的事情，任何司法机关都不得执行党政机关和领导干部违法干预司法活动的要求。对干预司法机关办案的，给予党纪政纪处分；造成冤假错案或者其他严重后果的，依法追究刑事责任。

健全行政机关依法出庭应诉、支持法院受理行政案件、尊重并执行法院生效裁判的制度。完善惩戒妨碍司法机关依法行使职权、拒不执行生效裁判和决定、藐视法庭权威等违法犯罪行为的法律规定。

建立健全司法人员履行法定职责保护机制。非因法定事由，非经法定程序，不得将法官、检察官调离、辞退或者作出免职、降级等处分。

（二）优化司法职权配置。健全公安机关、检察机关、审判机关、司法行政机关各司其职，侦查权、检察权、审判权、执行权相互配合、相互制约的体制机制。

完善司法体制，推动实行审判权和执行权相分离的体制改革试点。完善刑罚执行制度，统一刑罚执行体制。改革司法机关人财物管理体制，探索实行法院、检察院司法行政事务管理权和审判权、检察权相分离。

最高人民法院设立巡回法庭，审理跨行政区域重大行政和民商事案件。探索设立跨行政区划的人民法院和人民检察院，办理跨地区案件。完善行政诉讼体制机制，合理调整行政诉讼案件管辖制度，切实解决行政诉讼立案难、审理难、执行难等突出问题。

改革法院案件受理制度，变立案审查制为立案登记制，对人民法院依法应该受理的案件，做到有案必立、有诉必理，保障当事人诉权。加大对虚假诉讼、恶意诉讼、无理缠诉行为的惩治力度。完善刑事诉讼中认罪认罚从宽制度。

完善审级制度，一审重在解决事实认定和法律适用，二审重在解决事实法律争议、实现二审终审，再审重在解决依法纠错、维护裁判权威。完善对涉及公民人身、财产权益的行政强制措施实行司法监督制度。检察机关在履行职责中发现行政机关违法行使职权或者不行使职权的行为，应该督促其纠正。探索建立检察机关提起公益诉讼制度。

明确司法机关内部各层级权限，健全内部监督制约机制。司法机关内部人员不得违反规定干预其他人员正在办理的案件，建立司法机关内部人员过问案件的记录制度和责任追究制度。完善主审法官、合议庭、主任检察官、主办侦查员办案责任制，落实谁办案谁负责。

加强职务犯罪线索管理，健全受理、分流、查办、信息反馈制度，明确纪检监察和刑事司法办案标准和程序衔接，依法严格查办职务犯罪案件。

（三）推进严格司法。坚持以事实为根据、以法律为准绳，健全事实认定符合客观真相、办案结果符合实体公正、办案过程符合程序公正的法律制度。加强和规范司法解释和案例指导，统一法律适用标准。

推进以审判为中心的诉讼制度改革，确保侦查、审查起诉的案件事实证据经得起法律的检验。全面贯彻证据裁判规则，严格依法收集、固定、保存、审查、运用证据，完善证人、鉴定人出庭制度，保证庭审在查明事实、认定证据、保护诉权、公正裁判中发挥决定性作用。

明确各类司法人员工作职责、工作流程、工作标准，实行办案质量终身负责制和错案责任倒查问责制，确保案件处理经得起法律和历史检验。

（四）保障人民群众参与司法。坚持人民司法为人民，依靠人民推进公正司法，通过公正司法维护人民权益。在司法调解、司法听证、涉诉信访等司法活动中保障人民群众参与。完善人民陪审员制度，保障公民陪审权利，扩大参审范围，完善随机抽选方式，提高人民陪审制度公信度。逐步实行人民陪审员不再审理法律适用问题，只参与审理事实认定问题。

构建开放、动态、透明、便民的阳光司法机制，推进审判公开、检务公开、警务公开、狱务公开，依法及时公开执法司法依据、程序、流程、结果和生效法律文书，杜绝暗箱操作。加强法律文书释法说理，建立生效法律文书统一上网和公开查询制度。

（五）加强人权司法保障。强化诉讼过程中当事人和其他诉讼参与人的知情权、陈述权、辩护辩论权、申请权、申诉权的制度保障。健全落实罪刑法定、疑罪从无、非法证据排除等法律原则的法律制度。完善对限制人身自由司法措施和侦查手段的司法监督，加强对刑讯逼供和非法取证的源头预防，健全冤假错案有效防范、及时纠正机制。

切实解决执行难，制定强制执行法，规范查封、扣押、冻结、处理涉案财物的司法程序。加快建立失信被执行人信用监督、威慑和惩戒法律制度。依法保障胜诉当事人及时实现权益。

落实终审和诉讼终结制度，实行诉访分离，保障当事人依法行使申诉权利。对不服司法机关生效裁判、决定的申诉，逐步实行由律师代理制度。对聘不起律师的申诉人，纳入法律援助范围。

（六）加强对司法活动的监督。完善检察机关行使监督权的法律制度，加强对刑事诉讼、民事诉讼、行政诉讼的法律监督。完善人民监督员制度，重点监督检察机关查办职务犯罪的立案、羁押、扣押冻结财物、起诉等环节的执法活动。司法机关要及时回应社会关切。规范媒体对案件的报道，防止舆论影响司法公正。

依法规范司法人员与当事人、律师、特殊关系人、中介组织的接触、交往行为。严禁司法人员私下接触当事人及律师、泄露或者为其打探案情、接受吃请或者收受其财物、为律师介绍代理和辩护业务等违法违纪行为，坚决惩治司法掮客行为，防止利益输送。

对因违法违纪被开除公职的司法人员、吊销执业证书的律师和公证员，终身禁止从事法律职业，构成犯罪的要依法追究刑事责任。

坚决破除各种潜规则，绝不允许法外开恩，绝不允许办关系案、人情案、金钱案。坚决反对和克服特权思想、衙门作风、霸道作风，坚决反对和惩治粗暴执法、野蛮执法行为。对司法领域的腐败零容忍，坚决清除害群之马。

五、增强全民法治观念，推进法治社会建设

法律的权威源自人民的内心拥护和真诚信仰。人民权益要靠法律保障，法律权威要靠人民维护。必须弘扬社会主义法治精神，建设社会主义法治文化，增强全社会厉行法治的积极性和主动性，形成守法光荣、违法可耻的社会氛围，使全体人民都成为社会主义法治的忠实崇尚者、自觉遵守者、坚定捍卫者。

（一）推动全社会树立法治意识。坚持把全民普法和守法作为依法治国的长期基础性工作，深入开展法治宣传教育，引导全民自觉守法、遇事找法、解决问题靠法。坚持把领导干部带头学法、模范守法作为树立法治意识的关键，完善国家工作人员学法用法制度，把宪法法律列入党委（党组）中心组学习内容，列为党校、行政学院、干部学院、社会主义学院必修课。把法治教育纳入国民教育体系，从青少年抓起，在中小学设立法治知识课程。

健全普法宣传教育机制，各级党委和政府要加强对普法工作的领导，宣传、文化、教育部门和人民团体要在普法教育中发挥职能作用。实行国家机关"谁执法谁普法"的普法责任制，建立法官、检察官、行政执法人员、律师等以案释法制度，加强普法讲师团、普法志愿者队伍建设。把法治教育纳入精神文明创建内容，开展群众性法治文化活动，健全媒体公益普法制度，加强新媒体新技术在普法中的运用，提高普法实效。

牢固树立有权力就有责任、有权利就有义务观念。加强社会诚信建设，健全公民和组织守法信用记录，完善守法诚信褒奖机制和违法失信行为惩戒机制，使遵法守法成为全体人民共同追求和自觉行动。

加强公民道德建设，弘扬中华优秀传统文化，增强法治的道德底蕴，强化规则意识，倡导契约精神，弘扬公序良俗。发挥法治在解决道德领域突出问题中的作用，引导人们自觉履行法定义务、社会责任、家庭责任。

（二）推进多层次多领域依法治理。坚持系统治理、依法治理、综合治理、源头治理，提高社会治理法治化水平。深入开展多层次多形式法治创建活动，深化基层组织和部门、行业依法治理，支持各类社会主体自我约束、自我管理。发挥市民公约、乡规民约、行业规章、团体章程等社会规范在社会治理中的积极作用。

发挥人民团体和社会组织在法治社会建设中的积极作用。建立健全社会组织参与社会事务、维护公共利益、救助困难群众、帮教特殊人群、预防违法犯罪的机制和制度化渠道。支持行业协会商会类社会组织发挥行业自律和专业服务功能。发挥社会组织对其成员的行为导引、规则约束、权益维护作用。加强在华境外非政府组织管理，引导和监督其依法开展活动。

高举民族大团结旗帜，依法妥善处置涉及民族、宗教等因素的社会问题，促进民族关系、宗教关系和谐。

（三）建设完备的法律服务体系。推进覆盖城乡居民的公共法律服务体系建设，加强民生领域法律服务。完善法律援助制度，扩大援助范围，健全司法救助体系，保证人民群众在遇到法律问题或者权利受到侵害时获得及时有效法律帮助。

发展律师、公证等法律服务业，统筹城乡、区域法律服务资源，发展涉外法律服务业。健全统一司法鉴定管理体制。

（四）健全依法维权和化解纠纷机制。强化法律在维护群众权益、化解社会矛盾中的权威地位，引导和支持人们理性表达诉求、依法维护权益，解决好群众最关心最直接最现实的利益问题。

构建对维护群众利益具有重大作用的制度体系，建立健全社会矛盾预警机制、利益表达机制、协商沟通机制、救济救助机制，畅通群众利益协调、权益保障法律渠道。把信访纳入法制化轨道，保障合理合法诉求依照法律规定和程序就能得到合理合法的结果。

健全社会矛盾纠纷预防化解机制，完善调解、仲裁、行政裁决、行政复议、诉讼等有机衔接、相互协调的多元化纠纷解决机制。加强行业性、专业性人民调解组织建设，完善人民调解、行政调解、司法调解联动工作体系。完善仲裁制度，提高仲裁公信力。健全行政裁决制度，强化行政机关解决同行政管理活动密切相关的民事纠纷功能。

深入推进社会治安综合治理，健全落实领导责任制。完善立体化社会治安防控体系，有效防范化解管控影响社会安定的问题，保障人民生命财产安全。依法严厉打击暴力恐怖、涉黑犯罪、邪教和黄赌毒等违法犯罪活动，绝不允许其形成气候。依法强化危害食品药品安全、影响安全生产、损害生态环境、破坏网络安全等重点问题治理。

六、加强法治工作队伍建设

全面推进依法治国，必须大力提高法治工作队伍思想政治素质、业务工作能力、职业道德水准，着力建设一支忠于党、忠于国家、忠于人民、忠于法律的社会主义法治工作队伍，为加快建设社会主义法治国家提供强有力的组织和人才保障。

（一）建设高素质法治专门队伍。把思想政治建设摆在首位，加强理想信念教育，深入开展社会主义核心价值观和社会主义法治理念教育，坚持党的事业、人民利益、宪法法律至上，加强立法队伍、行政执法队伍、司法队伍建设。抓住立法、执法、司法机关各级领导班子建设这个关键，突出政治标准，把善于运用法治思维和法治方式推动工作的人选拔到领导岗位上来。畅通立法、执法、司法部门干部和人才相互之间以及与其他部门具备条件的干部和人才交流渠道。

推进法治专门队伍正规化、专业化、职业化，提高职业素养和专业水平。

完善法律职业准入制度，健全国家统一法律职业资格考试制度，建立法律职业人员统一职前培训制度。建立从符合条件的律师、法学专家中招录立法工作者、法官、检察官制度，畅通具备条件的军队转业干部进入法治专门队伍的通道，健全从政法专业毕业生中招录人才的规范便捷机制。加强边疆地区、民族地区法治专门队伍建设。加快建立符合职业特点的法治工作人员管理制度，完善职业保障体系，建立法官、检察官、人民警察专业职务序列及工资制度。

建立法官、检察官逐级遴选制度。初任法官、检察官由高级人民法院、省级人民检察院统一招录，一律在基层法院、检察院任职。上级人民法院、人民检察院的法官、检察官一般从下一级人民法院、人民检察院的优秀法官、检察官中遴选。

（二）加强法律服务队伍建设。加强律师队伍思想政治建设，把拥护中国共产党领导、拥护社会主义法治作为律师从业的基本要求，增强广大律师走中国特色社会主义法治道路的自觉性和坚定性。构建社会律师、公职律师、公司律师等优势互补、结构合理的律师队伍。提高律师队伍业务素质，完善执业保障机制。加强律师事务所管理，发挥律师协会自律作用，规范律师执业行为，监督律师严格遵守职业道德和职业操守，强化准入、退出管理，严格执行违法违规执业惩戒制度。加强律师行业党的建设，扩大党的工作覆盖面，切实发挥律师事务所党组织的政治核心作用。

各级党政机关和人民团体普遍设立公职律师，企业可设立公司律师，参与决策论证，提供法律意见，促进依法办事，防范法律风险。明确公职律师、公司律师法律地位及权利义务，理顺公职律师、公司律师管理体制机制。

发展公证员、基层法律服务工作者、人民调解员队伍。推动法律服务志愿者队伍建设。建立激励法律服务人才跨区域流动机制，逐步解决基层和欠发达地区法律服务资源不足和高端人才匮乏问题。

（三）创新法治人才培养机制。坚持用马克思主义法学思想和中国特色社会主义法治理论全方位占领高校、科研机构法学教育和法学研究阵地，加强法学基础理论研究，形成完善的中国特色社会主义法学理论体系、学科体系、课程体系，组织编写和全面采用国家统一的法律类专业核心教材，纳入司法考试必考范围。坚持立德树人、德育为先导向，推动中国特色社会主义法治理论进教材进课堂进头脑，培养造就熟悉和坚持中国特色社会主义法治体系的法治人才及后备力量。建设通晓国际法律规则、善于处理涉外法律事务的涉外法治人才队伍。

健全政法部门和法学院校、法学研究机构人员双向交流机制，实施高校和法治工作部门人员互聘计划，重点打造一支政治立场坚定、理论功底深厚、熟悉中国国情的高水平法学家和专家团队，建设高素质学术带头人、骨干教师、专兼职教师队伍。

七、加强和改进党对全面推进依法治国的领导

党的领导是全面推进依法治国、加快建设社会主义法治国家最根本的保证。必须加强和改进党对法治工作的领导，把党的领导贯彻到全面推进依法治国全过程。

（一）坚持依法执政。依法执政是依法治国的关键。各级党组织和领导干部要深刻认识到，维护宪法法律权威就是维护党和人民共同意志的权威，捍卫宪法法律尊严就是捍卫党和人民共同意志的尊严，保证宪法法律实施就是保证党和人民共同意志的实现。各级领导干部要对法律怀有敬畏之心，牢记法律红线不可逾越、法律底线不可触碰，带头遵守法律，带头依法办事，不得违法行使权力，更不能以言代法、以权压法、徇私枉法。

健全党领导依法治国的制度和工作机制，完善保证党确定依法治国方针政策和决策部署的工作机制和程序。加强对全面推进依法治国统一领导、统一部署、统筹协调。完善党委依法决策机制，发挥政策和法律的各自优势，促进党的政策和国家法律互联互动。党委要定期听取政法机关工作汇报，做促进公正司法、维护法律权威的表率。党政主要负责人要履行推进法治建设第一责任人职责。各级党委要领导和支持工会、共青团、妇联等人民团体和社会组织在依法治国中积极发挥作用。

人大、政府、政协、审判机关、检察机关的党组织和党员干部要坚决贯彻党的理论和路线方针政策，贯彻党委决策部署。各级人大、政府、政协、审判机关、检察机关的党组织要领导和监督本单位模范遵守宪法法律，坚决查处执法犯法、违法用权等行为。

政法委员会是党委领导政法工作的组织形式，必须长期坚持。各级党委政法委员会要把工作着力点放在把握政治方向、协调各方职能、统筹政法工作、建设政法队伍、督促依法履职、创造公正司法环境上，带头依法办事，保障宪法法律正确统一实施。政法机关党组织要建立健全重大事项向党委报告制度。加强政法机关党的建设，在法治建设中充分发挥党组织政治保障作用和党员先锋模范作用。

（二）加强党内法规制度建设。党内法规既是管党治党的重要依据，也是建设社会主义法治国家的有力保障。党章是最根本的党内法规，全党必须一体严格遵行。完善党内法规制定体制机制，加大党内法规备案审查和解释力度，形成配套完备的党内法规制度体系。注重党内法规同国家法律的衔接和协调，提高党内法规执行力，运用党内法规把党要管党、从严治党落到实处，促进党员、干部带头遵守国家法律法规。

党的纪律是党内规矩。党规党纪严于国家法律，党的各级组织和广大党员干部不仅要模范遵守国家法律，而且要按照党规党纪以更高标准严格要求自己，坚定理想信念，践行党的宗旨，坚决同违法乱纪行为作斗争。对违反党规党纪的行为必须严肃处理，对苗头性倾向性问题必须抓早抓小，防止小错酿成大错、违纪走向违法。

依纪依法反对和克服形式主义、官僚主义、享乐主义和奢靡之风，形成严密的长效机制。完善和严格执行领导干部政治、工作、生活待遇方面各项制度规定，着力整治各种特权行为。深入开展党风廉政建设和反腐败斗争，严格落实党风廉政建设党委主体责任和纪委监督责任，对任何腐败行为和腐败分子，必须依纪依法予以坚决惩处，决不手软。

（三）提高党员干部法治思维和依法办事能力。党员干部是全面推进依法治国的重要组织者、推动者、实践者，要自觉提高运用法治思维和法治方式深化改革、推动发展、化解矛盾、维护稳定能力，高级干部尤其要以身作则、以上率下。把法治建设成效作为衡量各级领导班子和领导干部工作实绩重要内容，纳入政绩考核指标体系。把能不能遵守法律、依法办事作为考察干部重要内容，在相同条件下，优先提拔使用法治素养好、依法办事能力强的干部。对特权思想严重、法治观念淡薄的干部要批评教育，不改正的要调离领导岗位。

（四）推进基层治理法治化。全面推进依法治国，基础在基层，工作重点在基层。发挥基层党组织在全面推进依法治国中的战斗堡垒作用，增强基层干部法治观念、法治为民的意识，提高依法办事能力。加强基层法治机构建设，强化基层法治队伍，建立重心下移、力量下沉的法治工作机制，改善基层基础设施和装备条件，推进法治干部下基层活动。

（五）深入推进依法治军从严治军。党对军队绝对领导是依法治军的核心和根本要求。紧紧围绕党在新形势下的强军目标，着眼全面加强军队革命化现代化正规化建设，创新发展依法治军理论和实践，构建完善的中国特色军事法治体系，提高国防和军队建设法治化水平。

坚持在法治轨道上积极稳妥推进国防和军队改革，深化军队领导指挥体制、力量结构、政策制度等方面改革，加快完善和发展中国特色社会主义军事制度。

健全适应现代军队建设和作战要求的军事法规制度体系，严格规范军事法规制度的制定权限和程序，将所有军事规范性文件纳入审查范围，完善审查制度，增强军事法规制度科学性、针对性、适用性。

坚持从严治军铁律，加大军事法规执行力度，明确执法责任，完善执法制度，健全执法监督机制，严格责任追究，推动依法治军落到实处。

健全军事法制工作体制，建立完善领导机关法制工作机构。改革军事司法体制机制，完善统一领导的军事审判、检察制度，维护国防利益，保障军人合法权益，防范打击违法犯罪。建立军事法律顾问制度，在各级领导机关设立军事法律顾问，完善重大决策和军事行动法律咨询保障制度。改革军队纪检监察体制。

强化官兵法治理念和法治素养，把法律知识学习纳入军队院校教育体系、干部理论学习和部队教育训练体系，列为军队院校学员必修课和部队官兵必学必训内容。完善军事法律人才培养机制。加强军事法治理论研究。

（六）依法保障"一国两制"实践和推进祖国统一。坚持宪法的最高法律地位和最高法律效力，全面准确贯彻"一国两制"、"港人治港"、"澳人治澳"、高度自治的方针，严格依照宪法和基本法办事，完善与基本法实施相关的制度和机制，依法行使中央权力，依法保障高度自治，支持特别行政区行政长官和政府依法施政，保障内地与香港、澳门经贸关系发展和各领域交流合作，防范和反对外部势力干预港澳事务，保持香港、澳门长期繁荣稳定。

运用法治方式巩固和深化两岸关系和平发展，完善涉台法律法规，依法规范和保障两岸人民关系、推进两岸交流合作。运用法律手段捍卫一个中国原则、反对"台独"，增进维护一个中国框架的共同认知，推进祖国和平统一。

依法保护港澳同胞、台湾同胞权益。加强内地同香港和澳门、大陆同台湾的执法司法协作，共同打击跨境违法犯罪活动。

（七）加强涉外法律工作。适应对外开放不断深化，完善涉外法律法规体系，促进构建开放型经济新体制。积极参与国际规则制定，推动依法处理涉外经济、社会事务，增强我国在国际法律事务中的话语权和影响力，运用法律手段维护我国主权、安全、发展利益。强化涉外法律服务，维护我国公民、法人在海外及外国公民、法人在我国的正当权益，依法维护海外侨胞权益。深化司法领域国际合作，完善我国司法协助体制，扩大国际司法协助覆盖面。加强反腐败国际合作，加大海外追赃追逃、遣返引渡力度。积极参与执法安全国际合作，共同打击暴力恐怖势力、民族分裂势力、宗教极端势力和贩毒走私、跨国有组织犯罪。

各级党委要全面准确贯彻本决定精神，健全党委统一领导和各方分工负责、齐抓共管的责任落实机制，制订实施方案，确保各项部署落到实处。

全党同志和全国各族人民要紧密团结在以习近平同志为总书记的党中央周围，高举中国特色社会主义伟大旗帜，积极投身全面推进依法治国伟大实践，开拓进取，扎实工作，为建设法治中国而奋斗！

（新华社北京 2014 年 10 月 28 日电）

关于表彰第五届全国道德模范的决定

各省、自治区、直辖市精神文明建设委员会，中央精神文明建设指导委员会各成员单位：

经党中央批准，2007 年以来，中央宣传部、中央文明办、解放军总政治部、全国总工会、共青团中央、全国妇联每两年评选表彰一届全国道德模范。2013 年 9 月 26 日，习近平总书记亲切接见第四届全国道德模范及提名奖获得者并发表重要讲话，深刻阐明道德力量在实现国家富强、民族振兴和人民幸福过程中的重要作用，充分肯定全国道德模范评选表彰工作，对于发挥道德模范榜样作用、大力推进社会主义核心价值观建设提出明确要求。两年来，各地区各部门深入学习贯彻习近平总书记重要讲话精神，广泛宣传道德模范先进事迹，大力弘扬道德模范崇高精神，凡人善举层出不穷，形成了崇尚道德模范、学习道德模范的浓厚氛围，积极健康向上的社会道德主流更加巩固。

为充分展示社会主义思想道德建设丰硕成果，充分展现我国人民昂扬向上的精神风貌，进一步凝聚全国各族人民团结奋进的力量，今年，举办第五届全国道德模范评选表彰活动。主办单位周密安排、精心实施，按照群众广泛推荐、层层遴选审核、社会公示监督、民主投票评选等程序，严谨有序地完成了评选组织工作。根据评选结果，中央文明委决定，授予王福昌等 62 名同志第五届全国道德模范荣誉称号，廖理纯等 265 名同志第五届全国道德模范提名奖。

希望受到表彰的同志珍惜荣誉、再接再厉，矢志不渝践行社会主义核心价值观，做文明道德风尚的倡导者、引领者，用先进思想、模范行动影响和带动全社会，为提升社会道德水平作出新的更大贡献。

各地区各部门要加强组织领导，加大工作力度，深入开展道德模范宣传学习活动，创新形式、注重实效，把道德模范的榜样力量转化为亿万群众的生动实践，在全社会形成崇德向善、见贤思齐、德行天下的浓厚氛围。要持续深化社会主义思想道德建设，弘扬中华传统美德，弘扬时代新风，用社会主义核心价值观凝魂聚力，更好构筑中国精神、中国价值、中国力量，为协调推进"四个全面"战略布局，实现"两个一百年"奋斗目标、实现中华民族伟大复兴的中国梦提供有力道德支撑。

中央精神文明建设指导委员会
2015 年 10 月 13 日

中共广州市委广州市人民政府关于简政强区（县级市）事权改革的决定
（2011 年 3 月 30 日）

为深入贯彻落实科学发展观，加快我市经济发展方式转变和国家中心城市建设，推进"十二五"规划顺利实施，进一步创新行政管理体制机制，增强区（县级市）经济社会发展活力，巩固亚运城市建设管理成果，根据党的十七届五中全会、省委十届八次全会精神，按照省关于富县强镇、简政强镇事权改革的工作部署，现就推进我市简政强区（县级市）事权改革作出如下决定。

一、简政强区（县级市）事权改革的重要意义

近年来，我市经过多次行政管理体制改革和行政审批制度改革，按照"两级政府、三级管理、四级网络"的城市管理体制，调整优化市、区（县级市）事权划分，行政运行机制规范有序，政府职能全面有效履行，有力促进了我市经济社会持续快速发展。特别是 2010 年，通过举办广州亚运会和亚残运会，城市基础建设和环境建设迈上新的台阶，进一步提升了广州在国内外的影响力。站在新的历史起点，面对新形势新任务，我市目前的城市管理体制与建设国家中心城市的要求仍然存在不相适应的地方：政府职能转变还不到位；市与区（县级市）职责不清、权责脱节，以及财权与事权不对等的问题仍比较突出；条块关系不顺，行政运行和管理制度还不够完善。这些问题直接影响区（县级市）政府的积极性，在一定程度上制约经济社会发展，

简政强区（县级市）事权改革势在必行。通过改革，进一步消除体制性和机制性障碍，切实解决经济社会发展中的突出矛盾和问题，对充分释放区（县级市）发展潜力，提升我市后亚运时期城市管理科学化、精细化水平，率先加快转型升级，建设幸福广州，实现城市发展和改善人居环境共赢的发展目标具有重大意义。

二、指导思想和基本原则

（一）指导思想

高举中国特色社会主义伟大旗帜，以邓小平理论和"三个代表"重要思想为指导，深入贯彻落实科学发展观，创新行政管理体制机制，以简政放权、转变职能、理顺关系、优化机制为重点，切实扩大区（县级市）政府经济社会管理权限，进一步完善"两级政府、三级管理、四级网络"的城市管理体制，充分调动区（县级市）的积极性、主动性和创造性，建立权责一致、分工合理、决策科学、执行顺畅、监督有力的行政管理体制，为我市全面实施"十二五"规划提供体制机制保障。

（二）基本原则

1. 重心下移，放收结合。进一步简政放权，推进管理重心下移。切实做到对下放权、让权；严格控制留权、收权。充分调动区（县级市）政府的积极性，形成能放则放、放收结合、以放为主的管理理念。

2. 分级管理，各有侧重。市一级主要负责全局性和涉及跨部门、跨地区重大事项的决策、协调与组织实施，研究制定政策法规和标准，加强监督、指导和考核；区（县级市）一级具体负责辖区内经济社会发展和城市管理工作，抓好组织实施，提升服务，并接受市政府的指导与监督。

3. 区别对待，分类实施。结合我市城市发展总体规划和功能划分，根据老城区、县改区、开发区及县级市经济社会发展水平、资源环境条件，突出不同区域政府履行职责的重点，因地制宜，实施差异化的区域事权改革。

4. 积极创新，规范下放。坚持大胆创新、先行先试，有所突破，积极探索城市建设和管理的新路子；同时依法放权，规范管理，确保政府工作上下衔接、政令畅通、运转平稳。

5. 突出重点，循序渐进。简政强区（县级市）事权改革的重点是城市管理、经济管理、社会管理三个方面，对一些难点问题可按循序渐进、分步实施、逐步到位的办法推进。做到阶段性目标与长远目标相结合、重点突破与全面推进相结合。

6. 权责一致，整体推进。事权下放后，进一步明确区（县级市）政府应承担的责任，切实做到权力与责任对等，健全行政运行和监督机制，防止权责脱节。完善市与区（县级市）财政分配体制，加大用人制度改革力度，做到各项改革措施完善，事权改革整体稳步推进。

三、主要任务

（一）进一步理顺事权关系

在《广州市人民政府关于公布保留取消调整行政审批备案事项的决定》（广州市人民政府令第38号）的基础上，全面梳理市本级和省政府下放的管理事项，重点围绕产业发展、规划建设、国土房管、项目投资、城市管理、市场监管、民生事业等领域，进一步向区（县级市）下放管理权限。凡是法律、法规赋予区（县级市）一级政府行使的事权，都由区（县级市）政府行使；市、区（县级市）两级政府都可以行使的事权，原则上由区（县级市）政府行使；行政管理主体在市，由区（县级市）行使更有利于提高效能的，委托区（县级市）政府负责实施。

1. 按照重心下移、权责一致的要求，进一步扩大区（县级市）政府在城市管理中的权限。

市城乡建设部门要加强城乡建设统筹力度，进一步下放建设项目管理权限，完善对区（县级市）建设主管部门的指导和监督；市国土房管部门要在土地管理、住房保障、房屋管理等方面，进一步明确与区（县级市）的事权划分，下放相关审批和管理权限；市规划部门要完善市、区（县级市）垂直管理体制，下放建设项目的规划许可等管理事权；市交通部门要进一步落实广州市道路交通建设管理职责分工方案，下放相关审批管理权限；市水务部门要在我市污水治理和河涌综合整治基础上，提出进一步下放事权的方案；市城市管理、林业园林等部门要继续完善我市城市维护工作市、区（县级市）分工方案，进一步简政放权，将市政设施维护等工作下放区（县级市）承担，并制定相关的配套措施。

2. 按照"谁投资、谁决策、谁收益、谁承担风险"的要求，进一步扩大和落实区（县级市）政府投资审批和经济管理权。

市发展改革部门要进一步转变职能，集中精力抓好我市国民经济宏观管理和综合协调，推进各项改革，缩小投资审核范围，下放审核权限，简化审核程序，落实区（县级市）政府在投资管理方面的权限；市外经贸部门要继续深化外商投资管理体制改革，进一步下放外商投资审批等管理权限；市工商、质监等部门要完善垂直管理体制，明确部门与区（县级市）政府权责关系，建立健全协调配合机制和工作衔接机制，完善地方监督考评机制。

3. 按照提高行政效率、方便群众办事的要求，进一步加大向区（县级市）政府下放社会管理事权的力度。

市民政、人力资源和社会保障、卫生、安监、知识产权等部门要继续完善市、区（县级市）社会管理服务体制机制，下放相关行政许可和具体经办服务职责，建立健全管理考核制度。

市政府其他部门也要在全面梳理本部门管理事项的基础上，按照本决定的要求，进一步向区（县级市）下放管理权限。

越秀、海珠、荔湾、天河、白云和黄埔等6个老城区，重点承接城市建设、管理等方面的事权，优化创业及居住环境，提高城市管理和服务水平；花都区和番禺区保留行使现有的行政管理权限，并在此基础上进一步简政扩权；广州开发区、广州南沙开发区和增城开发区享受市一级管理权限及中央赋予的行政审批权限；遵循宜统则统、宜分则分、统分结合的原则，南沙区、萝岗区进一步创新与广州南沙开发区、广州开发区优势互补、协调发展的行政管理模式和运行机制；从化市、增城市行使法律、法规及上级党委、政府赋予的经济社会管理事权，要保证落实到位。

（二）优化垂直（双重）管理部门管理机制

优化条块之间关系，将区（县级市）工商、质监部门和区规划部门的党群工作实行属地管理，其领导班子的任免要分别征求所在区（县级市）党委、政府的意见；将城市管理综合执法机构调整为市、区（县级市）分级管理；进一步完善公安、国土房管部门的双重管理机制。

积极推行区（县级市）人大、政府对辖区内垂直管理部门领导班子行政、执法工作的评议考核制度，并把评议考核意见作为领导干部提拔任用的重要依据。建立健全垂直（双重）管理部门与所在区（县级市）协调配合和工作衔接机制。各垂直（双重）管理部门要在区（县级市）的中心工作或重大临时性任务中，接受区（县级市）的统一领导。

（三）改进行政管理和服务方式

加快市、区（县级市）、街（镇）三级政务服务体系建设。继续深化行政审批制度改革，进一步清理行政审批事项，减少行政审批管理层级，缩短行政审批时间，优化整合行政审批流程，推行限时办结承诺制度。建立健全部门间协调配合和磋商机制，进一步扩大集中办理并联审批事项，完善"一站式"审批并向基层延伸,提高办事效率和增加透明度,建立完善行政审批监督制约机制。

积极探索区(县级市)改进行政执法体制和运行机制的方式方法,选择1~2个区或县级市先行试点,通过整合现有行政执法队伍,合理配置行政执法资源,解决执法力量分散、执法效率不高的问题。由市编办会同市法制办等部门负责研究提出试点方案。

加快电子政务建设,推进政府业务网上办理,提高便民利民服务水平。推进全市政务信息资源共享和业务协同,统筹规划全市行政审批信息网络平台,推进跨部门、跨层级统一互联的行政审批、服务平台建设,积极推行网上政务信息公开。完善行政审批电子监察系统,实现对许可、审批事项全过程监督和绩效考核。

(四)完善财政保障机制

按照"财随事转"的原则,市财政部门根据下放的事权及时做好相应经费划转。进一步完善财政转移支付制度,按照基本公共服务均等化和主体功能区建设的要求,科学配置、合理安排一般性转移支付和专项转移支付;并从监管制度、绩效评价等方面着手,提高转移支付资金的使用效益。根据省对市财政体制的调整,适时完善市与区(县级市)财政分配体制,不断增强基层政府保障基本公共服务的能力。

(五)创新用人制度

积极探索建立机关雇员管理和政府购买服务制度,解决事权下放后区(县级市)职能部门人员不足的问题。市机构编制部门要在严格控制行政编制总额的前提下,研究制定机关雇员使用额度和指标标准;市组织部门、人力资源和社会保障部门负责制定机关雇员管理办法和工资待遇标准,探索引进竞争激励机制,建立体现公平原则的薪酬制度;各级财政部门负责制定政府购买服务管理办法,安排机关雇员的经费保障。

四、工作要求

(一)加强领导,精心组织

开展简政强区(县级市)事权改革,是市委、市政府深入贯彻落实科学发展观,加快政府职能转变,推进经济发展方式转变,建设国家中心城市和全省宜居城乡"首善之区"的重要举措,政策性强,涉及面广,各级党委、政府和各部门要从战略和全局的高度,深刻认识这项工作的重要性,增强大局意识和责任意识。各级党政主要负责人要负总责,切实加强领导,把这项工作列入重要议事日程，周密部署，精心组织，大胆创新，积极推进，务求实效。

（二）密切配合，抓紧实施

简政强区（县级市）事权改革工作在市委、市政府统一领导下进行，由市简政强区（县级市）事权改革工作领导小组负责组织实施。市有关职能部门要根据本决定的要求，抓紧研究制定法规制度、财政保障、雇员管理、监督考评等配套措施。改革涉及的市政府职能部门要抓紧制订工作方案及相关配套措施，加强与区（县级市）政府协调配合，做好事权下放的衔接工作，确保下放事权真正"放得下、接得住、干得好"。市法制部门负责对有关事权下放的法规规章依据、方式等进行审核；市纪检监察部门负责对全市事权改革工作进行全过程的监督、检查。

各区（县级市）要结合本地实际，提出承接要求，认真做好事权承接工作，切实履行责任，防止管理脱节，确保工作的连续性。要加快转变政府职能，积极推进公共事务的社会化和市场化，通过委托和政府购买服务等方式，将部分专业性、技术性和事务性工作依法交由社会组织承担。要大力发展社区服务，实现政府行政管理与社会自治的有效衔接和良性互动。

对明确下放的审批、备案事项，市政府各职能部门不再实施审批、备案，对已下放给区（县级市）的管理权限，市政府职能部门不得自行收回，确需调整的，须按程序报市法制办、市编办审核后，上报市委、市政府批准。

（三）强化监督，严格考核

坚持有权必有责，用权受监督，失职要追究。区（县级市）承接市下放的管理事权后，依法承担相应的行政和法律责任。建立完善以行政首长和工作主管为重点的行政问责制度，明确问责范围，规范问责程序。创新考核评价办法和模式，根据各区（县级市）功能发展定位，科学制定权重不同的考核评价指标，增强考核指标对简政放权改革的导向性。

（四）严肃纪律，确保稳定

各级党委、政府和各职能部门要正确处理改革发展稳定的关系，严肃组织人事纪律、财经纪律和机构编制纪律，加强思想政治工作，正确引导舆论，确保事权交接顺利，工作秩序不乱，各项工作正常运转，保证改革顺利实施。今年上半年事权改革工作完成后，市简政强区（县级市）事权改革工作领导小组要组织纪检监察、组织、人力资源和社会保障、机构编制、法制、财政等部门进行检查评估。

附件：广州市简政强区（县级市）事权下放目录

中共广州市委关于追授王广平、杨富强同志为
"广州市优秀共产党员"的决定

(2011 年 1 月 2 日)

在我市大力开展筹办亚运和创先争优活动的过程中，我市广大共产党员牢记党的宗旨、坚定理想信念，忘我工作、无私奉献，以实际行动谱写了实践"三个代表"重要思想的动人篇章，展示了新时期共产党人的光辉形象，涌现出不少先进典型。王广平、杨富强同志是其中的优秀代表。

王广平同志，男，1956 年 7 月出生，1976 年 2 月入伍，1979 年 2 月加入中国共产党，生前为广州市公安局国保支队副支队长，三级警监。2010 年 6 月，王广平同志在亚运安保前线因长期超负荷工作、积劳成疾，导致心脏病突发不幸牺牲，年仅 54 岁。从警 30 年来，王广平同志兢兢业业、奋勇当先，在侦破"11·25"、"12·17"、"4·01"、"8·28"、"3·14"等重特大案件中屡建奇功，先后荣立个人二等功 2 次、个人三等功 1 次，2000 年被评为"全国优秀人民警察"，他所带领的集体先后荣立集体一等功 1 次、集体二等功和三等功各 2 次。

杨富强同志，男，1962 年 3 月出生，1982 年 1 月参加工作，1997 年 6 月加入中国共产党，生前为广州市萝岗区建设工程质量检测中心主任。2010 年 6 月，杨富强同志在外出工作期间，不幸遭遇交通事故因公殉职，年仅 48 岁。参加工作 28 年来，杨富强同志工作扎实、勤政廉洁、表现优秀，业绩突出，多次被评为萝岗区"优秀共产党员"和"先进劳动者"。

王广平、杨富强同志是我市在筹办亚运和创先争优活动中涌现出来的先进典型，是新时期优秀共产党员的杰出代表。根据他们生前的一贯表现和在筹办亚运、创先争优中的突出贡献，市委决定，追授王广平、杨富强同志为"广州市优秀共产党员"。

市委号召，全市广大党员干部要以王广平、杨富强同志为榜样，学习他们时刻牢记党的宗旨，恪尽职守、无私奉献的公仆情怀；学习他们任劳任怨、淡泊名利的崇高品质；学习他们为了国家和人民的利益冲锋在前、忘我奋斗的英雄气概，自觉地把学习王广平、杨富强同志先进事迹与深入开展创先争优活动结合起来，与认真做好当前我市的各项中心工作结合起来，坚持立党为公、执政为民、开拓创新、锐意进取，在本职工作岗位上建功立业。

全市各级党组织和广大共产党员要更加紧密地团结在以胡锦涛同志为总

书记的党中央周围，高举中国特色社会主义伟大旗帜，以邓小平理论和"三个代表"重要思想为指导，深入贯彻落实科学发展观，继续解放思想、坚持改革开放，团结奋斗、扎实工作，为广州加快建设国家中心城市、全省宜居城乡的"首善之区"和世界文化名城，不断谱写全市人民美好生活新篇章作出新的更大贡献！

梅州市人大常委会关于谭君铁副市长代理梅州市人民政府市长职务的决定

（2012年2月15日梅州市第六届人民代表大会常务委员会第二次会议通过）

根据《中华人民共和国地方各级人民代表大会和地方各级人民政府组织法》第四十四条的规定，梅州市第六届人民代表大会常务委员会第二次会议决定，谭君铁副市长代理梅州市人民政府市长职务。

知识聚焦

一、决定的概念

《条例》规定，决定"适用于对重要事项作出决策和部署、奖惩有关单位和人员、变更或者撤销下级机关不适当的决定事项"。

二、决定的种类

根据决定的适用范围，决定可以分为三类：

1. 决策性决定

对重要事项或事关全局的重大行动做出的决定，具有决策的性质。用于安排较大范围的重大行动或重要事项。如《中共广州市委广州市人民政府关于加快推进知识城开发建设的决定》。

2. 奖惩性决定

这类决定用于奖惩有关单位及人员。对于有突出工作成绩、有典型意义的集体或个人在精神上和物质上予以奖励；对在工作中出现重大问题事故、错误的单位或个人予以惩戒。奖励或惩戒的对象往往都是在全国、某一地区或某一领域内具有较大影响的，通过奖惩达到激励和教育的目的。奖惩性决定中表彰性的决定更普遍。如《国务院关于2011年度国家科学技术奖励的决定》。

3. 事项性决定

对有关具体事项作出决定。变更或者撤销下级机关不适当的决定事项，变更一些重要的法律法规，人事任免安排等。如《海关总署关于废止〈中华人民共和国海关特别优惠关税待遇进口货物原产地管理办法〉的决定》、《梅州市人大常委会关于林碧红常务副主任代理梅州市第六届人大常委会主任职务的决定》。

三、决定的写作要求

1. 标题

决定的标题有两种形式：

发文机关、事由加文种，如《中共广州市委广州市人民政府关于加快残疾人事业发展的决定》。

事由加文种，如《关于明确广州国际生物岛管理权限的决定》。

2. 正文

决定正文由决定原由、决定事项、结语三部分组成。

决定原由写发布决定的背景、根据、目的、意义。如果是表彰、惩戒性的决定，决定原由则要叙述基本事实，即先进事迹或事故情况。

不同类型的决定，其决定事项的侧重点不同：用于指挥工作的决策性决定，主要提出工作任务、措施、方案、要求等；事项性的决定，直接表述决定的内容；表彰或惩戒的决定，要写明表彰决定和项目，或处分决定、处罚方法。

结语部分不是每种决定都有，主要用于决策性和奖惩性的决定，写执行要求或希望号召。

—————— 任务演练 ——————

根据以下材料，选择合适的发文单位，写一份决定。

周本顺、杨栋梁等 4 名省部级高官被开除党籍和公职

2015 年 10 月 16 日中纪委通报，河北省委原书记周本顺、安监总局原局长杨栋梁、内蒙古自治区原副主席潘逸阳、南宁市委原书记余远辉等 4 名省部级官员被双开。

日前，经中共中央批准，中共中央纪委对第十八届中央委员，河北省委原书记、省人大常委会原主任周本顺严重违纪问题进行了立案审查。

经查，周本顺严重违反政治纪律和政治规矩，在重大问题上发表违背中央精神的言论，不认真落实党风廉政建设主体责任，干扰、妨碍组织审查；严重违反组织纪律，为提拔职务进行非组织活动，违规选拔任用干部，隐瞒不报个人有关事项；严重违反中央八项规定精神，超标准公务接待、公款吃喝，频繁出入私人会所，生活奢侈、挥霍浪费，违反中央精简会议文件、改进宣传报道的有关规定；严重违反廉洁纪律，利用职务上的便利在企业经营等方面为他人谋取利益并收受财物，收受礼金、礼品，为其子经营活动谋取利益，家风败坏、对配偶子女放任纵容；严重违反工作纪律，私存涉密资料，泄露党和国家秘密。其中，利用职务上的便利为他人谋取利益，收受财物问题涉嫌犯罪。

周本顺身为中央委员，理想信念丧失，严重违反党的纪律，且党的十八大后仍不收敛、不收手，性质恶劣、情节特别严重。依据《中国共产党纪律处分条例》等有关规定，经中央纪委常委会议研究并报中共中央政治局会议审议，决定给予周本顺开除党籍、开除公职处分；收缴其违纪所得；将其涉嫌犯罪问题、线索及所涉款物移送司法机关依法处理。给予其开除党籍的处分，待召开中央委员会全体会议时予以追认。

日前，经中共中央批准，中共中央纪委对第十八届中央委员，国家安全生产监督管理总局原党组书记、局长杨栋梁严重违纪问题进行了立案审查。

经查，杨栋梁严重违反政治纪律和政治规矩，进行非组织政治活动，干扰、妨碍组织审查；严重违反组织纪律，违规选用秘书并收受财物，违规为其子工作安排、职务升迁打招呼，违规选拔任用干部，出国期间擅自改变出访计划和路线；严重违反中央八项规定精神，挥霍浪费公款，长期接受私营企业主安排的高消费娱乐活动，违规配用公车；严重违反廉洁纪律，利用职务上的便利非法占有公共财物，利用职务上的便利在企业经营等方面为他人谋取利益并收受财物，收受礼金、礼品，违规多占住房；严重违反工作纪律，干预纪检机关的纪律审查工作和司法机关的案件查办工作，违规使用国有资金。其中，利用职务上的便利，非法占有公共财物；利用职务上的便利为他人谋取利益，收受财物等问题涉嫌犯罪。

　　杨栋梁身为中央委员，理想信念丧失，严重违反党的纪律，且党的十八大后仍不收敛、不收手，性质恶劣、情节特别严重。依据《中国共产党纪律处分条例》等有关规定，经中央纪委常委会议研究并报中共中央政治局会议审议，决定给予杨栋梁开除党籍处分；由监察部报国务院批准，给予其行政开除处分；收缴其违纪所得；将其涉嫌犯罪问题、线索及所涉款物移送司法机关依法处理。给予其开除党籍的处分，待召开中央委员会全体会议时予以追认。

任务 12 决议

范文举例

中国共产党第十八次全国代表大会关于十七届中央委员会报告的决议

（2012 年 11 月 14 日中国共产党第十八次全国代表大会通过）

中国共产党第十八次全国代表大会批准胡锦涛同志代表十七届中央委员会所作的报告。报告高举中国特色社会主义伟大旗帜，以马克思列宁主义、毛泽东思想、邓小平理论、"三个代表"重要思想、科学发展观为指导，分析了国际国内形势的发展变化，回顾总结了过去五年的工作和党的十六大以来的奋斗历程及取得的历史性成就，确立了科学发展观的历史地位，提出了夺取中国特色社会主义新胜利的基本要求，确定了全面建成小康社会和全面深化改革开放的目标，对新的时代条件下推进中国特色社会主义事业作出了全面部署，对全面提高党的建设科学化水平提出了明确要求。报告描绘了全面建成小康社会、加快推进社会主义现代化的宏伟蓝图，为党和国家事业进一步发展指明了方向，是全党全国各族人民智慧的结晶，是我们党团结带领全国各族人民夺取中国特色社会主义新胜利的政治宣言和行动纲领，是马克思主义的纲领性文献。

大会认为，报告阐明的大会主题对我们党带领人民继往开来、奋勇前进具有十分重大的意义。全党要高举中国特色社会主义伟大旗帜，以邓小平理论、"三个代表"重要思想、科学发展观为指导，解放思想，改革开放，凝聚力量，攻坚克难，坚定不移沿着中国特色社会主义道路前进，为全面建成小康社会而奋斗。

大会强调，当前，世情、国情、党情继续发生深刻变化，我们面临的发展机遇和风险挑战前所未有。全党一定要牢记人民信任和重托，更加奋发有为、兢兢业业地工作，继续推动科学发展、促进社会和谐，继续改善人民生活、增进人民福祉，完成时代赋予的光荣而艰巨的任务。

大会高度评价十七届中央委员会的工作。十七大以来的五年，是我们在中国特色社会主义道路上奋勇前进的五年，是我们经受住各种困难和风险考验、夺取全面建设小康社会新胜利的五年，各方面工作都取得新的重大成就。

大会同意十七届中央委员会对十六大以来十年奋斗历程的基本总结，认为我们紧紧抓住和用好我国发展的重要战略机遇期，战胜一系列重大挑战，奋力把中国特色社会主义推进到新的发展阶段，巩固和发展了改革开放和社会主义现代化建设大局，提高了我国国际地位，彰显了中国特色社会主义的巨大优越性和强大生命力，增强了中国人民和中华民族的自豪感和凝聚力。

大会强调，总结十年奋斗历程，最重要的就是我们坚持勇于推进实践基础上的理论创新，围绕坚持和发展中国特色社会主义提出一系列紧密相连、相互贯通的新思想、新观点、新论断，形成和贯彻了科学发展观。科学发展观是马克思主义同当代中国实际和时代特征相结合的产物，是马克思主义关于发展的世界观和方法论的集中体现，对新形势下实现什么样的发展、怎样发展等重大问题作出了新的科学回答，把我们对中国特色社会主义规律的认识提高到新的水平，开辟了当代中国马克思主义发展新境界。科学发展观是中国特色社会主义理论体系最新成果，是中国共产党集体智慧的结晶，是指导党和国家全部工作的强大思想武器。科学发展观同马克思列宁主义、毛泽东思想、邓小平理论、"三个代表"重要思想一道，是党必须长期坚持的指导思想。

大会指出，九十多年来，我们党紧紧依靠人民，把马克思主义基本原理同中国实际和时代特征结合起来，独立自主走自己的路，历经千辛万苦，付出各种代价，取得革命建设改革伟大胜利，开创和发展了中国特色社会主义，从根本上改变了中国人民和中华民族的前途命运。中国特色社会主义道路，中国特色社会主义理论体系，中国特色社会主义制度，是党和人民九十多年奋斗、创造、积累的根本成就，必须倍加珍惜、始终坚持、不断发展。在新的历史条件下夺取中国特色社会主义新胜利，要牢牢把握以下基本要求：必须坚持人民主体地位，必须坚持解放和发展社会生产力，必须坚持推进改革开放，必须坚持维护社会公平正义，必须坚持走共同富裕道路，必须坚持促进社会和谐，必须坚持和平发展，必须坚持党的领导。只要我们顽强奋斗、艰苦奋斗、不懈奋斗，就一定能在中国共产党成立一百年时全面建成小康社会，就一定能在新中国成立一百年时建成富强民主文明和谐的社会主义现代化国家。全党要坚定这样的道路自信、理论自信、制度自信！

大会认为，根据我国经济社会发展实际，要在十六大、十七大确立的全面建设小康社会目标的基础上努力实现新的要求：经济持续健康发展，人民民主不断扩大，文化软实力显著增强，人民生活水平全面提高，资源节约型、环境友好型社会建设取得重大进展。全面建成小康社会，必须以更大的政治勇气和智慧，不失时机深化重要领域改革，坚决破除一切妨碍科学发展的思想观念和体制机制弊端，构建系统完备、科学规范、运行有效的制度体系，使各方面制度更加成熟更加定型。

大会同意报告关于我国社会主义经济建设、政治建设、文化建设、社会建设、生态文明建设的部署。大会强调，要加快完善社会主义市场经济体制和加快转变经济发展方式，把推动发展的立足点转到提高质量和效益上来，着力激发各类市场主体发展新活力，着力增强创新驱动发展新动力，着力构建现代产业发展新体系，着力培育开放型经济发展新优势，使经济发展更多依靠内需特别是消费需求拉动，更多依靠现代服务业和战略性新兴产业带动，更多依靠科技进步、劳动者素质提高、管理创新驱动，更多依靠节约资源和循环经济推动，更多依靠城乡区域发展协调互动，不断增强长期发展后劲，促进工业化、信息化、城镇化、农业现代化同步发展；要坚持走中国特色社会主义政治发展道路和推进政治体制改革，发展更加广泛、更加充分、更加健全的人民民主，坚持党的领导、人民当家做主、依法治国有机统一，以保证人民当家做主为根本，以增强党和国家活力、调动人民积极性为目标，扩大社会主义民主，健全社会主义协商民主制度，完善基层民主制度，加快建设社会主义法治国家，健全权力运行制约和监督体系，发展社会主义政治文明；要扎实推进社会主义文化强国建设，坚持社会主义先进文化前进方向，推动社会主义文化大发展大繁荣，兴起社会主义文化建设新高潮，提高国家文化软实力，发挥文化引领风尚、教育人民、服务社会、推动发展的作用；要在改善民生和创新管理中加强社会建设，从维护最广大人民根本利益的高度，以保障和改善民生为重点，提高人民物质文化生活水平，多谋民生之利，多解民生之忧，加快健全基本公共服务体系，加强和创新社会管理，推动社会主义和谐社会建设；要大力推进生态文明建设，树立尊重自然、顺应自然、保护自然的生态文明理念，把生态文明建设融入经济建设、政治建设、文化建设、社会建设各方面和全过程，加大自然生态系统和环境保护力度，努力建设美丽中国，实现中华民族永续发展。大会强调，必须坚持以国家核心安全需求为导向，按照国防和军队现代化建设"三步走"战略构想，加紧完成机械化和信息化建设双重历史任务，建设与我国国际地位相称、与国家安全和发展利益相适应的巩固国防和强大军队。

大会强调，全面准确贯彻"一国两制"、"港人治港"、"澳人治澳"、高度自治的方针，必须把坚持一国原则和尊重两制差异、维护中央权力和保障特别行政区高度自治权、发挥祖国内地坚强后盾作用和提高港澳自身竞争力有机结合起来。必须坚持"和平统一、一国两制"方针，巩固和深化两岸关系和平发展的政治、经济、文化、社会基础，开创两岸关系和平发展新前景，团结台湾同胞维护好、建设好中华民族共同家园，为和平统一创造更充分的条件。

大会同意报告对国际形势的分析和提出的对外工作方针，强调中国将继续高举和平、发展、合作、共赢的旗帜，坚定奉行独立自主的和平外交政策，始终不渝走和平发展道路，始终不渝奉行互利共赢的开放战略，坚决维护国家主权、安全、发展利益，坚持在和平共处五项原则基础上全面发展同各国的友好合作，推动建设持久和平、共同繁荣的和谐世界，同各国人民一道为人类和平与发展的崇高事业而不懈努力。

大会强调，形势的发展、事业的开拓、人民的期待，都要求我们以改革创新精神全面推进党的建设新的伟大工程，全面提高党的建设科学化水平。全党要增强紧迫感和责任感，牢牢把握加强党的执政能力建设、先进性和纯洁性建设这条主线，坚持以人为本、执政为民，坚持解放思想、改革创新，坚持党要管党、从严治党，全面加强党的思想建设、组织建设、作风建设、反腐倡廉建设、制度建设，增强自我净化、自我完善、自我革新、自我提高能力，建设学习型、服务型、创新型的马克思主义执政党，确保党始终成为中国特色社会主义事业的坚强领导核心。

大会强调，反对腐败、建设廉洁政治，是党一贯坚持的鲜明政治立场，是人民关注的重大政治问题。反腐倡廉必须常抓不懈，拒腐防变必须警钟长鸣。要坚持中国特色反腐倡廉道路，坚持标本兼治、综合治理、惩防并举、注重预防方针，全面推进惩治和预防腐败体系建设，做到干部清正、政府清廉、政治清明。

大会强调，党的集中统一是党的力量所在，是实现经济社会发展、民族团结进步、国家长治久安的根本保证。党面临的形势越复杂，肩负的任务越艰巨，就越要加强党的纪律建设，越要维护党的集中统一，形成全党上下步调一致、奋发进取的强大力量。

大会强调，面对人民的信任和重托，面对新的历史条件和考验，全党必须增强忧患意识，谦虚谨慎，戒骄戒躁，始终保持清醒头脑；必须增强创新意识，坚持真理，修正错误，始终保持奋发有为的精神状态；必须增强宗旨意识，相信群众，依靠群众，始终把人民放在心中最高位置；必须增强使命意识，求真务实，艰苦奋斗，始终保持共产党人的政治本色。

大会号召，全党全国各族人民高举中国特色社会主义伟大旗帜，更加紧密地团结在党中央周围，为全面建成小康社会而奋斗，不断夺取中国特色社会主义新胜利，共同创造中国人民和中华民族更加幸福美好的未来！

知识聚焦

一、决议的概念

《条例》规定，决议"适用于会议讨论通过的重大决策事项"。

决议的内容涉及重大决策事项，因此一经公布，全党、全国上下都必须坚决执行。

二、决议的种类

根据决议的内容、性质的不同，决议可以分为事项性决议和重大问题决议两种。

1. 事项性决议是对会议讨论通过的具体事项作出的决议，决议涉及的内容比较具体。如《中国共产党贵州省第十一次代表大会关于中共贵州省第十届纪律检查委员会工作报告的决议》，《关于贯彻〈中共中央关于加强党的执政能力建设的决定〉的决议》。

2. 重大问题决议是在会议关于重大问题讨论后作出的总结性决议，涉及的内容是非事件性的，是具有重要意义的原则性的问题。如《中共中央关于社会主义精神文明建设指导方针的决议》，《关于建国以来党的若干历史问题的决议》。

三、决议的写作要求

1. 标题

决议的标题有四种形式：

第一种是由发文机关、事由和文种构成，如《中共中央关于社会主义精神文明建设指导方针的决议》。

第二种是事由和文种构成，如《关于贯彻〈中共中央关于加强党的执政能力建设的决定〉的决议》。

第三种是由会议名称、事由和文种组成，如《中国共产党贵州省第十一次代表大会关于中共贵州省第十届纪律检查委员会工作报告的决议》。

第四种是由会议名称和文种组成，如《广东省委十届十一次全会决议》,《中国共产党广州市第十届委员会第二次全体会议决议》。

2. 成文日期

成文日期即决议正式通过的日期。决议的成文日期位于标题之下居中的位置，用括号将成文日期括起。

3. 正文

由决议根据和决议事项两部分组成。

开头部分写决议的根据，一般写会议听取了什么，讨论了什么，批准或通过了什么等。

主体部分是决议事项，其写法有两种形式：一种适用于内容单一的决议，把议定的事项直接叙写出来；另一种适用于内容比较复杂的决议，将决议事项分条列项表述出来。

4. 结尾

结尾部分多写希望号召。有的决议正文结束全文也就结束，没有结尾部分。

任务演练

1. 上网查看更多例文，谈谈决定和决议的区别。
2. 朗读本节范文全文，并择要试作 3 分钟新闻播报。

任务 13 意见

范文举例

国务院关于国有企业发展混合所有制经济的意见

国发〔2015〕54 号

各省、自治区、直辖市人民政府，国务院各部委、各直属机构：

发展混合所有制经济，是深化国有企业改革的重要举措。为贯彻党的十八大和十八届三中、四中全会精神，按照"四个全面"战略布局要求，落实党中央、国务院决策部署，推进国有企业混合所有制改革，促进各种所有制经济共同发展，现提出以下意见。

一、总体要求

（一）改革出发点和落脚点。国有资本、集体资本、非公有资本等交叉持股、相互融合的混合所有制经济，是基本经济制度的重要实现形式。多年来，一批国有企业通过改制发展成为混合所有制企业，但治理机制和监管体制还需要进一步完善；还有许多国有企业为转换经营机制、提高运行效率，正在积极探索混合所有制改革。当前，应对日益激烈的国际竞争和挑战，推动我国经济保持中高速增长、迈向中高端水平，需要通过深化国有企业混合所有制改革，推动完善现代企业制度，健全企业法人治理结构；提高国有资本配置和运行效率，优化国有经济布局，增强国有经济活力、控制力、影响力和抗风险能力，主动适应和引领经济发展新常态；促进国有企业转换经营机制，放大国有资本功能，实现国有资产保值增值，实现各种所有制资本取长补短、相互促进、共同发展，夯实社会主义基本经济制度的微观基础。在国有企业混合所有制改革中，要坚决防止因监管不到位、改革不彻底导致国有资产流失。

（二）基本原则。

——政府引导，市场运作。尊重市场经济规律和企业发展规律，以企业为主体，充分发挥市场机制作用，把引资本与转机制结合起来，把产权多元化与完善企业法人治理结构结合起来，探索国有企业混合所有制改革的有效途径。

——完善制度，保护产权。以保护产权、维护契约、统一市场、平等交换、公平竞争、有效监管为基本导向，切实保护混合所有制企业各类出资人的产权权益，调动各类资本参与发展混合所有制经济的积极性。

——严格程序，规范操作。坚持依法依规，进一步健全国有资产交易规则，科学评估国有资产价值，完善市场定价机制，切实做到规则公开、过程公开、结果公开。强化交易主体和交易过程监管，防止暗箱操作、低价贱卖、利益输送、化公为私、逃废债务，杜绝国有资产流失。

——宜改则改，稳妥推进。对通过实行股份制、上市等途径已经实行混合所有制的国有企业，要着力在完善现代企业制度、提高资本运行效率上下功夫；对适宜继续推进混合所有制改革的国有企业，要充分发挥市场机制作用，坚持因地施策、因业施策、因企施策，宜独则独、宜控则控、宜参则参，不搞拉郎配，不搞全覆盖，不设时间表，一企一策，成熟一个推进一个，确保改革规范有序进行。尊重基层创新实践，形成一批可复制、可推广的成功做法。

二、分类推进国有企业混合所有制改革

（三）稳妥推进主业处于充分竞争行业和领域的商业类国有企业混合所有制改革。按照市场化、国际化要求，以增强国有经济活力、放大国有资本功能、实现国有资产保值增值为主要目标，以提高经济效益和创新商业模式为导向，充分运用整体上市等方式，积极引入其他国有资本或各类非国有资本实现股权多元化。坚持以资本为纽带完善混合所有制企业治理结构和管理方式，国有资本出资人和各类非国有资本出资人以股东身份履行权利和职责，使混合所有制企业成为真正的市场主体。

（四）有效探索主业处于重要行业和关键领域的商业类国有企业混合所有制改革。对主业处于关系国家安全、国民经济命脉的重要行业和关键领域、主要承担重大专项任务的商业类国有企业，要保持国有资本控股地位，支持非国有资本参股。对自然垄断行业，实行以政企分开、政资分开、特许经营、政府监管为主要内容的改革，根据不同行业特点实行网运分开、放开竞争性业务，促进公共资源配置市场化，同时加强分类依法监管，规范营利模式。

——重要通信基础设施、枢纽型交通基础设施、重要江河流域控制性水利水电航电枢纽、跨流域调水工程等领域，实行国有独资或控股，允许符合条件的非国有企业依法通过特许经营、政府购买服务等方式参与建设和运营。

——重要水资源、森林资源、战略性矿产资源等开发利用，实行国有独资或绝对控股，在强化环境、质量、安全监管的基础上，允许非国有资本进入，依法依规有序参与开发经营。

——江河主干渠道、石油天然气主干管网、电网等，根据不同行业领域特点实行网运分开、主辅分离，除对自然垄断环节的管网实行国有独资或绝对控股外，放开竞争性业务，允许非国有资本平等进入。

——核电、重要公共技术平台、气象测绘水文等基础数据采集利用等领域，实行国有独资或绝对控股，支持非国有企业投资参股以及参与特许经营和政府采购。粮食、石油、天然气等战略物资国家储备领域保持国有独资或控股。

——国防军工等特殊产业，从事战略武器装备科研生产、关系国家战略安全和涉及国家核心机密的核心军工能力领域，实行国有独资或绝对控股。其他军工领域，分类逐步放宽市场准入，建立竞争性采购体制机制，支持非国有企业参与武器装备科研生产、维修服务和竞争性采购。

——对其他服务国家战略目标、重要前瞻性战略性产业、生态环境保护、共用技术平台等重要行业和关键领域，加大国有资本投资力度，发挥国有资本引导和带动作用。

（五）引导公益类国有企业规范开展混合所有制改革。在水电气热、公共交通、公共设施等提供公共产品和服务的行业和领域，根据不同业务特点，加强分类指导，推进具备条件的企业实现投资主体多元化。通过购买服务、特许经营、委托代理等方式，鼓励非国有企业参与经营。政府要加强对价格水平、成本控制、服务质量、安全标准、信息披露、营运效率、保障能力等方面的监管，根据企业不同特点有区别地考核其经营业绩指标和国有资产保值增值情况，考核中要引入社会评价。

三、分层推进国有企业混合所有制改革

（六）引导在子公司层面有序推进混合所有制改革。对国有企业集团公司二级及以下企业，以研发创新、生产服务等实体企业为重点，引入非国有资本，加快技术创新、管理创新、商业模式创新，合理限定法人层级，有效压缩管理层级。明确股东的法律地位和股东在资本收益、企业重大决策、选择管理者等方面的权利，股东依法按出资比例和公司章程规定行权履职。

（七）探索在集团公司层面推进混合所有制改革。在国家有明确规定的特定领域，坚持国有资本控股，形成合理的治理结构和市场化经营机制；在其他领域，鼓励通过整体上市、并购重组、发行可转债等方式，逐步调整国有股权比例，积极引入各类投资者，形成股权结构多元、股东行为规范、内部约束有效、运行高效灵活的经营机制。

（八）鼓励地方从实际出发推进混合所有制改革。各地区要认真贯彻落实中央要求，区分不同情况，制定完善改革方案和相关配套措施，指导国有企业稳妥开展混合所有制改革，确保改革依法合规、有序推进。

四、鼓励各类资本参与国有企业混合所有制改革

（九）鼓励非公有资本参与国有企业混合所有制改革。非公有资本投资主体可通过出资入股、收购股权、认购可转债、股权置换等多种方式，参与国有企业改制重组或国有控股上市公司增资扩股以及企业经营管理。非公有资本投资主体可以货币出资，或以实物、股权、土地使用权等法律法规允许的方式出资。企业国有产权或国有股权转让时，除国家另有规定外，一般不在意向受让人资质条件中对民间投资主体单独设置附加条件。

（十）支持集体资本参与国有企业混合所有制改革。明晰集体资产产权，发展股权多元化、经营产业化、管理规范化的经济实体。允许经确权认定的集体资本、资产和其他生产要素作价入股，参与国有企业混合所有制改革。研究制定股份合作经济（企业）管理办法。

（十一）有序吸收外资参与国有企业混合所有制改革。引入外资参与国有企业改制重组、合资合作，鼓励通过海外并购、投融资合作、离岸金融等方式，充分利用国际市场、技术、人才等资源和要素，发展混合所有制经济，深度参与国际竞争和全球产业分工，提高资源全球化配置能力。按照扩大开放与加强监管同步的要求，依照外商投资产业指导目录和相关安全审查规定，完善外资安全审查工作机制，切实加强风险防范。

（十二）推广政府和社会资本合作（PPP）模式。优化政府投资方式，通过投资补助、基金注资、担保补贴、贷款贴息等，优先支持引入社会资本的项目。以项目运营绩效评价结果为依据，适时对价格和补贴进行调整。组合引入保险资金、社保基金等长期投资者参与国家重点工程投资。鼓励社会资

本投资或参股基础设施、公用事业、公共服务等领域项目，使投资者在平等竞争中获取合理收益。加强信息公开和项目储备，建立综合信息服务平台。

（十三）鼓励国有资本以多种方式入股非国有企业。在公共服务、高新技术、生态环境保护和战略性产业等重点领域，以市场选择为前提，以资本为纽带，充分发挥国有资本投资、运营公司的资本运作平台作用，对发展潜力大、成长性强的非国有企业进行股权投资。鼓励国有企业通过投资入股、联合投资、并购重组等多种方式，与非国有企业进行股权融合、战略合作、资源整合，发展混合所有制经济。支持国有资本与非国有资本共同设立股权投资基金，参与企业改制重组。

（十四）探索完善优先股和国家特殊管理股方式。国有资本参股非国有企业或国有企业引入非国有资本时，允许将部分国有资本转化为优先股。在少数特定领域探索建立国家特殊管理股制度，依照相关法律法规和公司章程规定，行使特定事项否决权，保证国有资本在特定领域的控制力。

（十五）探索实行混合所有制企业员工持股。坚持激励和约束相结合的原则，通过试点稳妥推进员工持股。员工持股主要采取增资扩股、出资新设等方式，优先支持人才资本和技术要素贡献占比较高的转制科研院所、高新技术企业和科技服务型企业开展试点，支持对企业经营业绩和持续发展有直接或较大影响的科研人员、经营管理人员和业务骨干等持股。完善相关政策，健全审核程序，规范操作流程，严格资产评估，建立健全股权流转和退出机制，确保员工持股公开透明，严禁暗箱操作，防止利益输送。混合所有制企业实行员工持股，要按照混合所有制企业实行员工持股试点的有关工作要求组织实施。

五、建立健全混合所有制企业治理机制

（十六）进一步确立和落实企业市场主体地位。政府不得干预企业自主经营，股东不得干预企业日常运营，确保企业治理规范、激励约束机制到位。落实董事会对经理层成员等高级经营管理人员选聘、业绩考核和薪酬管理等职权，维护企业真正的市场主体地位。

（十七）健全混合所有制企业法人治理结构。混合所有制企业要建立健全现代企业制度，明晰产权，同股同权，依法保护各类股东权益。规范企业股东（大）会、董事会、经理层、监事会和党组织的权责关系，按章程行权，对资本监管，靠市场选人，依规则运行，形成定位清晰、权责对等、运转协调、制衡有效的法人治理结构。

（十八）推行混合所有制企业职业经理人制度。按照现代企业制度要求，建立市场导向的选人用人和激励约束机制，通过市场化方式选聘职业经理人依法负责企业经营管理，畅通现有经营管理者与职业经理人的身份转换通道。职业经理人实行任期制和契约化管理，按照市场化原则决定薪酬，可以采取多种方式探索中长期激励机制。严格职业经理人任期管理和绩效考核，加快建立退出机制。

六、建立依法合规的操作规则

（十九）严格规范操作流程和审批程序。在组建和注册混合所有制企业时，要依据相关法律法规，规范国有资产授权经营和产权交易等行为，健全清产核资、评估定价、转让交易、登记确权等国有产权流转程序。国有企业产权和股权转让、增资扩股、上市公司增发等，应在产权、股权、证券市场公开披露信息，公开择优确定投资人，达成交易意向后应及时公示交易对象、交易价格、关联交易等信息，防止利益输送。国有企业实施混合所有制改革前，应依据本意见制订方案，报同级国有资产监管机构批准；重要国有企业改制后国有资本不再控股的，报同级人民政府批准。国有资产监管机构要按照本意见要求，明确国有企业混合所有制改革的操作流程。方案审批时，应加强对社会资本质量、合作方诚信与操守、债权债务关系等内容的审核。要充分保障企业职工对国有企业混合所有制改革的知情权和参与权，涉及职工切身利益的要做好评估工作，职工安置方案要经过职工代表大会或者职工大会审议通过。

（二十）健全国有资产定价机制。按照公开公平公正原则，完善国有资产交易方式，严格规范国有资产登记、转让、清算、退出等程序和交易行为。通过产权、股权、证券市场发现和合理确定资产价格，发挥专业化中介机构作用，借助多种市场化定价手段，完善资产定价机制，实施信息公开，加强社会监督，防止出现内部人控制、利益输送造成国有资产流失。

（二十一）切实加强监管。政府有关部门要加强对国有企业混合所有制改革的监管，完善国有产权交易规则和监管制度。国有资产监管机构对改革中出现的违法转让和侵吞国有资产、化公为私、利益输送、暗箱操作、逃废债务等行为，要依法严肃处理。审计部门要依法履行审计监督职能，加强对改制企业原国有企业法定代表人的离任审计。充分发挥第三方机构在清产核资、财务审计、资产定价、股权托管等方面的作用。加强企业职工内部监督。进一步做好信息公开，自觉接受社会监督。

七、营造国有企业混合所有制改革的良好环境

（二十二）加强产权保护。健全严格的产权占有、使用、收益、处分等完整保护制度，依法保护混合所有制企业各类出资人的产权和知识产权权益。在立法、司法和行政执法过程中，坚持对各种所有制经济产权和合法利益给予同等法律保护。

（二十三）健全多层次资本市场。加快建立规则统一、交易规范的场外市场，促进非上市股份公司股权交易，完善股权、债权、物权、知识产权及信托、融资租赁、产业投资基金等产品交易机制。建立规范的区域性股权市场，为企业提供融资服务，促进资产证券化和资本流动，健全股权登记、托管、做市商等第三方服务体系。以具备条件的区域性股权、产权市场为载体，探索建立统一结算制度，完善股权公开转让和报价机制。制定场外市场交易规则和规范监管制度，明确监管主体，实行属地化、专业化监管。

（二十四）完善支持国有企业混合所有制改革的政策。进一步简政放权，最大限度取消涉及企业依法自主经营的行政许可审批事项。凡是市场主体基于自愿的投资经营和民事行为，只要不属于法律法规禁止进入的领域，且不危害国家安全、社会公共利益和第三方合法权益，不得限制进入。完善工商登记、财税管理、土地管理、金融服务等政策。依法妥善解决混合所有制改革涉及的国有企业职工劳动关系调整、社会保险关系接续等问题，确保企业职工队伍稳定。加快剥离国有企业社会职能，妥善解决历史遗留问题。完善统计制度，加强监测分析。

（二十五）加快建立健全法律法规制度。健全混合所有制经济相关法律法规和规章，加大法律法规立、改、废、释工作力度，确保改革于法有据。根据改革需要抓紧对合同法、物权法、公司法、企业国有资产法、企业破产法中有关法律制度进行研究，依照法定程序及时提请修改。推动加快制定有关产权保护、市场准入和退出、交易规则、公平竞争等方面法律法规。

八、组织实施

（二十六）建立工作协调机制。国有企业混合所有制改革涉及面广、政策性强、社会关注度高。各地区、各有关部门和单位要高度重视，精心组织，严守规范，明确责任。各级政府及相关职能部门要加强对国有企业混合所有制改革的组织领导，做好把关定向、配套落实、审核批准、纠偏提醒等工作。各级国有资产监管机构要及时跟踪改革进展，加强改革协调，评估改革成效，推广改革经验，重大问题及时向同级人民政府报告。各级工商联要充分发挥

广泛联系非公有制企业的组织优势，参与做好沟通政企、凝聚共识、决策咨询、政策评估、典型宣传等方面工作。

（二十七）加强混合所有制企业党建工作。坚持党的建设与企业改革同步谋划、同步开展，根据企业组织形式变化，同步设置或调整党的组织，理顺党组织隶属关系，同步选配好党组织负责人，健全党的工作机构，配强党务工作者队伍，保障党组织工作经费，有效开展党的工作，发挥好党组织政治核心作用和党员先锋模范作用。

（二十八）开展不同领域混合所有制改革试点示范。结合电力、石油、天然气、铁路、民航、电信、军工等领域改革，开展放开竞争性业务、推进混合所有制改革试点示范。在基础设施和公共服务领域选择有代表性的政府投融资项目，开展多种形式的政府和社会资本合作试点，加快形成可复制、可推广的模式和经验。

（二十九）营造良好的舆论氛围。以坚持"两个毫不动摇"（毫不动摇巩固和发展公有制经济，毫不动摇鼓励、支持、引导非公有制经济发展）为导向，加强国有企业混合所有制改革舆论宣传，做好政策解读，阐释目标方向和重要意义，宣传成功经验，正确引导舆论，回应社会关切，使广大人民群众了解和支持改革。

各级政府要加强对国有企业混合所有制改革的领导，根据本意见，结合实际推动改革。

金融、文化等国有企业的改革，中央另有规定的依其规定执行。

国务院
2015 年 9 月 23 日

××市农业委员会关于发展我市观光旅游农业的意见

××市人民政府：

随着我市农业产业结构调整步伐的加快和人民生活水平的不断提高，发展观光旅游农业已成为农村经济新的增长点。为科学有效地开发利用农业资源，促进农村经济发展，现就发展我市观光旅游农业的有关问题，提出如下意见。

一、指导思想、任务目标与原则

（一）指导思想：贯彻落实科学发展观，以农业资源综合开发利用和保护为基础，以提高经济和社会效益为中心，逐步把观光旅游农业培育成具有一定生机和活力的新兴产业，促进农村经济全面发展。

（二）任务目标：力争经过5—10年的努力，在旅游景区周围、交通干线两侧和主要农副产品生产基地，构筑起点、线、面相结合的全市观光旅游农业新格局；建立起一批不同特色、不同层次和规模，具有观光、休闲、体验和科普等多功能的观光旅游农业基地；通过发展观光旅游农业，进一步优化农村经济结构，增加农民收入，加快农村城镇化发展步伐。

（三）遵循原则：

1. 注重实效、循序渐进的原则。观光旅游农业是经济和社会发展到一定阶段的产物。各县（市）区要抓住机遇，因势利导，坚持速度、规模和效益的统一。近期，优先开发生产基地有规模、资源环境好和交通便利的观光旅游项目，积累经验，逐步展开。

2. 全面规划、突出特色的原则。各地要从实际出发，制定科学的发展观光旅游农业规划。要适应回归自然和观光休闲的心理，注重文化品位，突出地方特色，体现乡土风情，展示农业高科技成果。

3. 用市场机制开发建设的原则。发展观光旅游农业，项目建设、资金投入和经营管理要按照市场经济的要求，鼓励多种经济成分参与开发建设。

4. 开发与保护相结合的原则。发展观光旅游农业要正确处理资源开发和环境保护的关系，防止滥占耕地。加强环境保护，实现观光旅游农业与农村经济的协调发展。

二、区域布局与重点项目

全市发展观光旅游农业，按照由近及远，功能配套，点线面连接，依托农业资源，结合旅游景区建设的构思进行布局。

近期抓好以下重点项目：

（略）

三、几项政策措施

（一）观光旅游农业享受农业税收的有关政策。利用"四荒"资源兴建的项目，执行"四荒"开发的相关政策。

（二）加大对观光旅游农业建设项目的投入。观光旅游农业是农业发展和农民增收的新增长点。市、县（市）区要作为扶持的重点，分别列出专项资金，用于项目基础设施的扶持投入或贷款贴息，各级计委、农业、林业、水利、交通、供电、电信等部门，要根据职责分工，对市里规划建设的重点给予积极支持。

（三）搞好观光旅游农业的服务设施建设。景区建设是观光旅游农业的基础，必须高起点、高品位规划，高标准、高质量建设，并与农田水利、农村小城镇、旅游景区、农业科技园区以及农业结构调整结合起来。根据项目进展情况，适时开辟观光旅游专线，为市民出游提供方便。加强导游人员的业务培训，搞好餐饮、娱乐和住宿等服务业的配套项目建设，并尽快开发观光农业产品、生态旅游商品，不断丰富观光旅游农业的内涵。

以上意见如无不妥，请批转各县（市）、区及市各部门执行。

××市农业委员会

××××年1月6日

关于2005—2006学年度第一学期教学检查的实施意见

各系：

本学期教学检查将结合"校风建设活动月"的有关活动进行。为做好本次教学检查工作，特提出以下实施意见：

一、检查的主要内容

1. 各年级各专业理论教学、实践教学和教学管理的存在问题及对策。

2. 各专业教学计划的执行情况、教学进度、前后课程内容衔接的合理性、教学大纲的执行情况及效果。

3. 教师教学情况，包括教学态度、教学方法、教学效果、教案和批改作业等情况。

4. 实操、实验、实习课程的组织管理措施及效果。

5. 学生出勤、课堂纪律、晚自习纪律情况等。

二、检查时间

教学检查时间安排在第10周～第13周，即11月5日至12月2日。

三、检查方式

1. 根据新修订的《教学工作质量检查暂行办法》（以下简称《办法》）实施检查，教师教学质量检查继续采用教师（包括系、部、教研室）互相评议以及学生评议相结合的方式进行。学生评议部分采用《教师教学质量调查表》，并用计算机处理结果。希望各系根据《办法》的要求认真做好检查工作。

2. 开展教师互相听课和评教活动。

3. 各系分别召开教师和学生代表座谈会。

4. 学院教学督导对各系进行听课等形式的教学抽查。

5. 对教学质量调查结果不合格的教师（包括外聘专任教师），各系需采用适当的方式进行整改。

四、其他

1. 希望各系领导高度重视教学检查工作，认真做好工作部署。在组织学生进行教师教学质量调查时，应要求学生按调查表中各项指标逐一实事求是地评价。要求全体学生集中参加评估。

2. 请各系注意总结经验，对教学检查过程中发现的有关问题，尤其是学生反映的突出教学问题，须按"便教、利教、为教"的要求，积极、及时地进行整改。

3. 各系须在第 14 周把教学检查工作的有关情况和《系（部）教师教学情况综合评定表》报教务处和人保处。教学质量情况，将作为教师评先、晋级的重要依据之一。

4. 第 10～13 周旷课 10 节以上的学生统计表请各系交教务处。

5. 教学检查过程中如有新情况、新问题，请各系及时报告我处，对系教学检查的进展情况，教务处将进行抽查。

附件：教学工作质量考核暂行办法（略）

×× 大学学风督查中心
2014 年 10 月 3 日

知识聚焦

一、意见的概念

《条例》规定，意见"适用于对重要问题提出见解和处理办法"。

二、意见的种类

"意见"多用于下行文，也可用于上行文和平行文。

1. 上行性意见

这种意见主要是下级机关针对有关工作向上级机关提出的意见和建议，上级机关接到这种意见后应及时作出处理或给予答复。

2. 平行性意见

平行性意见用于平级之间或不相隶属机关就有关问题提出的意见和建议，

这种意见往往具有评估鉴定作用，供对方参考，没有强制实施性。

3. 下行性意见

下行性意见主要是上级机关针对相关问题向下级机关提出的见解和处理办法，可以根据其所涉及的内容分为规划性意见、实施意见、具体工作意见等。这种意见具有强制性、指导性，是上级机关对下级机关在工作的指导思想、原则，工作的思路、措施、办法等方面提出的要求或规范，下级机关对上级机关的意见要认真执行。

三、意见的写作要求

1. 标题

意见的标题有两种常见写法：

一种是由发文机关、主要内容和文种组成，如《教育部关于"十二五"期间高等学校设置工作的意见》。

另一种省略发文机关，由主要内容和文种组成，如《2011 年北京市进一步规范教育收费工作的意见》。

2. 正文

（1）开头部分

这部分主要写发文原由，包括发布意见的背景、根据、目的、意义等。

（2）主体部分

这一部分要把对重要问题的见解或处理办法一一写明。这部分是意见的核心，内容较多，因此需要理清思路，分出层次，或利用小标题，或采用分条分项的方式逐条阐明意见。

这部分的内容一般包括目标任务、实施要求、措施办法或者意见建议等。

（3）结尾部分

一般意见主体结束后全文就结束了。有的意见会在结尾强调执行要求，在正文最后写一段简练的文字予以说明。

任务演练

全面调查你所在的学院全体教职员工对我校完全学分制的意见，以你学院的名义向学校写一份建议性意见。完成初稿后每组派代表准备陈述汇报。

任务 14 议案

---------------- 范文举例 ----------------

山东省人民政府关于提请审议《山东省体育健身条例（草案）》的议案

山东省人民代表大会常务委员会：

为进一步促进体育健身活动的开展，增强公民体质，根据国家有关法律、法规，结合我省实际，省体育局、省法制办拟订了《山东省体育健身条例（草案）》。该《条例（草案）》业经省政府第 32 次常务会议通过，现提请审议。

山东省省长 韩寓群
2004 年 7 月 6 日

关于提请审议区生态建设规划的议案

区人大常委会：

《沙依巴克区生态区建设规划》经 2007 年 6 月 6 日第 31 次政府常务会议研究同意，现提请人大常委会审议，以便贯彻实施。

请予审议。

附件：沙依巴克区生态区建设规划（略）

区长：乌买尔江·买买提
2007 年 7 月 18 日

知识聚焦

一、议案的概念

《条例》规定："适用于各级人民政府按照法律程序向同级人民代表大会或者人民代表大会常务委员会提请审议事项。"

二、议案的种类

议案根据提请审议的内容不同，可以分为四类：

1. 提请审议批准的议案：这类议案是国务院向全国人大常委会提出的为请予批准已签订的国际条约而用的一种专项议等，如《国务院关于提请审议批准〈东南亚友好合作条约第三修改议定书〉的议案》、《国务院关于提请审议批准〈中华人民共和国和意大利共和国引渡条约〉的议案》。

2. 提请审议立法的议案：是指政府机构制定了某项法律或法规之后提请人大审议通过的议案，如：河北省人民政府关于提请审议《河北省地质勘查管理条例》、《河北省劳动力市场管理条例》、《河北省实施〈中华人民共和国消防法〉办法》等三件修正案（草案）的议案。

3. 提请审议事项的议案：这类议案常关系到政府对财政预算决算、城乡发展规划、重大工程上马以及政治、经济、文化、教育、科技、卫生等领域中的重大事项的决策。如：《关于提请审议区生态建设规划的议案》。

4. 提请审议人事任免的议案：行政机关向权力机关提请任命、免去或撤销行政机关工作人员职务，请求人民代表大会审议批准的议案，就是任免性议案。如《国务院关于提请××等同志职务任免的议案》。

三、议案的写作要求

1. 标题

议案的标题采用常规公文标题模式，有两种写法：

一是发文机关、事由加文种，如《××市人民政府关于提请审议〈××市乡镇企业条例〉的议案》；

二是省略发文机关，事由加文种，如《关于提请审议修改后的国务院机构改革方案的议案》。

事由部分在介词"关于"之后，需用"提请审议"或"提请"等字样。

2. 正文

议案正文包括提请审议的原由，提请审议的事项，提请审议的要求。

提请审议的原由包括提请审议的原因、意义、目的、依据等。

提请审议的事项指提出的要求具体审议的具体事项，可以是法律法规，也可以是具体事务。

提请审议的要求写得十分简洁，常用"现提请审议"、"请审议"、"提请×人大常委会予以审议"等结束全文。

任务演练

指出下列应用文的问题并作修改。

《关于修订公司章程的议案》

为了确保公司股东，特别是中小股东的合法权益，进一步完善公司法人治理结构，根据中国证券监督管理委员会和国务院国有资产监督管理委员会联合下发的证监发（2003）56号《关于规范上市公司与关联方资金往来及上市公司对外担保若干问题的通知》精神及相关的法律、法规及文件规定，决定对公司《章程》中的有关条款进行如下修订：

一、原公司章程第四条"公司英文名称 Kunming Department Store（Group）Co. Ltd."修改为："KUNMING SINOBRIGHT（GROUP）CO. LTD."。

二、原公司章程第十二条"公司的经营宗旨：坚持以市场为导向，以经营机制的转换为动力，以提高资产的运营效率和资金的使用效益为目标，一业为主，多种经营，积极开展投资，形成规模经济，实现多元化、集团化、国际化的方针；奉行信誉至上、用户至上的经营思想；坚持同股同权、同股同利、利益共享、风险共担的原则；采用科学的管理方法，高质量、高效益地从事经营活动，使股东获得满意的投资回报。"

修改为："根据国家法律、法规及其他有关规定，依照诚实信用、勤勉尽责的原则，推进公司规范运作，持续提升经营管理能力，不断增强盈利水平，为股东谋求最大利益。"

三、原公司章程第十三条："经公司登记机关核准，公司经营范围是：国内商业贸易及物资供销业、进出口贸易、珠宝玉石加工、饮食服务、仓储服务、交电、电工产品修理、美容美发服务、物业管理、住宿、游泳池、卡拉OK、歌舞厅、台球、保龄球、棋牌、蒸汽浴、健身、电子游戏、复印、传真、摄影服务（经营范围中涉及专项审批的按许可证经营）。"

修改为："经公司登记机关核准，公司经营范围是：进出口贸易、国内商业、物资供销业；（以下限子公司经营）房地产综合开发与经营、文化娱乐业、饮食服务、酒店业、制药、物业管理、停车服务（经营范围中涉及专项审批的按许可证经营）。"

四、原公司章程第二十一条"公司或公司的子公司"修改为"公司或公司的下属公司"。

五、原公司章程第三十三条"公司依据证券登记机构"修改为"公司依据中国证券登记结算有限责任公司深圳分公司"。

六、原公司章程第四十七条"董事会应当在会议召开三十日以前通知登记公司股东"修改为"董事会应当在会议召开三十日以前通知公司股东"。

七、原公司章程第五十四条第2款："提出召集会议的监事会或者股东在报经上市公司所在地的地方证券主管机关同意后。"

修改为："提出召集会议的监事会或者股东在报经公司所在地的中国证监会派出机构同意后。"

八、原公司章程第九十二条"独立董事的人数占董事会人数不少于二人"修改为"董事会成员中应当至少包括三分之一独立董事"。

九、原公司章程第一百零六条："公司的风险投资包括：股票、房地产、向其他行业投资、收购或兼并其他企业。对运用公司资产所作出的投资，董事会应当建立严格的审查和决策程序；运用占公司最近经审计的净资产10%以上的资金进行风险投资时，应当组织有关专家、专业人员进行评审，并报股东大会批准。"

修改为："公司的对外投资包括：证券投资、向其他行业投资、收购或兼并其他企业。董事会有权决定单笔或累计金额不超过3000万元的对外投资事项；单笔或累计金额超过3000万元的对外投资事项，须由董事会决议通过后报股东大会审议批准。"

十、增加第一百零七条公司对外提供担保应遵守以下规定：

1. 全体董事应当审慎对待和严格控制对外担保产生的债务风险，并对违规或失当的对外担保产生的损失承担连带责任。

2. 不得为本公司的控股股东、本公司持股 50% 以下的其他关联方、任何非法人单位或个人提供担保。

3. 不得直接或间接为资产负债率超过 70% 的被担保对象提供担保。

4. 董事会有权决定单笔或累计金额不超过 5000 万元的对外担保事项；单笔或累计金额超过 5000 万元的对外担保事项，须由董事会决议通过后报股东大会审议批准。

5. 董事会决定对外担保事项，须取得全体董事三分之二以上签署同意。

6. 公司对外担保必须要求对方提供反担保，且反担保的提供方应当具有实际承担能力。

7. 独立董事应当在年度报告中对公司累计和当期对外担保的情况，以及执行上述规定的情况进行专项说明，发表独立意见。

十一、原公司章程第一百一十三条："董事会每年至少召开两次会议，由董事长召集，于会议召开十日以前书面通知全体董事。"

修改为："董事会分为定期会议和临时会议。定期会议每年至少召开两次，由董事长召集，于会议召开十日以前书面通知全体董事。"

十二、原公司章程第一百一十四条："有下列情形之一的，董事会应在五个工作日内召集临时董事会议：1. 董事长认为必要时；2. 三名以上（含三名）董事联名提议时；3. 监事会提议时；4. 总裁提议时。"

修改为："有下列情形之一的，董事会应在五日内召集临时董事会议：1. 董事长认为有必要时；2. 三分之一以上董事联名提议时；3. 二分之一以上独立董事提议时；4. 监事会提议时；5. 总裁提议时。"

十三、原公司章程第一百一十三条"应在会议召开前五个工作日内"修改为"五日内"。

十四、原公司章程第一百四十九条："监事会会议应当由四名以上（含四名）的监事出席方可举行。监事会作出决议，必须经四名以上（含四名）的监事通过。"

修改为："监事会会议应当由二分之一以上监事出席方可举行。监事会作出决议，必须经二分之一以上的监事通过。"

十五、增加"第一百五十八条"公司弥补亏损的方式和程序：1. 用缴纳所得税前的利润弥补；2. 超过用所得税前利润弥补期限仍未补足的亏损，用公司税后利润弥补；3. 税后利润仍不足抵补时，用公司的盈余公积和资本公积弥补。

任务 15　纪要

———————————— 范文举例 ————————————

广东省第一次防火责任人会议纪要

（××××年7月8日）

广东省第一次防火责任人会议，于××××年7月7日至8日召开。会议由×××和×××同志主持。全省20个地级市和省直单位的防火责任人，各市公安局主管局长、消防支队长出席了会议。×××、×××同志作了重要讲话，劳动部劳动监察局负责同志作了局面发言。

会议认为，近年来我省防火责任制逐步得到了加强。全省大多数市、县、镇政府已任命防火责任人。各地认真贯彻"预防为主，防消结合"的原则，积极开展消防教育和消防专项检查、专项治理，加强消防安全管理规章制度和消防基础建设，落实消防安全措施，较好地防止和减少了火灾事故。

会议指出，当前我省火灾事故仍很严重，今年上半年，全省共发生火灾741次，死88人，伤118人，直接经济损失9714.8万元，与去年同期比，次数上升28.4%，受伤人数上升25.5%，直接经济损失上升64.6%。6月份上半月，平均每天发生一起特大火灾事故。火灾事故的主要原因是：一些单位特别是三资企业和个体经营者在生产和经营活动中忽视消防安全，管理松懈，对消防工作投入少，缺乏抗御火灾事故的能力；群众缺乏消防安全和自防自救知识；消防法制观念薄弱，有法不依、有章不循、执法不严、违法不究现象比较普遍；公共消防设施严重欠缺，消防经费紧缺，不能适应当前消防工作的要求。

会议强调，加强消防工作，防止或减少火灾事故，是各级政府的一项重要工作。当前要认真落实以下几项工作：

一、提高对消防安全的认识，增强消防工作的紧迫感。

消防安全是经济建设的重要保障。各级领导要认清我省消防严峻趋势，把消防工作摆上重要议事日程，以对人民高度负责的精神来抓消防工作，要进一步完善防火责任制，各级政府、各单位必须认真履行职责，要"为官一任，造福一方"，千方百计消除火灾隐患，确保人民生命财产安全；要一级抓一级，并定期向上级报告工作情况。今后发生火灾事故，首先要追查所在地防火责任人有没有尽职尽责。

二、认真落实消防基础建设，改善公共消防设施设备。

各地政府要重视消防基础建设，多渠道筹措经费，逐步增加对消防的投入，一是从城市维护费和城市市政管理费中提取5%作为消防经费；二是建设工程每平方米征收1至2元作为消防设施配套费；三是设立消防基金会，接受国内外热心于消防公益事业人士的捐赠。各地可以先进行第三者筹资试点，在此基础上省再制定具体的筹资办法。各级政府和城市规划部门要把消防设施建设列入城市整体建设规划，并予以落实。在2至3年内，各大、中城市公共消火栓的设置和消防供水的水压、水量要基本达到国家规范要求。各类开发区、工业区、生活小区以及各企业范围内的消火栓和消防供水，要按规范要求配置。

三、动员群众做好自防自救工作。

消防安全是全社会的共同责任，各级政府和有关部门要对群众进行消防宣传教育。消防安全不但要在企业中作为业务培训项目，而且要作为学校教学、家庭教育重要内容。各新闻单位要积极配合做好社会对各工厂企业管理人员和职工进行消防知识轮训。要积极发展民办消防力量，各大型企业、工业区、经济发达的乡镇，要尽快建立专职消防队伍，其他场所和单位也要根据实际情况建立专职消防队或义务消防队，配备必要的灭火装备。

四、加强消防法制建设，严格按照依法治理消防安全环境。

加强消防管理，必须做到有法可依，有法必依，使消防管理走上法制化、规范化轨道。今年以来，省政府先后颁布了《广东省消防管理处罚规定》、《广东省外商投资企业消防管理规定》，并即将颁布《广东省建设工程消防监督规定》，各地必须认真贯彻执行。发生火灾事故，要坚决按"三不放过"（即：事故原因分析不放过，事故责任者和群众没有受过教育不放过，没有防范措施不放过）的原则，严肃查处，对发生重大火灾的单位，要依法追究领导者的责任，决不姑息。

×××企业集团办公会议纪要
（××××年×月×日）

××××年 1 月 21 日下午，陈×总裁在总部主持召开了新年第一次总裁办公会议，确立今年企业集团的工作思路，布置了工作任务。参加会议的有各部门负责人。会议议定事项纪要如下：

一、企业集团今年的工作思路是："扶持和培育 10—15 家骨干企业；稳定 30 家左右中等企业；撤、并、停、转、重组一批小企业和困难企业"，减少企业集团下属子企业数量，促进有潜力的企业快速发展。会议要求集团总部各部门依据工作思路制订出今年的工作计划。

二、今年的工作重点是建立"三库"，即建立企业资产财务信息库、人力资源库和企业基本情况数据库。

三、今年要加强集团内部管理，强化服务意识，理顺工作程序，严格考勤考核工作，增强执行制度和各项规定的自觉性，树立企业集团的良好形象。

四、年初出台新的企业考核体系。对不同性质的企业出台不同的考核办法。

××××学院学生思想状况分析座谈会纪要

时间：××××年×月×日下午

地点：本院小会议室

主持人：主管政治思想教育工作副院长××

出席者：各系党总支书记、政治辅导员、班主任、学生会委员。

现将座谈会情况纪要如下：

一、××副院长传达了省教育厅领导关于要认真加强学生政治思想工作，注重分析当前学生的思想状况的讲话精神，其后，××副院长对学生思想状况作了分析，认为当前学生的思想状况总体是健康的，向上的，但也存在一些较突出的问题，如……（略）。

二、人文系党总支书记×××同志说：当前青年学生思想比较活跃，愿意思考问题，这确是学生的主流，但当前在部分学生中也存在比较严重的拜金主义、重技能轻理论、重实用轻人文的倾向。

三、××班党支部书记在汇报学生思想状况时，指出有些同学在思想上没有处理好学习与兼职的关系，严重影响了学习成绩。

四、经贸系政治辅导员×××同志谈到个别学生存在怕露贫而不愿申请经济困难补助的心理。

（略）

严厉打击制贩注水猪肉会议纪要

××××年4月3日下午，在市政府二会议室，向正副市长主持召开了严厉打击制贩注水猪肉的专题会议。参加会议的有：市政府副秘书长李有全、姜涛，市府财办、市技术监督局、市公安局、市工商局、市卫生局、市物价局、市畜牧食品局和市中级法院办公室的领导。现将会议议定事项纪要如下：

一、进一步提高认识，加强组织领导（注：复合型段旨句）。目前一些不法厂商在猪肉中注水，以牟取暴利，危害人民群众身心健康，损害农民和消费者利益，扰乱正常的市场秩序，破坏绵阳形象，我们要站在促进经济建设和对人民负责的高度来认识这个问题。（注：前面文字为对"提高认识"的展开；后面文字为对"加强组织领导"的展开。这种复合型段旨句，可概括为"A＋B＝A的展开＋B的展开"）市政府要尽快调整以市府财办、市技术监督局、市工商局、市畜牧食品局、市卫生局、市公安局等职能部门组成的市"整顿猪肉市场"领导小组；市府财办负责领导小组的日常工作。领导小组人员名单由市府财办拟制后，报市政府审定行文。

二、完善制度，规范行为（注：复合型段旨句）。责成市府财办牵头会同有关职能部门尽快制定可操作的具体管理办法。（仍然按"A＋B＝A的展开＋B的展开"）同意以市财办、市技术监督局、市工商局、市畜牧食品局、市卫生局和市公安局的名义联合发出打击制贩注水猪肉的通告。通告经市政府审定后冠以"经市人民政府同意"字样。

三、加大打击力度。由市府财办牵头组织有关部门，制订方案，抽调得力人员，组成联合行动组，于4月、5月、6月分别进行三次集中整治行动；查获一起，惩处一起。

四、加强宣传。市级各新闻单位应在近段时期内对通告广泛宣传，使群众知晓，形成社会氛围；与各有关职能部门做好衔接配合工作，对典型案件要顶住压力，坚决予以曝光，并进行跟踪报道；同时注意做好面上的宣教工作，努力提高全社会的质量意识和法律意识。

五、各级政府、各有关部门要将打击制贩注水猪肉工作纳入议事日程，加强信息交流，各尽其职，密切配合，务求将此项工作抓紧、抓实、抓出成效。

××省人民政府办公厅关于食糖储备工作会议纪要

××××年×月×日，省政府办公厅召集省经委、贸易厅、财政厅、工商银行研究了省级食糖储备问题。秘书长×××同志主持会议。参加会议的有×××、×××等同志。现将会议确定事项纪要如下：

一、当前食糖资源短缺，供应紧张，为保证我省市场消费和轻工食品生产正常进行，加强对食糖的调控能力，一致同意建立省级食糖储备制度。

二、省级食糖储备暂安排2吨，由省糖酒茶叶公司落实货源。

三、食糖储备资金6 000万元，由省糖酒茶叶公司自筹500万元，省工商银行贷款5 500万元，贷款指标近期予以安排。

四、储备费用年需730万元，由省财政厅和代储企业共同承担。其中，省财政拨付一部分资金作为铺底资金，周转使用。省级储备糖坚持全年储备和季节性更新相结合，销售差价部分先抵补储备费用，如有节余，除适当留给储备单位作留利外，主要用于充实储备资金；如出现亏损，先从基金中补贴，超过部分由省糖酒茶叶公司负担。

××省人民政府办公厅（印章）

××××年×月×日

知识聚焦

┃ 一、纪要的概念 ┃

《条例》规定，纪要（以往称"会议纪要"）"适用于记载会议主要情况和议定事项"。

纪要是根据会议的宗旨、议程、会议记录和会议活动情况等有关材料综合整理出来的公文。它既可以上传下达，又可以向平级机关发文，以起到交流沟通会议情况的作用。

纪要的发文有两种形式：一是在召开办公会议时使用本机关系统内部有固定版头直接印发的形式；二是涉及平行机关或不相隶属机关时，则需领导机关的办公部门以文件格式或函件格式通知转发。

二、纪要的种类

分类的依据不同，纪要的种类也不同。依据写作方法可将会议纪要分为发言摘要式会议纪要和综述式会议纪要两种。

1. 发言摘要式会议纪要

发言摘要式会议纪要就是把与会者的具有典型代表性的言论加以整理，提炼摘录出发言要点，再按发言顺序或按内容性质先后写出。这种写法能如实反映与会人员的意见和会议讨论的情况，适用于一些小型的茶话会、座谈会和研讨会等。

2. 综述式会议纪要

综述式会议纪要就是把会议的内容或议定事项，进行综合概括，分成若干部分，每个部分谈一个方面的内容；或把主体内容包括讨论的问题和议定的事项按主次一条条列出来，使其条理化，一目了然。这种写法适用于较复杂的工作会议或经验交流会等。

三、纪要的写作要求

纪要的格式包括标题、题注、正文等几个部分。不用主送单位，可不用落款，成文时间多写在标题下方。会议纪要不盖公章。

1. 标题

纪要一般是以会议的名义发出的，所以其标题是由会议名称和文种两种要素组成，具体有两种形式：

（1）单行标题，会议名称 + 文种，这种形式常用于以文件的形式发出的会议纪要，如《全国文物拍卖管理工作座谈会会议纪要》。

（2）双行标题，正标题 + 副标题，正标题概括会议内容，副标题写明会议的名称和文种，这种形式常用于以报刊形式发表的会议纪要，如《探讨新时期文学的发展——中国当代文学研究会第一次学术讨论会纪要》。

2. 题注

纪要的生效日期就是会议的召开日期，一般以题注的形式标注在标题的正下方居中的位置，并用小括号标注。也有出现在正文之后的。

3. 正文

纪要的正文一般由前言、主体和结尾三部分组成。

（1）前言部分

前言部分主要用来概述会议的基本情况。包括召开会议的时间、地点、会议名称、主持人、与会人员、会议主要议题等。让人们对会议有个总体的了解。

（2）主体部分

是会议纪要的核心部分，主要有两种不同写法：

发言摘要式。主要是将与会人员的重要的典型的发言要点摘录出来，然后以"××认为"、"××说"、"××强调"、"××指出"等形式按发言或内容的先后顺序予以表达。

综述式。就是将会议主要内容和议定的事项进行综合概括，分成若干部分，或按主次依次列出。一般以"会议听取"、"会议讨论"、"会议认为"、"会议指出"、"会议强调"、"会议决定"等惯用语统领每个部分。有时也在每个部分前依次加上序号。

4. 结尾

一般写法是提出号召和希望。但要根据会议的内容和纪要的要求，有的是以会议名义向本地区或本系统发出号召，要求广大干部认真贯彻执行会议精神，夺取新的胜利；有的是突出强调贯彻落实会议精神的关键问题，指出核心问题；有的是对会议做出简要评价，结合提出希望要求。有的会议纪要也可以没有结尾。

--- 任务演练 ---

1. 病文修改。

《××××学会会议纪要》

时间：××××年×月××日

参加人员：常务副会长×××，副会长×××、×××、×××，办公室主任×××、副主任×××，活动中心主任××。

会议内容：

一、确定了学会的办公地点。根据××××年×月××日会议决定，×××、×××同志对学会办公地点进行了考察，经过比较，认为ＸＸ大学办公条件优越，适合作学会的办公地点。会议决定，从即日起××××学会迁到××大学，挂牌办公。通信地址：××市××区×××路××号。联系电话：××××××××。

二、学会与××大学商定，由××大学给学会提供办公室、办公桌椅、电话和必要的办公费用。利用××大学的教学条件，双方共同组织举办秘书培训班等。

三、增补了学会副会长。为便于开展工作，建议增补××为学会副会长，负责学会的后勤保障和日常管理，先开展工作，以后提请×月份常务理事会确认。

四、制定了今年的活动计划。（略）

××××学会

××××年××月××日

2. 试以所在班一次应用写作课为内容依据，写一份纪要。

3. 谈谈纪要与合议记录的区别。

任务 16 命令

---- 范文举例 ----

中华人民共和国主席令
第九号

《中华人民共和国环境保护法》已由中华人民共和国第十二届全国人民代表大会常务委员会第八次会议于 2014 年 4 月 24 日修订通过，现将修订后的《中华人民共和国环境保护法》公布，自 2015 年 1 月 1 日起施行。

中华人民共和国主席 习近平
2014 年 4 月 24 日

中华人民共和国国务院令
第 607 号

《国务院关于修改〈中华人民共和国对外合作开采海洋石油资源条例〉的决定》已经 2011 年 9 月 21 日国务院第 173 次常务会议通过，现予公布，自 2011 年 11 月 1 日起施行。

总理 温家宝
2011 年 9 月 30 日

广东省人民政府关于查禁公路上三乱行为的命令

为进一步贯彻国务院关于禁止在公路上乱设站卡乱罚款乱收费的通知精神，维护群众、企业合法权益，保障公路安全畅通，特发布命令如下：

一、各级人民政府应按照《国务院关于禁止在公路上乱设站卡乱罚款乱收费的通知》（国发〔1994〕41号）和省人民政府转发此文的通知（粤府〔1994〕112号）规定，采取坚决措施制止本辖区内在公路上乱设站卡、乱罚款、乱收费的行为。

二、省直有关部门应由主管领导负责，对照国家、省的有关法规，坚决制止本系统内在公路上乱设站卡、乱罚款、乱收费的行为，对违规在公路上搞三乱活动的单位，主管机关应予及时纠正。

三、省人民政府授权"广东省人民政府查禁公路三乱督察队"对各地区、各部门治理公路三乱情况进行不定期的监督检查，对经省人民政府批准设立的检查站、征费稽查站和收费站进行监督，发现三乱案件要及时查处。

四、各市人民政府要在辖区内的国道上设立三乱投诉举报站，接受司机、群众的投诉、举报，及时处理涉及公路三乱的有关案件。各地公安、交通、监察、工商部门要积极配合。

以上命令，请立即贯彻执行。

广东省人民政府
1995年1月24日

嘉奖令

郎政秘〔2011〕69号

各乡镇人民政府，县政府各部门、各直属机构：

2011年5月27日，县公安局经缜密侦查，调动百余名警力，在新发镇一举摧毁一特大赌博犯罪团伙，当场抓获涉赌人员73人，依法扣押赌资人民币50余万元、涉案车辆17台，收缴赌具、对讲机等作案工具，为维护全县社会治安稳定做出了积极贡献。

此案的成功破获，是继全县公安机关"冬季禁赌"专项行动侦破"2·28"专案等案件后，再次开展"深化打击赌博违法犯罪'百日行动'"取得的又一重大战果，有力震慑了赌博违法犯罪分子的嚣张气焰，维护了社会安定，充分体现了公安队伍团结协作、克难攻坚、善打硬仗的能力。为激励先进，鼓舞斗志，县政府决定，给予县公安局通令嘉奖，并奖励10万元。

希望全县公安民警再接再厉，扎实工作，更好地担负起维护我县社会政治稳定和社会治安秩序的重任，为"平安郎溪"建设再创佳绩，为我县经济社会发展再立新功。全县上下要以县公安局为榜样，锐意进取，勇攀高峰，为促进我县经济社会又好又快发展作出新的更大贡献。

郎溪县人民政府

2011 年 6 月 2 日

知识聚焦

一、命令的概念

《条例》规定，命令（令）"适用于公布行政法规和规章、宣布施行重大强制性措施、批准授予和晋升衔级、嘉奖有关单位和人员"。

二、命令的种类

据《条例》，命令（令）可以分为发布令、行政令、嘉奖令。

1. 发布令。发布令是依照有关法律公布行政法规和规章的命令。发布令的发文字号不同于一般行政公文的发文字号，不以年度编号，而是用流水号。

国务院和地方政府定的法规规章都可以用命令（令）发布。如 2011 年 6 月 10 日中华人民共和国民政部令（第 42 号）就发布了《民政部规范性文件制定与审查办法》，2011 年 6 月 29 日中华人民共和国人力资源和社会保障部令（第 14 号）就发布了《社会保险个人权益记录管理办法》。

2. 行政令。这是采取重大强制性行政措施时使用的令文。如《广东省人民政府关于查禁公路上三乱行为的命令》。

3. 嘉奖令。这是上级对下级授予荣誉称号，晋升衔级、表彰奖励时使用的令文。嘉奖令是奖励的最高级别，用于奖励贡献突出的个人或集体。如《国务院、中央军委关于授予钱学森同志"国家杰出贡献科学家"荣誉称号的命令》。

三、命令的写作要求

1. 标题

命令（令）的标题有三种构成形式：

一是由发令机关名称、主要内容、文种构成。如《河北省人民政府关于刘劲松等同志的任免令》、《广东省人民政府关于查禁公路上三乱行为的命令》。

二是由发令机关名称或发令人身份加文种组成。如《中华人民共和国主席令》、《广州市人民政府令》。

三是单由文种构成。如《嘉奖令》。

2. 正文

（1）发布令

发布令正文由颁布对象、颁布根据、颁布决定、执行要求四个部分组成。

颁布对象，指所公布的法规文件的名称；颁布根据，说明是经过什么会议通过或由什么领导机关批准的；颁布决定，即公布或批准的决定，一般有"现予颁布（公布、发布）"、"现予公布施行"等；执行要求，一般指公布的法规文件开始生效实施的时间要求。

（2）行政令

行政令的正文一般分为三部分，命令原由、命令事项和执行要求。

命令原由部分着重阐明发令原因、目的和意义。命令事项是命令的主体部分，也就是命令所要采取的重大的强制性措施。分条款或分层次地写明规定事项、工作要求、方法步骤。

执行要求一般写施行时间，或对命令事项进行补充，对受令方面提出要求和嘱咐。

（3）嘉奖令

嘉奖令的正文一般包括三个部分：嘉奖的原由、嘉奖事项、号召和希望。

嘉奖的原由是构成嘉奖令的依据和基础，主要写被嘉奖对象的英雄模范事迹及其性质和意义。

嘉奖项目是嘉奖令的主要内容。要交代是什么机构或什么会议决定给予嘉奖，嘉奖的名称，即授予什么荣誉称号或奖励等。

最后要根据嘉奖对象的事迹，扼要地写出对受奖者的勉励和对大家的希望。

3. 印章和成文日期

发布令要由政府首长签署，签署领导人的职务和姓名。成文日期一般为会议通过日期。发布日期、会议通过日期、发布的法规生效日期不一致时，要分别标明。

任务演练

上网查找最新的命令范文，谈谈命令的发文机关的级别限制及其适用范围。

模块二

事务文书

任务1 求职信

―――――――――― 范文举例 ――――――――――

求职信（一）

尊敬的领导：

您好！

首先，真诚地感谢您从百忙之中抽出时间看我的自荐信。我叫王强，是××大学的毕业生，所学专业是电子商务。在校期间学到了许多专业知识，如电子商务实务模拟、网页制作、网站建设、物流管理基础、网络营销等，能熟练操作计算机办公软件。

一分耕耘、一分收获。我先后三次获得市"三好学生"和"优秀学生干部"等荣誉称号，计算机通过二级。现在我渴望能到贵公司工作，使所学的理论知识与实践有机地结合，能够使自己的人生有一个质的飞跃。选择公司，工资和待遇不是我考虑的首要条件，我更重视公司的整体形象、管理方式、员工的士气和工作气氛。我相信贵公司正是我所追求的理想目标。

真诚地感谢您能阅读我的求职信，祝贵公司事业蒸蒸日上！

此致

敬礼！

王强

2015 年 3 月 11 日

联系电话：××××××××

手机：×××××××××

【点评】这是一份简明的自荐信。开头介绍了自己的个人信息和专业特长，接着表明自身的成绩和求职意愿，最后附上客气的问候与祝福。情辞恳切，若配上详细的个人简历，相信能如愿以偿。

求职信（二）

尊敬的领导：

您好！我在应届毕业生网看到贵公司的招聘广告，我对其中的收银（营业员）工作很感兴趣，凭借着自己几年的工作积累，我相信自己能够胜任此职。

简单地向您介绍一些我的情况：高中毕业后，我南下来到深圳打工。几年来，我先后在深圳的一些贸易公司从事过收银、营业员及文员工作，收银员（营业员）的工作最为长久，也积累了一些工作经验。几年的工作历程，培养了我坚忍不拔、迎难而上的工作热情，更重要的是，这些实际工作经验丰富了我的知识储备，提高了我的实践能力，使我在面对类似工作时有信心、有勇气做得更好！

在工作之余，我也一直不放松对自己的要求，力争跟得上时代发展的每一个新动向，我用了大量时间学习电脑知识、贸易知识等，我相信，这一切，都是为明天的发展作准备，我更相信，自己已经准备好，随时都可以出发，我会更加努力地完善自己，在工作的旅途中获得更多的收获、领略更美的风光！

除了收银员（营业员）工作，我也能胜任文员的工作。您可以多一种选择，我也相信自己能让您多一种发现。"良禽择木而栖"，在人尽其才的今天，我渴望到重视人才、注重实干的公司发挥自己的作用，希望能以我所学、尽我所能，为贵公司的繁荣和发展贡献自己的微薄之力。希望能得到一个和您面谈的机会，我会倍感荣幸、倍加珍惜。

静候佳音！谨祝贵公司事业蒸蒸日上！

求职人：×××

2011 年 10 月 5 日

联系电话：××××××××

手机：×××××××××××

知识聚焦

一、求职信的概念

求职信是求职者向用人单位自荐谋求职位的书信，是求职者以书面形式向有关单位举荐自己，提出供职请求和愿望，希望得到任用的一种专用书信。求职信分自荐信和应聘信两种。

二、求职信的写作要求

1. 标题。在首页上方居中大字书写"求职信"，要求醒目、简洁、庄重。

2. 称呼。求职信的称呼与一般书信不同，书写时须正规些，如果写给国家机关或事业单位的人事部门负责人，可用"尊敬的××处（司）长"称呼；如果是"三资"企业首脑，则用"尊敬的××董事长（总经理）先生"称呼；如果是各企业厂长经理，则可称之为"尊敬的××厂长（经理）"；如果写给院校人事处负责人或校长，可称"尊敬的××教授（校长、老师)"。

3. 正文。正文是求职信的中心部分，说明求职信息的来源、应聘职位、个人基本情况、工作成绩等事项。

首先，写出信息来源渠道，表达求职意愿。如"昨日阅毕《××日报》，获悉贵公司招聘会计三名。我毕业于××财经学院会计专业，自觉对于此项工作尚能胜任，故大胆投函应征"。

其次，介绍个人基本情况，如：你具备的教育资历、工作经验、参加过的有关社会活动、个人兴趣和爱好等。注意突出自己的重要成绩、特长、优势，借以阐明你对该公司的特殊价值 。

4. 结尾。表达想得到工作的强烈愿望，希望用人单位能给予考虑和答复，以恳切的方式请求安排面谈。如"希望领导给我一次面试的机会"、"盼望答复"、"恭候佳音"等。一般还需写上祝语"此致，敬礼"。还需认真写明自己的详细通讯地址、邮政编码和联系电话。

5. 署名。按照中国人的习惯，直接签上自己的名字即可。

6. 日期。写在署名下方，应用阿拉伯数字书写年、月、日。

7. 附件。求职信一般要求和相关佐证材料（如学历学位证、职称证、获奖证书、身份证等的复印件）一同寄出，并在正文左下方注明。

任务演练

1. 根据自己的专业，为自己制作一份求职信。分组进行讨论修改后，模拟求职面试，并全程录像，通过比较分析，选出求职成功者，总结经验。求职信参考要求：①规范务实；②富有创意；③文字优美。

2. 病文修改。

求职信

尊敬的公司总经理先生阁下左右：

十年寒窗，春华秋实。在下乃是××大学中文系的小小才子，我不能向您出示任何一位权威人士的举荐信为自己谋求职位，数年寒窗苦读所掌握的知识和技能是本人唯一可立足的基石。今天从贵公司的人事主管处得知，贵公司因扩展业务，各部门需要招兵买马，所以自我推荐。

在校期间，我不仅系统地完成了中文专业的所有课程，而且还利用业余时间学习了计算机文字处理技术和操作。为了适应社会需要，我还参加了英文系高年级选修课程的选修并取得优异成绩，可以完成较复杂的口译和笔译。此外，我还曾担任学生会宣传干事，且获得学校第四届辩论赛三等奖和散文征文二等奖，具有较强的口头表达能力和写作能力。

贵公司需要一名翻译吗？贵公司需要一名秘书吗？贵公司需要一名公关人员吗？贵公司需要一名电脑操作员吗？我的要求不高，但最好年薪不低于5万元。我以前的单位各方面都不错的，就是工资少了点。所以我决定投奔贵公司，还望您识才收纳在下，我会感激不尽并奉献终身于贵公司的。

如果需要，我很乐意接受实际操作考试和面试。盼望您的回音。

顺祝愉快！

求职人：××

2011 年 5 月 20 日

任务 2 营销策划案

范文举例

白加黑感冒药营销策划案

一、感冒药行业分析

1. 感冒药的市场容量

国家统计部门的相关资料显示，全国约75%的人每年至少患一次感冒，这意味着每年全国大约有近10亿人至少需要服用一次感冒药物，按照80%的患者平均每次用药10~20元来计算，则意味着国内感冒药的潜在市场空间有80~200亿元。以上估算尚未考虑重复服用的情况。而且，我国人口老龄化趋势的加快，城镇居民收入的快速增加，基本医疗保险制度和医疗体制的改革，人们自我保健意识的增强，都会促进感冒药市场的快速发展。从目前实际容量和潜在容量的对比来看，感冒药无疑具有巨大的发展空间。

2. 感冒药的市场规模

据资料显示，2001年中国感冒药的市场销售额为15亿元，2002年的市场实际销售额为18亿元，年增长率为20%，2003年的市场实际销售额超过25亿元，2006年的市场实际销售额超40亿元，实际年增长率超过20%，所以综合以上数据及市场走势，预计以后几年中国的感冒药市场的实际市场规模在50~100亿元之间。

3. 感冒药的市场特征

第一，具有非常明显的季节波动性。引发感冒的原因是着凉或流感病毒传染，而这两方面的原因都具有显著的季节性。冬春季节天气寒冷，容易着凉，春季由于气候湿润、温度适宜是流感肆虐的季节。所以感冒药往往是温度较低的冬春季节销售较多，而温度较高的夏秋季节则主要是风热感冒。

第二，在感冒药的产品市场销售排行中，含西药成分的品牌占主导地位，其次是中西药结合，最后才是纯中药制剂。由于西药成分中的乙酰氨基酚等能迅速解除感冒所引发的一系列症状，因此，西药与中西药结合制剂要比纯中药制剂略胜一筹。

第三，在感冒药生产企业所占的市场份额中，合资、外资企业生产的感冒药占中国感冒药市场份额的65%，而国内企业则占35%，这一现象可称之为"外强内弱"。

综上可知：白加黑作为西药速效感冒药有很大的市场，而且感冒药的市场规模和市场容量都很大，但要在众多的药品中脱颖而出除有优良的产品外还要有正确、系统的营销策略。

二、白加黑产品分析

白加黑的中文名称是氨酚伪麻美芬片Ⅱ／氨麻苯美片，生产企业是拜耳医药保健有限公司启东分公司。

1. 产品功能：适用于缓解普通感冒及流行性感冒引起的发热、头痛、四肢酸痛、打喷嚏、流鼻涕、鼻塞、咳嗽、咽痛等症状。

2. 产品最突出特点：

白天所服片剂，内含对乙酰氨基酚、盐酸伪麻黄碱、氢溴酸右美沙芬，具有解热镇痛、收缩血管、止咳作用，能迅速消除主要感冒症状，且绝无嗜睡副作用，服药后可以正常工作和学习；

晚上所服片剂，加入盐酸苯海拉明，抗过敏作用更强，能进一步减轻由于感冒引起的各种不适，能使患者更好地休息。

3. 产品质量：白加黑严格的质量体系和高于国标的质量指标，保证绝对领先的质量。

4. 产品价格：每盒12片包装的零售价定为13.20元，符合消费者心理价位。

5. 外包装和药片色彩：白加黑采取了别具一格的做法，把白天所服片剂做成白色，夜服的为黑色，用黑白两色制作包装外盒，并在相应颜色的位置上分别清楚地写着：白天服白片，不瞌睡；晚上服黑片，睡得香。这给人很强的视觉冲击，一目了然。

三、白加黑的 SWOT 分析

1. 优势 S：白加黑组成成分中不含 PPA，服用安全；对上呼吸道黏膜血管的选择性较强，对全身血管以及心率血压的影响很小；属于非麻醉性中枢性镇咳药，镇咳作用强，但无成瘾性；国内第一次采用日夜分开给药的方法，白天黑夜服用组方成分不同的制剂。"快速治疗"、"不含 PPA"、"抗病毒"、"白天不嗜睡"、"全面呵护"等感冒药治疗特点的调查表明，各主要品牌感冒药在消费者心目中已经形成自己独特的形象。白加黑以上述优点获广大消费者认同。在感冒药调查中，白加黑的品牌提及度位列第一，获得较高的市场忠诚。

2. 劣势 W：有一定的刺激作用，应当严格按照说明来使用，否则易出现不良反应，每天服用白片与黑片的总量不宜超过 8 片，每次服用间隔不宜小于 6 小时。不可超过推荐剂量，若超过剂量，可能出现头晕、嗜睡或精神症状。夜用片用药期间可能引起头晕、嗜睡。

3. 机会 O：市场潜力巨大，资料显示，2006 年的市场实际销售额超 40 亿元，实际年增长率超过 20%，预计以后几年中国的感冒药市场的实际市场规模在 50～100 亿元之间。白加黑作为西药感冒药市场空间巨大，在治疗感冒的药物中，主导市场的就是化学药。化学药品起效快、作用持久，对于急性感冒患者来说，化学药的治疗作用是中药难以替代的。

4. 威胁 T：市场竞争大，根据 2006 年 5 月 8 日《中国医药报》发布的八大城市感冒药药店销售调查显示：

感冒药具体产品销售情况表：

8 个被调查城市中销售金额和销售数量排名分别占前 10 位的产品

产品名称	金额排名	产品名称	数量排名
日夜百服宁	8.9%	一力感冒清胶囊	3.2%
泰诺感冒片	7.6%	日夜百服宁	3.1%
新康泰克	7.5%	白加黑	3.0%
白加黑	5.8%	白云山板蓝根颗粒	2.9%
吴太感康	4.5%	福牌克感敏片	2.8%
999 感冒灵	3.7%	泰诺感冒片	2.6%
同仁堂感冒清热颗粒	2.8%	新康泰克	2.4%

（续表）

产品名称	金额排名	产品名称	数量排名
快克	2.0%	双吉感冒通片	2.2%
海王银得菲	1.9%	999 感冒灵	2.1%
泰诺感冒咳嗽液	1.6%	百灵鸟 VC 银翘片	2.1%
其他	53.9%	其他	73.5%

数据来源：IMS-URC2005 年感冒药零售监测数据

监测城市：北京、上海、广州、杭州、武汉、成都、沈阳、南京等 8 城市

从 8 个被调查城市感冒药的销售金额来看，排名前 10 位的感冒药均为知名品牌，如"日夜百服宁"、"泰诺感冒片"和"新康泰克"等；而从销售数量来看，排名前 10 位的产品中出现了一些低价、常规的感冒药，如"白云山板蓝根颗粒"、"双吉感冒通片"、"百灵鸟 VC 银翘片"等。从销售金额的集中度来看，排名前 5 位的感冒药销售金额份额占近 35%，而排名前 10 位产品的份额超过 45%，可谓集中度相当高。从销售数量与销售金额的集中度来看，知名感冒药的价格偏高。感冒药市场品牌集中度较高。

四、消费者分析

1. 消费者基本特征：在购买感冒药上不受职业、收入限制，目标受众广泛。部分消费者将感冒药作为家庭常备药品。

2. 影响消费者购买决策的主要因素：药品的包装情况、消费者的年龄、企业的促销活动、广告宣传等成为影响消费者购买决定的最主要因素。其次是：

（1）产品功效：产品功效是消费者选择产品时的第一考虑因素，因为对于感冒药来说，消费者在购买它时目的很明确——为解除某些症状或预防某些疾病。

（2）口碑传播：如果消费者身边的亲友有服用经验并稍作推荐，其对购买决策的影响是所有广告宣传所无法企及的。

（3）广告宣传：广告宣传是消费者认知产品的重要途径，并对消费者的购买行为有着极其重要的引导作用，特别是对于儿童类药品的广告引导，效果相当明显。

3. 感冒药的消费特征：

第一，随意性。由于大多数消费者知道感冒即使不治疗也会在一周内康复，因此，消费者在确认自己感冒以后，只有 55% 的消费者会即时购买感冒

药，而45%的消费者则会根据自己症状的严重程度，选择在第2天或第3天购买，如果在第3天出现转机的话，有10%的消费者表示不会购买。所以，从以上数据看来，感冒药的消费具有一定的随意性。

第二，速效性。由于消费者要求感冒药能迅速消除其症状，使其能够从鼻塞、咳嗽、头痛等痛苦中解脱出来，所以，在消费者眼里，好的感冒药是迅速治标而不是治本。消费者追求感冒药的速效性使得纯中药制剂与西药制剂竞争时多了一道坎。

第三，品牌倾向性。消费者在购买感冒药时，一般会倾向于选择知名度高，有较大影响力的名牌产品，而很少选择低知名度的品牌产品。但在这一点上有一个例外，就是那些采用通用名命名的产品。

第四，非自主性。消费者由于对医药产品知识的缺乏，在购买决策上受广告、医生建议、亲朋好友的建议和其他外部因素的影响，在消费上呈现一定的非自主性。

据调查分析，感冒药为家庭常备药，消费者更愿意购买小剂量、保质期长、易存放包装的产品。因此，医药企业应根据消费者的需求专门生产小剂量、保质期长、易存放包装的产品。

西药起效快、服用方便、便于携带，因而较受生活节奏快、注重速度和效率的青年人的喜爱；中老年人更相信中成药的毒副作用小、疗效独特、治标又治本。中老年人倾向于购买药价低于10元的中成药，而青年人则受药品广告的影响较大。

目前在激烈的市场竞争中，感冒类药品品牌繁多，消费者可选择的余地很大。白加黑医药企业的目标消费者就是25～45岁的城市上班族，白天工作繁忙，需要缓解感冒症状而且不能有嗜睡反应；晚上需要好好休息，以便白天有充沛的精力。

五、竞争对手分析

据调查资料显示，目前在中国市场上销售的感冒药有：泰诺、感康、新康泰克、康必得、快克、正源丹、日夜百服宁、必理通、新速达感冒片、幸福伤风素、乐信感冒灵、力克舒等，共二十多个品种。

按价格水平来分：价格在10元以下的药品，销量占感冒药总销售量的62%，销售额是总销售额的28%；价格在10～15元的药品占总销售量的33%，总销售额的64%；价格在15～40元的感冒药占总销售额的8%。

按企业性质来分：合资、外资品牌有泰诺、新康泰克、日夜百服宁等共

16 种，其销售额、销售量分别占感冒药市场销售额、销售量的 61%、75%；国产品牌主要有感康、感冒通等 8 种，其销售额、销售量分别占感冒药市场销售额、销售量的 39%、25%。

按所含成分性质来分：西药有新康泰克、泰诺、日夜百服宁等 20 种，占感冒药品种总数的 79%，中药有双黄连口服液、板蓝根冲剂等 6 种，占感冒药品种总数的 21%。

近几年中国感冒药市场销售前 5 位的产品如下：

第一位：感康

优势：①长期积累的品牌优势；②较好的渠道；③口碑效应

第二位：日夜百服宁

优势：①医院、药店双渠道畅顺；②有固定消费群体；③品牌效应

第三位：板蓝根颗粒（抗病毒口服液）

优势：①纯中药制剂；②非典后遗效应；③部分厂家的产品已形成品牌

第四位：泰诺感冒片

优势：①已经形成的品牌效应；②良好的疗效；③忠实消费群体的形成

第五位：双黄连口服液

优势：①纯中药制剂；②黄连有较好的抑菌作用

白加黑作为国产西药，针对市场上的抗感冒药配方陈旧、服后易打瞌睡等不足，在国内第一次采取日夜分开的给药方式。广告词"消除感冒，日夜分明"、"白天吃白片不瞌睡，晚上吃黑片睡得香"，这一差异化的产品创新使其在抗感冒药的激烈竞争中获得成功。至此白加黑就和感冒药紧紧地联系在了一起。白加黑上市仅仅半年，"白加黑，治感冒"就变得路人皆知，家喻户晓，销量占据了西药感冒药市场的 16%。为了提升"白加黑"的品牌价值，进一步提高市场占有率和市场份额，使消费者重新看待这个他们早已熟知的品牌，要制定新的市场广告策略、渠道战略等。

六、白加黑广告策略

从调查中可以看出，国产品牌的市场占有率远远低于合资品牌的市场占有率，国产品牌的数量也远远少于合资品牌的数量。从产品成分上分析，产品的内在差异性并不大，国内企业与合资企业的差距主要在竞争观念和市场运作水平上，国内企业急需提高的是营销水平，因为 OTC 市场不同于处方药市场，在产品包装、价格制定、通路选择、广告促销上都有其本身的特点。合资企业在以上方面普遍要比国内企业做得早、做得好。

所以各医药企业纷纷加大广告投入，利用广告对消费者进行狂轰滥炸，提高品牌知名度，从而最终影响消费者的购买决定。广告对人们的影响是不言而喻的。

1. 广告投放策略

广告创意仍是"白加黑"这一品牌的重中之重。"白加黑"的广告创意，一句"白天服白片不瞌睡，晚上服黑片睡得香"的广告语，获得广告界专家的一致赞许，以极强的冲击力，震撼广大感冒患者的心灵。所以此次仍以此广告创意为基点，以"白加黑的力量，黑白分明更有效"为此次广告诉求。

主要还是以是影视广告为主，其次是报纸广告、平面广告等，都以主题简洁，明晰为主。

2. 配套宣传品的设计

所有配套宣传品，包括 POP、消费者服务手册、宣传单页、柜台展示牌、宣传条幅等全部围绕"白加黑的力量"展开，务必"集中所有的元素传播同一个声音"。

3. 终端维护

（1）在每一个零售终端的销售中，感冒药的销售额及购买频率都是较高的。感冒药虽然售价不高，但累积的销售额却不容忽视，而且持续稳定。

（2）终端店员的推荐对消费者的购买决策影响较大。广告仅仅使得消费者知道了产品，出色的广告甚至可以引起消费者的购买兴趣，但是店员推荐、卖场陈列在促使消费者做出最终购买决策上显然更有影响力。

因而，终端维护将是影响我们的销售业绩至关重要的一环。为此我们采取了一些积极的终端维护手段。

七、促销实施

大多数消费者在购买感冒药时易受广告宣传的影响。好的广告创意、精美的广告制作、高播放频率是提高品牌知名度的有效方法，但通路促销在促使消费者购买方面起的作用更大。

市场推广工作将一、二、三级城市作为了重点战区。

（1）店堂气氛。药品陈列规范而醒目。药店门口可悬挂条幅，醒目打出"白加黑的力量"之独特理念。POP 张贴务求在最显眼的位置，离地高度以 1.5～1.7 米为好。

（2）集中店员进行专门培训，发放礼品。这样店员可以很好地回答消费者的疑问，让这一理念更加深入人心，并广为传播。

（3）尽最大限度让利于经销商，在允许的范围内，尽可能让利于终端销售点，这可当作广告费，共同创造出一个与众不同的感冒药品牌。

（4）可选择在大型零售点门前举行趣味有奖问答活动，以寓教于乐的方式将"白加黑的力量"的新概念传播给消费者。

（5）散发有奖问卷。以问卷为名，传播"白加黑的力量"的理念。凡填了问卷，交回指定零售点的消费者可获得小礼品，以一种主动沟通、谦虚求教的方式向消费者传播信息，收效大，成本低且形象好。

（6）铺货要足量，否则，一旦缺失，消费者一般不会寻找第二家药店，而是转为购买其他品牌的。

（7）增加终端促销费用，实施终端拦截方案。

八、营销实施计划

1. 执行与控制措施

（1）影视作品、报纸广告内容由宣传部完成并发布；

（2）采购部准备好所有活动所需物品；

（3）各药店市场部选取一名具有药品展业知识的主持人，主持活动期间现场活动的问答；

（4）督查部负责卖场所有活动的监督工作，保证工作顺利进行；

（5）做好网络广告提交各大网站运营商，并监督广告的执行度。

2. 经费预算（单位：元）

（1）传单：2000×0.5；

（2）宣传画：30×3.0；

（3）POP药盒：8×10；

（4）报纸广告：$2 \times 2 \times 1000$；

（5）促销员费用（主持人与现场促销员）：$1 \times 15 \times 100 + 3 \times 15 \times 50$；

（6）礼品准备费：2500；

（7）网络广告费：2000；

（8）促销品折算：2275；

（9）影视投放：50000。

合计：65695元。

3. 注意事项

（1）在推广现场若出现问题，应时通知负责人，及时解决；

（2）顾客产生疑问时，及时解答，让顾客感到放心和满意；

（3）若宣传不到位，广告无法传递给消费者时，可以采用发放宣传单页的形式进行补救；

（4）现场安全要维护好，当顾客与顾客之间产生矛盾时，双方应及时沟通；

（5）严格选取促销员，避免促销员与顾客产生矛盾。

总结：作为感冒药，白加黑的成功不仅仅体现在广告方面，同时依赖于它的产品的差异能够让消费者更好地记住产品、使用产品。在这个基础上进一步加大宣传力度，提升品牌形象。

此次营销活动，通过广告策划和促销，使白加黑的品牌价值提高，品牌形象提升，为企业带来更大的收益。此外，加强了与消费者之间的沟通，便于了解消费者，发现并解决药品在制作及销售中存在的问题，为进一步完善药品，更贴近消费者服务埋下基础，提升了消费者的满意度和忠诚度。

知识聚焦

一、营销策划案的概念

营销策划案是指企业对市场营销过程中的各步骤、各环节与各种不同营销的活动进行策划的文书。策划的目的在于使企业本身、企业的产品或服务能很快被潜在的消费者认识、了解、接受，并使消费者最终购买。

二、营销策划案的结构

营销策划案通常包括以下部分：

（一）内容概要

（二）当前营销状况

（三）风险与机会

（四）营销目标

（五）营销战略

（六）行动方案

（七）营销预算

（八）营销控制

但具体内容可根据产品个性增减，不必求备，也不必严格按上列顺序写。

三、营销策划案的写作要求

1. 论据要充分，例证丰富且源于充分的市场调研，用数字和事实说话。

2. 适当运用必要的图表和注释，语言表述严谨、科学、专业，深入浅出。

3. 营销战略和行动方案从事实和实践中自然得出，应具备可行性，切忌空谈，不接地气。

任务演练

1. 选择自己感兴趣的商品，制作一份营销策划案。要求：认真规范；论据充分；方案可行。

2. 病文修改。

营销方案

一、现状

市场调研结果显示：广州快餐市场需求仍有很大空间。传统的街区和郊区市场已不能满足需要。如机场、火车站、办公大楼、学校等人口密集点需求更旺。

二、问题与机会

我公司面临的问题主要有：

（1）通过现场试验发现，客户对我公司准备推出的早餐快送评价不高。

（2）据反馈，早餐快送品种单一。

（3）据说，送外卖的销售员有时迟到，有的嫌网点太分散而不愿意送。

当然，我公司也有一些机会。例如：

（1）消费者很中意我们的面包，价廉物美。

（2）微信广告效果明显，订餐数量显著多了。

（3）新进员工积极性高。

三、营销目标与行动方案

计划今年的营销额要突破 1 千万人民币。为达到这一目标，我们要采用的主要行动是：

（1）每月举行一次促销活动。价格打 8 折。

（2）加大广告宣传，大量招聘派单人员。

（3）增加形象大使露面的次数。

四、营销策略

（1）思想动员，积累正能量。定期举办公司大会，进行集体主义教育。

（2）尝试投入媒体广告，抽出利润的 6% 用作广告费。

（3）扩大中餐投放量，主要针对上班族和外出务工人员。

任务3　商务谈判方案

───── **范文举例** ─────

汽轮机转子毛坯延迟交货索赔的谈判方案

一、前言

三个月前我公司曾经购买某公司的汽轮机转子毛坯，但该公司却未按合同规定按时交货，打算通过谈判解决汽轮机转子毛坯延迟交货索赔问题，并要求对方尽早交货，维护双方长期合作关系。

二、谈判主题

解决汽轮机转子毛坯延迟交货索赔问题，维护双方长期合作关系。

三、谈判目标

1. 战略目标：

体面、务实地解决此次索赔问题，重在减小损失，并维护双方长期合作关系。

2. 索赔目标：

报价：赔款400万美元

交货期：两个月后，即11月

技术支持：要求对方派一技术顾问小组到我公司提供技术指导

优惠待遇：在同等条件下优先供货

价格目标：为弥补我方损失，向对方提出单价降5%的要求

3. 期望目标：

赔款：200万美元

交货期：三个月后，即 12 月

价格目标：如对方交货期能在两个月内，可按原单价购买；在三个月内，向对方提出单价降 3% 的要求

4. 底线：

获得对方象征性赔款，使对方承认错误，挽回我公司的名誉损失；尽快交货以减小我方损失；对方与我方长期合作。

四、谈判程序

第一阶段：开局

第二阶段：就赔款、交货期、价格等展开洽谈

第三阶段：商定合同条文

五、日程安排（进度）

9 月 5 日上午 9：00—9：30 为第一阶段；上午 9：30—12：00、下午 3：00—6：00 为第二阶段；晚上 7：00—9：00 为第三阶段。

六、谈判地点

第一、二阶段的谈判安排在公司十三楼洽谈室。第三阶段的谈判安排在××饭店二楼咖啡厅。

七、谈判具体策略

开局：

方案一：感情交流式开局策略。通过谈及双方合作情况形成感情上的共鸣，把对方引入较融洽的谈判气氛中。

方案二：采取进攻式开局策略。营造低调谈判气氛，强硬地指出对方因延迟交货给我方带来巨大损失，开出 450 万美元的罚款，以制造心理优势，使我方处于主动地位。

对方提出有关罢工属于不可抗力的规定拒绝赔偿的对策：

1. 借题发挥的策略：认真听取对方陈述，抓住对方问题点，进行攻击、突破；

2. 法律与事实相结合原则：提出我方法律依据，并对罢工事件进行剖析，对其进行反驳。

最后谈判阶段：

1. 把握底线：适时运用折中调和策略，严格把握最后让步的幅度，在适宜的时机提出最终报价，使用最后通牒策略。

2. 埋下契机：在谈判中形成一体化谈判，以期建立长期合作关系。

3. 达成协议：明确最终谈判结果，出示会议记录和合同范本，请对方确认，并确定正式签订合同时间。

索赔谈判小组
2014 年 4 月

—————— 知识聚焦 ——————

一、商务谈判方案的概念

商务谈判方案实际上就是谈判计划，是在谈判之前，根据谈判的目的和要求预先拟定出谈判具体内容与步骤的文书。

商务谈判活动能否达到预期的目的，不仅要看谈判桌上有关策略和技巧的运用发挥如何，还有赖于谈判前的准备工作，只有认真做好谈判前的准备工作，才能使谈判活动取得预期的效果。

二、商务谈判方案的结构内容

1. 标题：一般由事由及文种构成。

2. 前言：简要写明谈判的总体设想、原则及谈判的主要内容或谈判对象的情况。

3. 正文：

（1）商务谈判的主题

（2）商务谈判的目标

（3）商务谈判的程序

（4）商务谈判的策略

4. 落款：写明谈判小组和日期。

三、商务谈判方案的写作要求

1. 谈判主题：商务谈判的主要目标或目的。目的就是要追求最佳利益目标。

2. 谈判目标：是在谈判的目的确定以后，确定谈判的各个具体目标。如技术要求、交易条件、价格等。

3. 谈判策略：指选择能够达到或者实现谈判目的的基本途径及方法。它直接影响谈判目标的实现程度，要高度重视。

4. 谈判程序：也称谈判议程，包括谈判的时间、地点、谈判方法及日程安排等。谈判程序确定得好，协商洽谈的效率就高，反之，则会影响洽谈的结果。

任务演练

请结合自身专业和经历，写一篇购销谈判方案。

任务4　经济合同

———— 范文举例 ————

买卖合同

订立合同双方

供方：深圳市电机厂，住深圳市书院路21号

需方：新一佳百货商场，住岳阳市金鄂路5号

根据《中华人民共和国合同法》及有关规定，为明确供方和需方的权利和义务，经双方协商一致，签订本合同。

一、产品名称：金璐牌电冰箱。

二、产品数量：500台。

三、单价：2400元。

四、货款总额：壹佰贰拾万元整。

五、产品质量：按2006年国家颁布标准执行。

六、交货日期：2008年11月1日全部交清。

七、交货地点：岳阳市火车南站。

八、交货办法：铁路托运，由供方负责办理，运费由供方支付，途中损失由供方承担。

九、付款方式：银行转账。2008年11月1日一次付清。延误一天，需方向供方交付相当于货款总额5%的滞纳金。

十、产品验收：需方销售后，由需方技术人员跟踪抽查，如发现确因原

产品质量问题，供方负责保修或更换，其所需费用由供方承担。

十一、违约责任：供方误期十五天交货，按每台原价 10% 赔偿，误期一个月交货，按每台原价 20% 赔偿。需方中途减少购买台数或全部退货，供方按每台原价 60% 退款。

十二、解决争议方法：本合同执行中如果双方发生争议，按照国家有关规定解决。

十三、本合同未尽事宜，由双方另行商定。

十四、本合同正本一式两份，双方各执一份；合同副本两份，送各自的主管部门备案。

供方（盖章）	需方（盖章）
法定代表人：刘×	法定代表人：王××
委托代理人：李××	委托代理人：何××
开户银行：××工商银行××支行	开户银行：××工商银行××支行
账号：×××××××	账号：×××××××××
电话：××××××××	电话：×××××××××
传真：×××—×××××××××	传真：×××—××××××××
邮编：×××××	邮编：×××××
签约地点：深圳市××饭店	
签约时间：2011 年 1 月 10 日	

知识聚焦

一、经济合同的概念

《合同法》规定，合同是平等主体的自然人、法人，其他组织之间设立、变更、终止民事权利义务关系的协议。

合同的签订方可以是单位与单位、单位与个人或个人与个人，合同关系是一种法律关系，具有强制性质，一经签订，各方当事人都要严格遵守，认真执行，不能单方面修改或废止。

二、经济合同的写作要求

经济合同必须包括以下基本要素：标的、数量、质量、价款或酬金、履行期限、地点和方式、违约责任、解决争议的办法。

标的：双方当事人权利义务共同指向的对象。如：保管合同的标的是物，运输合同的标的是行为，技术转让合同的标的是智力成果。

数量：指衡量合同当事人权利义务大小的尺度，通常用数字和计量单位来表示。

质量：包括规格、性能、款式、标准、材质等。

价款或者酬金：价款是取得标的物应当支付的代价，酬金是获得服务应当支付的代价。

履行期限、地点和方式：指履行合同的时间限度、交付标的物的方式、支付价款的方式等。

违约责任：承担违约责任的主要方式有支付违约金、赔偿损失。

解决争议的办法：当事人关于解决争议的程序、方法等的约定。

──────── **任务演练** ────────

王小姐是一名下岗职工，与邻居张太太交谈中透露出想租房开办一所幼儿园。正巧张太太有两套闲置住房，愿意租赁给王小姐，经协商，拟签订一份三年期合同，月租 2000 元。请你为其代写一份合同。

任务5 起诉状

—— 范文举例 ——

案情简介

原告季×中系一台湾商人。被告季×球系原告去台时留在大陆的儿子。1980年代，原告开始返乡探亲。期间多次汇款给被告。被告生活因此得以改善。进入1990年代，原告开始产生投资大陆的想法并先后五次以自带或托人转交等方式交给被告资金折合人民币共计70余万元。被告遂得以在泰和购置一处房产经营旅店餐饮业。被告并将房产登记在自己名下。此后，被告便对原告不予理睬，双方关系日益恶化。

原告不得不于2001年9月19日起诉至岳阳楼区人民法院，要求被告返还财产。

民事起诉状

原告：季×中，男，80岁，汉族，住台湾省台北县××路××号×楼

被告：季×球，男，51岁，汉族，住××市××商城××号×招待所

请求事项：

1. 被告立即返还侵占的房屋（价值五十万人民币）。

2. 责令被告将房屋出租所得租金返还给我。

事实与理由：

我与被告系父子关系，新中国成立前我去了台湾，被告系我在大陆的长子，我在台湾成家后有育四子，均在台湾工厂做工人。两岸通往来后，我自1980年起陆续回乡探亲，大陆长子季×球对我百依百顺，十分孝顺，令我非

常感动。大陆改革开放后，特别是进入90年代，因大陆房价低，工资低，社会治安好吸引了很多台商涌入大陆投资。我在台湾因投资股票失利便也萌生大陆投资念头，加之大陆又有亲生儿子为帮手，可代理商务，于是下决心在大陆投资，此想法得到被告赞同。于是自1980年以来，我与台湾四子节衣缩食，辛勤打工劳作，将全部积蓄陆续交给被告投资大陆商务，共计交给被告美金、人民币、黄金、物品折合人民币7万元。被告用这些钱先是在××县开设一个拍卖行，经营不善关闭。后在××市××商城购买商业门面房屋，开办××招待所。待房屋买好装修完毕，我的钱全部投入后，被告便对我改变了态度，从不将经营情况向我通报，也未给我一分一文投资回报。被告用我的血汗钱买了房屋后也不好好经营，大肆挥霍，包养情妇，以致情妇之夫写信辱骂我，威胁、恐吓我全家，使我承受极大的精神痛苦。我见状多次苦口婆心规劝，但无济于事。由于相隔遥远，我年事已高，行动不便，无法亲自管理过问××招待所经营，后来被告将房屋出租一直到今，租金他收取后，也分文未给。我多次索要，被告执意不给。今年9月，我再次来市委托律师调查方知，1996年季××将我投资购买的房屋办了他名下的房产证，竟擅自将我投资购买的房屋据为己有，出租牟利至今。至此，我的大陆投资梦彻底破灭。我与台湾四子的积蓄竟被被告挥霍，侵占一空，我台湾并不富裕的工人家庭遭受倾家荡产的灭顶之灾。

　　上述事实，有0051号房产证、汇款单，被告季×球的亲笔信、任××信件以及张××、白××、郑××等证人证言为证。我认为，被告接受我的委托代理我大陆商务，理应认真经营，为我创造财富，使我获得投资收益。可被告却无心经营，大肆挥霍我全家的血汗钱，包养情妇，更有甚者，瞒着我将我投资购买的房屋所有权侵占，出租牟利，使我风烛残年遭受经济上、感情上致命的打击。根据大陆的对台政策，台胞在"大陆"的合法财产应当受到"大陆"法律的保护。根据《民法通则》第七十五条、《合同法》第四十条之规定，被告在接受我委托代为处理商务时侵占我的合法财产，并牟取利益归自己所有，系违法行为，并严重侵犯了我的合法权益。为此，我特诉诸贵院，以求要回我养老活命的血汗钱。

具状人：季×中

2011年9月19日

　　附件：1. 本状副本一份。

　　　　　2. 房产证复印件一份，汇款单复印件×份，信件×份。

―――――――――― **知识聚焦** ――――――――――

▌一、起诉状的概念 ▌

起诉状是指原告依据事实和法律向人民法院提起诉讼而写的书面材料，简称"诉状"，俗称"状子"或"状纸"。

▌二、起诉状的种类 ▌

起诉状分为民事起诉状、刑事自诉状、刑事附带民事诉状、行政起诉状四类。

▌三、起诉状的格式 ▌

1. 首部
（1）标题
（2）当事人的基本情况
2. 正文
（1）诉讼请求
（2）事实与理由
（3）证据表述
3. 尾部

▌四、起诉状的写作要求 ▌

一份好的诉状，应该做到"以事动人"、"以理服人"、"以情感人"。在写法上，应当是寓观点和情理于叙事中，让事实具有感染力，具有不可辩驳的力量，对于不同的案件，不同的事实，采取不同的表达方式。常用的方法有：

第一，以纠纷发生、发展的时间为顺序，突出中心写。

第二，采用综合归纳的方法，围绕纠纷的原因和焦点来写。

在起诉状的写作中，要求做到：

第一，边叙述事实边列举证据。

第二，要以事实为根据，以法律为准绳。

第三，先事实，后理由。

第四，人称要一致。

任务演练

---

1. 参照下列案例，写一份起诉状。

（1）全班同学按座次安排分成 A、B 两大组。

（2）每大组 3~4 人为一小组，可自由组合。比赛哪组写得最快，哪组写得最好。

（3）材料提供：案情如下。

（4）要求：

①30 分钟内完成；

②完成后小组成员集体修改或小组间互改；

③上台展示。

可爱的小明刚刚 3 岁，但是脸上的一些疤痕让妈妈很心疼，事情发生在 2005 年冬季，那天小明跑到邻居家玩结果被狗给咬了，孩子被狗咬破了脸，吃东西都吃不了就喝点奶。街对面就是邻居家，两家的孩子平常总在一起玩，那天小明跑过去玩的时候碰巧邻居家的大人都不在家。为了给孩子治伤，小明的妈妈花了将近 1 万块钱，更让她担心的是留在脸上的疤太难看了，小明的妈妈担心因此影响孩子未来找工作、找对象。

但是当小明的妈妈向邻居交涉经济赔偿问题的时候，邻居的说法却出人意料。邻居说他家没有养狗，咬伤小明的是条误闯进家的野狗，但是小明的家人却说邻居在说谎。邻居家确实是养狗的。小明的妈妈还说孩子受伤以后邻居家马上就拿出了 700 块钱给孩子看病，这说明他们已经认可了是狗的主人的事实，而邻居却认为他们这是道义上的支持。邻居到底是不是狗的主人的问题让两家争执了起来，而出事之后咬人的狗很快就找不到了。邻居承认自家养过狗，在这次"野狗"咬到那个娃儿的一年前就已经死了。街坊们对于狗是不是邻居家的也说不清楚，而小明的妈妈认为退一步讲不管是谁的狗毕竟是在邻居家咬了孩子。邻居也觉得冤枉，小明的家长为什么不看护好孩子呢？小明没交给他们看管，他们没有监护小明不被狗咬的能力。

两家协商无果，2007 年 4 月小明的家长状告邻居要求对方赔偿各项损失共计 2.6 万多元，两个月之后重庆市荣昌县法院作出了一审判决，邻居家承担 70% 的责任，赔偿小明家 1.8 万元。根据我国《民法通则》第 127 条的规定，动物饲养人饲养的动物造成他人损害的，动物饲养人或者管理人应当承担民事责任。不管这只狗是家狗还是野狗，既然在被告的房内，被告就应当承担管理责任，但是鉴于该案的原告（小明）在受伤时未满 3 周岁，其（小明）监护人未尽到监护责任，对损害的发生也存在过错。小明的邻居不服一审判决提起了上诉，最终重庆市中级人民法院维持了原判。

2. 综合演练

（1）根据下列材料，分别编写民事起诉状和民事答辩状。

原告：李海健、陈乐风、王燕珍、陈翠静、肖洁英、龄华、李永祥、李杏桃。

被告：××市羊城旅游公司。地址：××市人民南路 56 号。

2003 年 1 月，被告××市××旅游公司在《××日报》上刊登了新春南岳衡山四日游的广告，并在其所办的旅游刊物上称，此种旅游参观的主要景点有 8 个：南岳大庙、磨镜台、福严寺、忠烈祠、藏经殿、南天门、祝融峰、回雁峰。同月，原告 9 人利用春节休假时间，各自交付旅游服务费人民币 460 元，参加了被告组织的南岳衡山赏雪四日游旅游团，并于同月 23 日乘火车从××出发赴衡山，24 日凌晨 4 时许到达衡山银苑宾馆。

到达后，被告的导游李某（无导游证书）将原告中除李杏桃以外的男女 8 人混合安排在该宾馆同一房间休息。在 24 日、25 日的游览活动中，因天下大雪，被告只安排原告 9 人游览了南岳大庙、福严寺和忠烈祠 3 个景点，其余未安排，且未在游览出发前告诉原告 9 人。旅游团游览活动结束后，被告的导游未随团同行返穗，由原告 9 人自行返回。原告 9 人返穗后，认为被告违反旅游合同，造成其经济、精神损失，曾两次到被告处要求赔偿和赔礼道歉。被告除表示赔礼道歉外，不同意赔偿原告 9 人所要求的赔偿数额。据此，原告 9 人以上述理由起诉到××市××区人民法院，要求被告无偿重新安排游览未游的 5 个景点，否则，应退回全程旅游费；被告应登报向原告赔礼道歉，并赔偿精神损失费共 200 元；赔偿重游 5 个景点的误工费共 800 元（不明确的事项以"××"表示）。

（2）下面是一例案情和根据案情所写的一份起诉状，请根据所学知识来

分析该起诉状存在的问题并修改。（提示：从基本格式、诉讼请求、事实理由、文字表达等方面入手）

案情：

2004 年 1 月 21 日，岳阳市民何某来到一酒店就餐。由于酒店地面洒了些油水，在走近餐桌的过程中，何某不慎摔倒。造成左脚踝关节骨折，遂起纠纷。双方就赔偿事宜争执不清。何某遂起诉至法院。

起诉状

岳阳楼区人民法院：

我叫何××，今年 35 岁。今年 1 月 21 日，我应朋友之邀，到××大酒店去吃饭，结果因餐馆地面泼有许多油水，导致我上桌时摔了一跤，摔成骨折。而酒店方却拒绝赔偿我的医药费。我实在无法忍受，于是只好用打官司的方式来解决问题。请人民法院做主，判决××酒店赔偿我的全部医药费。

此致

敬礼！

何××

2004 年 5 月 2 日

任务6 主持词

范文举例

（一）20××年元旦文艺晚会主持词

（开头语）

尊敬的各位领导，各位来宾：

合：大家晚上好！

男：新年的钟声即将敲响，时光的车轮又留下了一道深深的印痕。伴随着冬日里温暖的阳光，满怀着喜悦的心情，20××新年如约而至。

女：新年拉近了我们成长的距离，新年染红了我们快乐的生活。

男：新年让我们截取下了四季的片段。

女：20××年是中科精密仪器股份公司成立的关键年，战略调整、品牌运营、团队锤炼、服务营销……我们一同走来，无论是成功的喜悦，还是痛苦的泪水，我们都认真铭记，因为我们是中科人！

男：当我们跨过时间的门槛，我们走向春天的怀抱！

女：迎着崭新的一年，我们走向新的辉煌和创造！

……（串联语略）

……

（结束语）

男：快乐的时光总是如此短暂，我们无法阻拦时间的流逝，但我们可以主宰自己的心情。

女：衷心的祝福却是永远陪伴，妍丽的鲜花祝您节日愉快；闪动的烛光祝您平安如意。

男：愿我们的祝福如朵朵小花开放在温馨的季节里，为你点缀欢乐四溢的佳节。

女：愿你以微笑迎接青春的岁月和火一般的年华。

男：在这里，有我们对生活的激情，

女：在这里，有我们对未来的渴望。

男：告别今天，我们将站在新的起点，

女：展望明天，我们将用奋斗塑造更加壮美的七彩画卷。

男：我们用有力的臂膀，助公司展翅飞翔，

女：我们用炽热的豪情，让江城凯歌嘹亮。

男：因为，我们相信，公司的发展会更好，江城的明天会更好！

女：今天的文艺表演到此结束，再次祝大家，

合：新年快乐，万事如意，心想事成！

（二）

女：尊敬的各位领导、各位来宾，

男：亲爱的老师、同学们，

合：你们好！

女：踏着《蒹葭》的节拍，我们从《诗经》中徐徐走来。

男：一路经历了唐诗、宋词和元曲，我们徜徉在诗的国度，享受着诗歌的激情和浪漫。

女：诗歌是明眸中的亮点，诗歌是心灵天空的繁星，

男：诗歌是跳动的音符，诗歌是理想世界的阳光。

女：今天，正值七月盛暑，就让我们正是诗意年龄的大学生，

合：挥洒青春激情，放飞人生理想。

男：衷心希望我们这次诗歌朗诵会，能够给各位带来丝丝凉风，能够给各位送来款款深情。

女：让我们在欣赏美、品味美的同时给大家留下美好的夏日回忆！

知识聚焦

▎一、主持词的概念▎

主持词是主持人用于说明活动主旨，引导、推动活动展开，串联和衔接前后内容，总结和概括活动情况的文稿。

▎二、主持词的种类▎

主持词分活动主持词和会议主持词两大类。

▎三、主持词的写作要求▎

1. 主持词开场白

开门见山，直接入题。

情景交融，以情入题。

委婉曲折，含蓄入题。

幽默风趣，以笑入题。

2. 主持词结束语

归结式：提纲挈领、恰如其分地归纳总结。

评议式：对节目作精辟的评价和议论。

鼓动式：结合活动内容说一些鼓舞人心的话语。

启发式：从活动内容引出意深旨远的问题，启发听众思考。

任务演练

---

1. 指出下列主持词的问题并修改。

各位同学：

我们班这次联欢晚会不仅得到其他班级同学的密切关注，同时也得到学院领导的高度重视。现在，我荣幸地向大家介绍参加我们本次联欢晚会的特邀嘉宾，他们是——有学校"民歌王子"之称的电子电器班的周晖同学和我校校长陈大为先生。请大家热烈鼓掌欢迎。下面，让我们有请我们的"民歌王子"为我们放歌一曲，然后我们再请陈校长为我们讲几句……

2. 根据情景提示，写主持词。要求：

（1）小组分工快速布置模拟会场；

（2）各组派代表模拟致词；

（3）师生一起评点。

情景 1　元旦节快到了，为了使班上同学一起度过这个有意义的节日，刘远所在的班委会决定举行一个庆祝元旦的晚会，很多人都想当这个主持人。为了找到合适的主持，班主任宣布，谁的主持词写得好，这个工作就属于谁。假设你是这个班级的一员，请你撰写一份元旦晚会主持词。

情景 2　为了参加湖南省大学生主持人比赛，为了选拔合适的主持人才，2008 年 10 月 10 日，××学院拟举行"礼仪主持人大赛"选拔赛，请你撰写主持词。

任务7 毕业论文

———— 范文举例 ————

广东省科技金融资源配置效率实证研究
——基于主成分分析法的分析
郑敏微

摘要：针对广东省科技资源配置不合理导致科技投入产出比例低等问题，结合广东省科技金融投入和科技活动产出数据，利用主成分分析法对数据指标进行降维，提取综合性指标，分别构建科技金融投入指标体系和科技产出指标体系，实证分析广东省21个城市科技金融资源的配置效率，在此基础上通过区域分类分析综合评价广东省21个城市的科技投入的经济效果，得出了珠三角地区科技资源配置效率高、西翼和东翼地区基本处于中等、粤北地区配置效率低的结论。广东科技金融的进一步发展，需重视科技投入、有效提高科技创新能力、注重人才培养与创新。

关键词：科技资源配置；科技金融；主成分分析；科技投入；科技产出；广东省

Abstract

About Guangdong Science and Technology for low input-output ratio, irrational allocation efficiency of science and technology resources and other problems, based on the data of the investment of science technology and finance and the output of technology about Guangdong Province, the index system of the investment of science technology and finance and the index system of output of technology were constructed by Principal Component Analysis, it can reduce the dimension of the index, extract comprehensive index. Further, through regional classification analysis, the effect of the configuration of science and technology funds of 21 cities in Guangdong Province were evaluated comprehensively, including Pearl River Delta region of high scientific and technological resources allocation efficiency, the West and the East region basically in the middle, and lower allocation efficiency in northern Guangdong. Finally, providing some suggestion for Guangdong science technology and finance's development, it should optimize the allocation of science and technology funds rationally, pay attention to innovation technology and finance and personnel training finance.

Key words: scientific and technological resources allocation; science technology and finance; principal component analysis; investment of science technology; output of technology; Guangdong Province

一、引言

(一) 研究背景

当前,广东经济正处在结构调整与转型升级的新的历史时期,也正处于由金融大省向金融强省转变的关键阶段,而科技作为第一生产力,无疑是广东省推动经济转型升级的重要力量之一。促进科技和金融紧密结合,是培育扶持科技型企业、建设创新型省份的重要保障,是金融服务实体经济、助推经济转型升级的有效途径。在重视科技金融、发展科技、加大科技活动投入的同时,却容易忽视科技产出的效果。因此,针对科技投入产出比例低、科技资源配置效率低等问题,通过建立数学模型对科技金融资源的配置效率进行实证研究,进一步为广东省科技体制改革、科技经费优化配置提供政策依据,从而更好地促进广东科技金融健康快速发展。

(二) 研究意义

一是运用科学的数学分析方法建立科技金融评估发展体系,对广东省科技金融资源配置效率进行评估,使之更具科学性和实用性。

二是研究科技金融资源配置问题,对了解广东省科技金融投入与科技活动产出现状、优化科技资源配置、提高科技投入使用效益、发展科技金融、深化科技金融体制改革、完善财政预算决策和管理具有积极推动作用。

综上所述,通过建立模型研究广东省科技金融资源配置效率,对更好发展广东省科技金融具有着重要现实意义。

（三）国内相关研究

目前，对广东省科技金融资源配置效率的实证研究主要集中在以下两个方面。

一是对广东省科技金融绩效的评价。骆世广和李华民（2012）采取非负独立成分分析方法对科技的金融投入和科技产出指标进行约减获得数据集，以考查近年来广东省科技金融绩效，为广东省科技金融发展提供决策参考。李华民和刘芬华（2015）等人运用数据包络分析（DEA）模型构建了科技金融绩效评价指标体系，从信用体系、融资机制、对接机制、服务环境4个方面提出了广东省科技金融发展的现实差距及发展空间，进而提出了关于推进广东省科技金融发展的政策导引。

二是对科技资源优化配置的研究。罗珊（2008）构建了广东省科技资源配置效率评价模型，并采用SPSS软件的聚类分析方法对相关数据进行分析和处理，对广东省的科技资源配置状况进行评价，并提出了优化广东省科技资源配置的建议。

根据有关文献的研究，本文主要在模型和方法上进行改进，在借鉴以往数学模型的基础上，分别建立科技金融投入指标体系和科技产出指标体系，研究科技金融投入与科技产出之间的关系。考虑到设计的数据指标较多，而主成分分析法（Principal Component Analysis, PCA），通过将相关性较强的指标进行降维处理，得到互不相关但能反映原有指标主要信息的综合指标，从而建立较优的模型。因此，主要通过主成分分析法建立科技金融资源投入指标体系和科技活动产出指标体系，并以广东省21个城市为研究对象，分区域进行综合分析，对广东省科技金融资源配置进行实证研究。

（四）研究内容及其技术路线图

1. 研究内容

第一部分阐述了本文的研究背景、研究目的及研究意义，介绍国内相关研究的内容和研究步骤，提出本文所采用的研究方法及研究技术路线图；第二部分阐述科技金融的定义及广东省科技金融的发展概况；第三部分简述主成分分析的原理及其步骤，建立广东省科技金融投入指标体系和科技产出指标体系；第四部分利用广东省科技金融资源评估体系对广东省21个城市进行科技金融资源配置效率评估，进一步采用区域分类做出综合评价；第五部分根据21个城市科技金融资源配置效率的情况，提出发展广东省科技金融的政策建议。

2. 研究的技术路线图

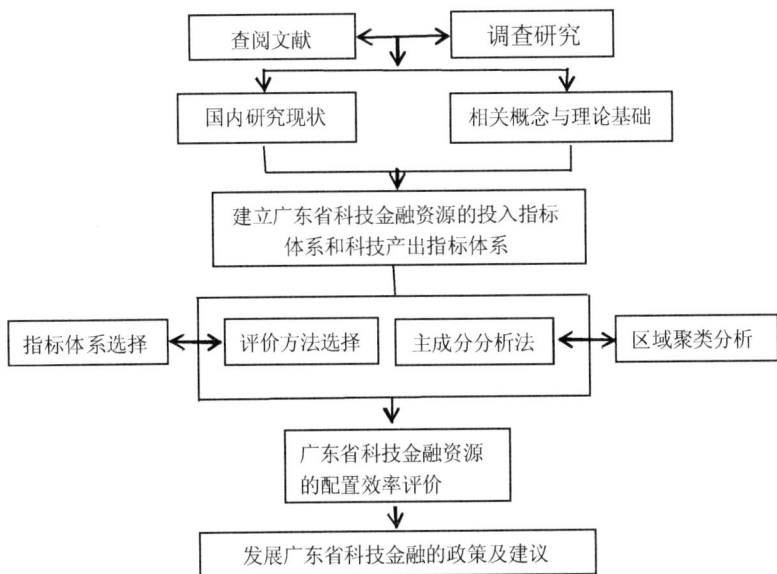

```
┌─────────────┐         ┌─────────────┐
│  查阅文献    │ ◄─────► │  调查研究    │
└─────────────┘         └─────────────┘
      │                       │
      ▼                       ▼
┌─────────────┐         ┌─────────────────┐
│ 国内研究现状 │         │ 相关概念与理论基础│
└─────────────┘         └─────────────────┘
              │         │
              ▼         ▼
    ┌───────────────────────────┐
    │ 建立广东省科技金融资源的投入指标│
    │   体系和科技产出指标体系     │
    └───────────────────────────┘
                │
                ▼
┌──────────┐ ┌──────────┐ ┌──────────┐ ┌──────────┐
│指标体系选择│◄►│评价方法选择│ │主成分分析法│◄►│区域聚类分析│
└──────────┘ └──────────┘ └──────────┘ └──────────┘
                │
                ▼
        ┌─────────────────┐
        │ 广东省科技金融资源 │
        │  的配置效率评价   │
        └─────────────────┘
                │
                ▼
        ┌─────────────────┐
        │发展广东省科技金融的政策及建议│
        └─────────────────┘
```

图 1　研究路径图

二、广东省科技金融发展概况

（一）科技金融的概念界定

科技金融属于产业金融的范畴，主要是指科技产业与金融产业的融合。目前，各界包括网络对科技金融还没有一个权威的统一定义，我们趋向于这样一种理解：科技金融是促进科技开发、成果转化和高新技术产业发展的一系列金融工具、金融制度、金融政策与金融服务的系统性、创新性安排，是由向科学与技术创新活动提供金融资源的政府、企业、市场、社会中介机构等各种主体及其在科技创新融资过程中的行为活动共同组成的一个体系。其中，政府是科技金融体系中特殊的参与主体，是科技金融市场的引导者和调控者，科技金融的发展离不开政府的引导。

（二）广东省科技金融概况

科技金融工作主要是通过引导银行等金融机构对企业科技发展以及创业进行投资，为科技型企业提供融资服务等。近年来，广东省大力促进科技与金融的相结合，通过发挥科技主管部门的组织协调和合作银行的融资优势，建立科技与金融互利互动的工作机制，搭建科技与金融结合的协作平台（例如广东省科技金融综合服务中心），为科技型中小企业发展提供融资渠道，缓解科技型企业的融资难题。广东省出台了一系列措施旨在推动科技金融的结合，形式主要有整合民间科技资本、投资设立科技园区、调整专项科技资金投入方式、搭建企业与金融机构的合作平台等。具体包括以下三方面：

一是产品和服务相结合，以创新推动科技金融发展。目前，广东许多银行机构都在抢滩高科技企业金融服务，并将其作为转型发展的重要推手。如建设银行东莞市分行以纯专利权质押贷款的形式为高新技术企业办理了融资服务；中国银行广东省分行推出了"科技支行"＋"科技信贷专属产品"模式的服务等。

二是建立平台、促进连接、加大信用体系建设。要真正为科技企业做好金融服务，企业信用体系的建立无疑是基础。2013年江门市与人民银行广州分行签订了《中小企业信用体系试验区建设合作框架协议》，成为广东省首个中小企业信用体系试验区。而在佛山顺德区，广东省内首个市场化运营的征信平台——顺德区社会信用与金融综合服务平台日前已开通查询服务。

三是财政政策与货币政策相结合。例如2015年出台了方案，旨在创新财政科技资金使用方式，健全财政资金与社会资本联动机制。其中，设立了总额为5亿元的"产业技术创新与科技金融结合"专项资金，用于设立天使引导基金、风险补偿基金、科技金融服务体系建设等，以激励带动风投、创投、信贷、保险等社会资本共同参与科技创新。

可以看到，广东省在重视科技金融投入、加大力度发展科技金融方面，不断推陈出新，力求更好更快地发展科技金融，但对于科技产出的状况重视程度远远不够，也缺乏很好的反应机制，单方面地注重科技金融投入而忽略科技产出状况，很容易造成资源配置不合理等问题。

三、广东省科技金融资源评估体系

（一）主成分分析的原理

主成分分析是将多个变量通过线性变换以选出较少的重要变量的一种多元统计分析方法。主成分分析的思想，是将原来众多的具有一定相关性的变量重新组合成一组新的互相无关的综合指标来代替原来的指标，它借助于一个正交变换、将其分量相关的原随机分量转化成其分量不相关的新随机向量，这在代数上表现为将原随机向量的协方差阵变换成对角形阵，在几何上表现为原坐标系变换成新的正交坐标系，使之指向样本点散布最开的 p 个正交方向，然后对多维变量系统进行降维处理。方差较大的几个新变量能综合反映原来多个变量所包含的主要信息，并且包含了自身特殊的含义。主成分分析的数学模型为：

$$z_1 = u_{11}X_1 + u_{12}X_2 + \cdots + u_{1p}X_p$$
$$z_2 = u_{21}X_1 + u_{22}X_2 + \cdots + u_{2p}X_p$$
$$\vdots$$
$$z_p = u_{p1}X_1 + u_{p2}X_2 + \cdots u_{pp}X_p$$

其中，z_1，z_2，$\cdots z_p$ 为 p 个主成分。

（二）主成分分析的基本步骤

1. 对原有变量做坐标变换，可得：

$$z_1 = u_{11}X_1 + u_{12}X_2 + \cdots + u_{1p}X_p$$
$$z_2 = u_{21}X_1 + u_{22}X_2 + \cdots + u_{2p}X_p \tag{1.1}$$
$$\vdots$$
$$z_p = u_{p1}X_1 + u_{p2}X_2 + \cdots u_{pp}X_p$$

其中：

$$u_{1k}^2 + u_{2k}^2 + \cdots + u_{pk}^2 = 1 \tag{1.2}$$
$$\text{var}\ (z_i)\ = U_i^2 D\ (x)\ = U'_i D\ (x)\ U_i \tag{1.3}$$
$$\text{cov}\ (z_i,\ z_j)\ = U'_i D\ (x)\ U_j \tag{1.4}$$

2. 提取主成分

z_1 称为第一主成分，其满足条件为：

$$u'_1 u_1 = 1 \tag{1.5}$$
$$\text{var}\ (z_1)\ = \text{maxvar}\ (u'x) \tag{1.6}$$

z_2 称为第二主成分，其满足条件为：

$$\text{cov}\ (z_1,\ z_2)\ = 0 \tag{1.7}$$
$$u'_2 u_2 = 1 \tag{1.8}$$
$$\text{var}\ (z_2)\ = \text{maxvar}\ (U'X) \tag{1.9}$$

其余为主成分所满足的条件依此类推。

3. 标准化数据的相关系数矩阵 R：

$$R = (r_{ij})_{p \times p} \tag{1.10}$$

其中：

$$r_{ij} = \frac{1}{n-1} \sum_{k=1}^{n} x'_{ki} \cdot x'_{kj} \tag{1.11}$$

4. 求特征根 λ_i

根据相关矩阵的特征根和特征向量，令 $|R - \lambda I_p| = 0$，求得 λ_i。

5. 确定主成分数目

特征根方差贡献率：

$$a_k = \frac{\lambda_i}{\sum_{i=1}^{p} \lambda_i} \tag{1.12}$$

累计贡献率：

$$\sum_{k=1}^{m} a_k = \frac{\sum_{i=1}^{m} \lambda_i}{\sum_{i=1}^{p} \lambda_i} \tag{1.13}$$

令 $(R - \lambda I_p)u = 0$，求得相应的特征向量并确定主成分个数，通常用作纳入标准，或者使得累计贡献率达 80% 或 85% 以上。当时，说明该主成分解释力度还不如直接引入一个原变量的平均解释力度大，而 $\sum_{k=1}^{m} a_k \geqslant 85\%$，说明主成分中含原始数据信息总量已达 85%，用这 m 个主成分代表原来的 p 个指标评价有足够的把握。

6. 计算每个主成分的得分：

$$z_1 = u_{11}x_1 + u_{12}x_2 + \cdots + u_{1p}x_p$$
$$z_2 = u_{21}x_1 + u_{22}x_2 + \cdots + u_{2p}x_p \tag{1.14}$$
$$\vdots$$
$$z_m = u_{m1}x_1 + u_{m2}x_2 + \cdots u_{mp}x_p$$

其中 u 为特征向量，x_p 为第 p 个指标的数据标准化值，z_m 为第 m 个主成分的得分。

7. 以主成分的贡献率为权重，构造综合得分函数：

$$Z = a_1z_1 + a_2z_2 + \cdots + a_mz_m \tag{1.15}$$

其中 4 类一级指标各自的得分可由各自样本的 m 个主成分得分求得。

（三）基于主成分分析的指标体系选取

以广东省科技金融投入产出为分析对象，运用主成分分析在进行指标选取时，分别考虑科技金融经费投入、科技活动产出以及两者的关系，主要选取相关程度高的指标，注重对统计指标进行研究，以避免定性分析带来主观影响。

科技投入指标主要考虑各种科技财力资源和各种科技人员投入及机构建设。如果该地方的科技金融资金投入增多，就会相应地促进科研机构发展，说明这三项指标存在较高的相关性。科技金融资金来源于三部分：政府性财政拨款，企业内部资金筹集和金融机构借款。但自 2009 年起，这三项资金在统计年鉴中并没有详细列出，因此，考虑到财政性拨款的引导性作用，只选取地方财政拨款作为科技金融的资金来源的代表性指标，科技经费内部支出则作为企业内部资金筹集的一个反映指标。综上所述，作为科技金融投入体系的指标包括：科技活动（R&D）人员、研究机构数、科技经费内部支出、研究与实验发展（R&D）经费、新产品开发费用和地方财政科技拨款。

科技产出指标主要包括知识形态的成果和科技转化成果，体现的是一个企业在科技活动方面的成就。因此，选定的科技活动产出指标包括：科技活动课题数、省级以上科技奖励成果、技术合同成交额、专利申请受理量、专利申请批准量、新产品产值、新产品销售收入、出口及在国内科技刊物上发表的论文数。由于专利申请受理量与批准量存在重复性，因此选用专利产出率（等于专利申请批准量/专利申请受理量）作为新指标。具体的科技金融投入、科技活动产出指标见表1所示。

表1　科技金融投入及其科技活动产出指标

分类指标	指标名称	指标编号
科技投入指标（O）	科技活动（R&D）人员（万人）	X1
	研发机构（个）	X2
	科技经费内部支出（亿元）	X3
	研究与实验发展（R&D）经费（亿元）	X4
	新产品开发经费（亿元）	X5
	地方财政科技拨款（亿元）	X6
科技产出指标（I）	科技活动课题数（个）	Y1
	省级以上科技奖励成果（项）	Y2
	技术合同成交额（亿元）	Y3
	专利产出率（=专利申请批准量/专利申请受理量）	Y4
	新产品产值（亿元）	Y5
	新产品销售收入（亿元）	Y6
	出口（亿元）	Y7
	在国内科技刊物上发表的论文数	Y8

（四）数据收集及预处理

在广东省科学技术厅和在广东统计信息网查询《广东省统计年鉴》（2005—2015年）查找各项指标数值并进行数据标准化处理（详细数据见附录一和附录二），并将数据作为SPSS17.0主成分分析的实验数据。

（五）SPSS软件的主成分分析过程及其结果

在 SPSS17.0 中，由于主成分分析板块被有机地嵌入了因子分析模板中，因子分析结果中的主因子数目决定了主成分分析中的主成分数目，主成分分析必须利用因子分析的结果才能实现。因此，利用主成分分析建立模型就需要在 SPSS 操作中结合因子分析，才能建立广东省科技金融投入指标体系和科技活动产出指标体系。

1. 广东省科技金融投入体系

（1）SPSS17.0 主成分分析的实验操作步骤

（2）实验结果及其分析

表 2 给出了 KMO 和 Bartlett 的检验结果，其中 KMO 值越接近于 1，表明越适合做因子分析。从该表中可以得到 KMO 值为 0.709，表示比较适合做因子分析。Bartlett 球形度检验的原假设为相关系数矩阵为单位矩阵，Sig 的值为 0.000，小于显著水平 0.05，因此拒绝原假设，说明变量之间存在相关关系，适合做因子分析。表 3 为相关系数矩阵，其中各个指标之间的相关系数均在 0.889 以上，说明相关性极高，因子分析效果佳，提取出的综合指标能很好地代表其他指标。

表 2　KMO 和 Bartlett 的检验

取样足够度的 Kaiser – Meyer – Olkin 度量	0.709
Bartlett 的近似卡方	145.291
球形度检验　df	15
Sig.	0.000

表 3　相关指标一览表

相关指标	X1 科技活动（R＆D）人员（万人）	X2 研发机构（个）	X3 科技经费内部支出（亿元）	X4 研究与实验发展（R＆D）经费（亿元）	X5 新产品开发经费（亿元）	X6 地方财政科技拨款（亿元）
X1 科技活动（R＆D）人员（万人）	1.000	0.906	0.941	0.911	0.919	0.889
X2 研发机构（个）	0.906	1.000	0.960	0.957	0.955	0.945
X3 科技经费内部支出（亿元）	0.941	0.960	1.000	0.996	0.996	0.979
X4 研究与实验发展（R＆D）经费（亿元）	0.911	0.957	0.996	1.000	0.996	0.979
X5 新产品开发经费（亿元）	0.919	0.955	0.996	0.996	1.000	0.973
X6 地方财政科技拨款（亿元）	0.889	0.945	0.979	0.979	0.973	1.000

表 4 给出了每个变量的共同度结果。表格左侧表示每个变量都可以被所

有因素所能解释的方差，右侧表示变量的共同度。从该表可以看出，因子分析的变量共同度都非常高，都达到0.89以上，表明变量中的大部分信息均能被因子所提取，说明因子分析的结果是有效的。

表4 公因子方差

项目	初始	提取
X1 科技活动（R & D）人员（万人）	1.000	0.894
X2 研发机构（个）	1.000	0.946
X3 科技经费内部支出（亿元）	1.000	0.997
X4 研究与实验发展（R & D）经费（亿元）	1.000	0.986
X5 新产品开发经费（亿元）	1.000	0.986
X6 地方财政科技拨款（亿元）	1.000	0.961

说明：提取方法为主成分分析，下表同。

表5给出了因子贡献率结果，其中，只有一个因子的特征值大于1，并且这个特征值占总特征值的96.154%，因此，只提取第一个因子作为主因子。图2为特征值的碎石图，可以看出，第一个因子处在非常陡峭的斜率上，从第二个因子开始，斜率变平缓，因此选择第一个因子作为主因子。

表5 解释的总方差

成分	初始特征值			提取平方和载入		
	合计	方差	累积	合计	方差	累积
1	5.769	96.154	96.154	5.769	96.154	96.154
2	0.133	2.223	98.377	—	—	—
3	0.064	1.066	99.442	—	—	—
4	0.030	0.496	99.938	—	—	—
5	0.003	0.057	99.995	—	—	—
6	0.000	0.005	100.000	—	—	—

碎石图

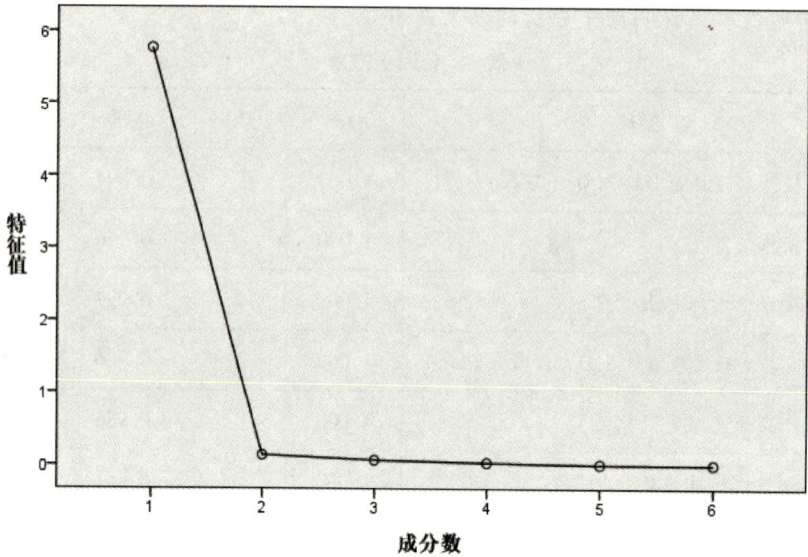

图 2　碎石图

表 6 给出了未旋转的因子载荷，从该表可以得到利用主成分方法提取的主因子的载荷值，同时赋值给新变量 V1。

表 6　成分矩阵 a

项目	成分
	1
X1 科技活动（R & D）人员（万人）	0.945
X2 研发机构（个）	0.973
X3 科技经费内部支出（亿元）	0.998
X4 研究与实验发展（R & D）经费（亿元）	0.993
X5 新产品开发经费（亿元）	0.993
X6 地方财政科技拨款（亿元）	0.980

a. 已提取了 1 个成分。

在因子分析的结果基础上进行主成分分析，得到特征向量矩阵（见图 3）。

V1	F1
0.945	0.393
0.973	0.405
0.998	0.416
0.993	0.413
0.993	0.413
0.980	0.408

图 3 特征向量矩阵

从特征向量矩阵可以得到主成分的计算公式:

$$z_{01} = 0.393x_1 + 0.405x_2 + 0.416x_3 + 0.413x_4 + 0.413x_5 + 0.408x_6$$

其中,由表 5 可得到:第一主成分 z_{01} 的系数 $a_{01} = \dfrac{96.154\%}{96.154\%} = 1$,所以

$Z_o = a_{01}z_{01} = z_{01}$,则广东省科技金融投入指标体系的得分公式为:

$$Z_o = 0.393x_1 + 0.405x_2 + 0.416x_3 + 0.413x_4 + 0.413x_5 + 0.408x_6$$

2. 广东省科技活动产出指标体系

同理,按照广东省科技金融投入指标体系建立的方法,可得"广东省科技活动产出指标数据"在软件 SPSS17.0 中的主成分分析结果。从表 7 可得广东省科技活动产出各个指标间 KMO 值为 0.708,比较适合进行因子分析。表 8 中的因子分析的变量共同度都非常高,说明因子分析的结果是有效的。表 9 表明前两个因子的特征值大于 1,并且前两个因子的特征值之和占总特征值的 89.618%,于是提取前两个因子作为主因子。由表 10 的成分矩阵可以得出新定义的变量 W1 和 W2 的数据值(见图 4)。

表 7 KMO 和 Bartlett 的检验

取样足够度的 Kaiser – Meyer – Olkin 度量	0.708
Bartlett 的球形度检验 近似卡方	152.983
df	28
Sig.	0.000

表8 公因子方差

项目	初始	提取
Y1 科技活动课题数（个）	1.000	0.964
Y2 省级以上科技奖励成果（项）	1.000	0.896
Y3 技术合同成交额（亿元）	1.000	0.922
Y4 专利产出率	1.000	0.625
Y5 新产品产值（亿元）	1.000	0.988
Y6 新产品销售收入（亿元）	1.000	0.985
Y7 出口（亿元）	1.000	0.956
Y8 在国内科技刊物上发表的论文数	1.000	0.834

表9 解释的总方差

成分	初始特征值			提取平方和载入			旋转平方和载入		
	合计	方差	累积	合计	方差	累积	合计	方差	累积
1	6.134	76.676	76.676	6.134	76.676	76.676	5.558	69.476	69.476
2	1.035	12.942	89.618	1.035	12.942	89.618	1.611	20.141	89.618
3	0.585	7.316	96.934	—	—	—	—	—	—
4	0.156	1.951	98.885	—	—	—	—	—	—
5	0.080	1.002	99.887	—	—	—	—	—	—
6	0.007	0.088	99.974	—	—	—	—	—	—
7	0.002	0.025	99.999	—	—	—	—	—	—
8	$9.365E-5$	0.001	100.000	—	—	—	—	—	—

表10 成分矩阵 a

项目	成分	
	1	2
Y1 科技活动课题数（个）	0.936	0.297
Y2 省级以上科技奖励成果（项）	−0.381	0.866
Y3 技术合同成交额（亿元）	0.959	0.048
Y4 专利产出率	0.675	−0.410
Y5 新产品产值（亿元）	0.992	0.060
Y6 新产品销售收入（亿元）	0.992	0.035
Y7 出口（亿元）	0.974	0.088
Y8 在国内科技刊物上发表的论文数	0.906	0.114

W1	W2	G1	G2
0.936	0.297	0.378	0.292
−0.381	0.886	−0.154	0.851
0.956	0.048	0.387	0.047
0.675	−0.410	0.273	−0.403
0.992	0.060	0.401	0.059
0.992	0.035	0.401	0.034
0.974	0.088	0.393	0.086
0.906	0.114	0.366	0.112

图4 广东省科技活动－特征向量矩阵

由图4的特征向量矩阵可得出广东省科技活动产出指标体系的两个主成分的得分计算公式为：

$$z_{f1} = 0.378y_1 - 0.154y_2 + 0.387y_3 + 0.273y_4 + 0.401y_5 + 0.401y_6 + 0.393y_7 + 0.366y_8$$

$$z_{f2} = 0.292y_1 + 0.851y_2 + 0.047y_3 - 0.403y_4 + 0.059y_5 + 0.034y_6 + 0.086y_7 + 0.112y_8$$

由表9的因子方差贡献率可进一步得出广东省科技活动产出指标体系中，两个主成分 z_{f1}，z_{f2} 的系数为：

$$a_{f1} = \frac{76.676\%}{89.618\%} = 0.856$$

$$a_{f2} = \frac{12.942\%}{89.618\%} = 0.144$$

则有：$Z_f = a_{f1}z_{f1} + a_{f2}z_{f2} = 0.856z_{f1} + 0.144z_{f2}$

进一步化简，则广东省科技活动产出指标体系的得分公式为：

$$Z_f = 0.366y_1 - 0.009y_2 + 0.338y_3 + 0.175y_4 + 0.351y_5 + 0.348y_6 + 0.349y_7 + 0.329y_8$$

四、广东省21个城市科技金融资源配置效率的评估

（一）21个城市综合得分

从广东省科学技术厅和广东省统计年鉴查找2013年广东省21个城市的各项科学投入产出指标数据，详见附录三（各个城市的科技金融投入指标数据和科技产出指标数据），对数据进行标准化处理，分别代入到广东省科技金融投入指标体系和科技活动产出指标体系中，得到广东省21个城市的综合得分及其排名（见表11）。

表11　各个城市科技投入和科技产出的综合评分

城市	投入（ZO）	排名	产出（ZI）	排名
广州	5.3162	2	4.481	2
深圳	6.0318	1	5.5	1
珠海	−0.5843	8	−0.119	6
汕头	−0.8002	13	−0.73	12
佛山	0.9375	3	1.148	3
韶关	−0.5878	9	−0.715	11
河源	−0.8287	14	−1.239	21
梅州	−0.8337	15	−0.783	16
惠州	−0.113	5	−0.071	5
汕尾	−1.0241	19	−0.829	18
东莞	0.1671	4	0.803	4
中山	−0.243	6	−0.311	7
江门	−0.5673	7	−0.687	10
阳江	−1.0646	21	−0.741	13
湛江	−0.6342	11	−0.606	8
茂名	−0.7264	12	−1.141	20
肇庆	−0.6102	10	−0.678	9
清远	−0.8575	16	−0.779	15
潮州	−1.0472	20	−0.959	19
揭阳	−0.9078	17	−0.798	17
云浮	−1.0226	18	−0.745	14

（二）21个城市的区域分类分析结果

由于科技金融投入会受制于当地经济发展，因此，为了进一步评价广东省21个城市的科技金融资源配置效率，根据广东省四大经济圈的划分，将21个城市划分为4个区域分3个类别（I、II、III类），分别对科技投入能力和科技产出能力进行分类，对比研究广东省科技经费投入和产出能力的关系，表12从协调性的角度对广东省21个城市的科技投入能力与产出能力进行了汇总。

表12 科技投入产出能力关系表

区域	地区	投入能力排名（类）	产出能力排名（类）	投入产出能力关系	协调性关系
珠江三角洲	广州	2（Ⅰ）	2（Ⅰ）	Ⅰ-Ⅰ	适应（高投-高产）
	深圳	1（Ⅰ）	1（Ⅰ）	Ⅰ-Ⅰ	适应（高投-高产）
	珠海	8（Ⅰ）	6（Ⅰ）	Ⅰ-Ⅰ	适应（高投-高产）
	东莞	4（Ⅰ）	4（Ⅰ）	Ⅰ-Ⅰ	适应（高投-高产）
	佛山	3（Ⅰ）	3（Ⅰ）	Ⅰ-Ⅰ	适应（高投-高产）
	中山	6（Ⅰ）	7（Ⅰ）	Ⅰ-Ⅰ	适应（高投-高产）
	江门	7（Ⅰ）	10（Ⅱ）	Ⅰ-Ⅱ	非适应（高投-中产）
	惠州	5（Ⅰ）	5（Ⅰ）	Ⅰ-Ⅰ	适应（高投-高产）
东翼	汕头	13（Ⅱ）	12（Ⅱ）	Ⅱ-Ⅱ	适应（中投-中产）
	潮州	20（Ⅲ）	19（Ⅲ）	Ⅲ-Ⅲ	适应（低投-低产）
	揭阳	17（Ⅲ）	17（Ⅲ）	Ⅲ-Ⅲ	适应（低投-低产）
	汕尾	19（Ⅲ）	18（Ⅲ）	Ⅲ-Ⅲ	适应（低投-低产）
西翼	茂名	12（Ⅱ）	20（Ⅲ）	Ⅱ-Ⅲ	非适应（中投-低产）
	湛江	11（Ⅱ）	8（Ⅰ）	Ⅱ-Ⅰ	非适应（中投-高产）
	阳江	21（Ⅲ）	13（Ⅱ）	Ⅲ-Ⅱ	非适应（低投-中产）
粤北	梅州	15（Ⅲ）	16（Ⅲ）	Ⅲ-Ⅲ	适应（低投-低产）
	韶关	9（Ⅱ）	11（Ⅱ）	Ⅱ-Ⅱ	适应（中投-中产）
	清远	16（Ⅲ）	15（Ⅲ）	Ⅲ-Ⅲ	适应（低投-低产）
	肇庆	10（Ⅲ）	9（Ⅱ）	Ⅱ-Ⅱ	非适应（中投-中产）
	云浮	18（Ⅲ）	14（Ⅱ）	Ⅲ-Ⅱ	非适应（低投-中产）
	河源	14（Ⅱ）	21（Ⅲ）	Ⅱ-Ⅲ	非适应（中投-低产）

从表12可以看出，珠三角地区科技经费配置效果最好，基本处于第Ⅰ类；粤北、西翼、东翼地区具有较大差异，个别地区处于第Ⅱ类，如汕头、湛江，其余基本处于第Ⅲ类，科技投入与产出不适应，配置效率不协调，科技投入产出能力低。

珠江三角洲包含8个城市，投入能力在第Ⅰ类的有8个城市，产出能力在第Ⅰ类的有7个城市，仅江门在第Ⅱ类，说明江门的投入产出能力不协调。

总体来说，珠江三角洲地区的科技金融资源配置情况要明显好于东翼和西翼地区。这是因为珠江三角洲地区经济基础较好、地理位置优越、开放程度较高。以深圳特区来说，很高的开放程度、高新创业园区的设置以及政府财政的大力支持，使得深圳的科技金融处于全省第一位。并且，珠江三角洲经济发达城市的市场经济体制较为成熟，科技创新动力较强，比较注重科技成果的转化和应用，令其经费配置效果较为显著。此外，高校的聚集效应也为该地区科技研发人员培养和科技机构建设提供了动力。

东翼4个城市只有汕头的投入产出能力处于第 II 类，其余3个城市均在第 III 类。由于汕头市是经济特区，本身经济实力相对于其他3个城市较雄厚，经济基础好，科技产能也高，但对比广州和深圳等大城市仍有不足。东翼4个城市距离省会城市广州远，地理位置偏远，发展受限制，可科技投入能力也低，从而影响了其科技创新能力。因此，东翼地区的城市若重视科技投入，也可以有效提高科技创新能力。

除了湛江、韶关、河源和肇庆的科技投入能力处于第 II 类，西翼和粤北地区其他城市基本处于第 III 类。这些城市位置偏远、产业基础薄弱、发展优势弱，对人员和资金方面的吸纳不足，导致其在经济发展中处于劣势境地，其科技投入不足且配置效率不高，也阻碍这些城市的发展，特别是粤北山区地区更是如此。

五、发展广东省科技金融的政策建议

（一）重视科技投入，有效提高科技创新能力

除却地理位置、经济基础等因素的影响，直接影响科技产出能力的因素为科技经费投入。一个地区科技经费投入越多，越能提高科技创新能力和科技产出能力。对财政收入不高、企业实力还不是很强的城市如肇庆、湛江、汕头等，合理、有效地配置现有资源是关键。应选择能最大限度地促进该地区经济发展的重点产业、重点领域和重点项目，集中投入引导和鼓励企业增加 R&D 经费投入。各级政府在保证增加财政经费对 R&D 经费投入的同时，可以通过经济杠杆、政策措施和导向、约束机制等，引导和鼓励企业主动增加 R&D 经费投入；支持和鼓励大型企业集团提取一定数量的资金，集中用于关键技术的研究开发和产业化投入。

（二）优化科技金融资源配置，提高科技投入产出比

虽然大部分企业的资金来自于企业内部筹集，此外还有当地政府的财政

性拨款，但是不可忽视金融机构对企业资金融通的重要性。要鼓励金融机构扩大科技贷款规模，调整信贷结构，提高对科技项目的贷款比例。要对高新技术成果商品化、产业化给予重点支持，并强化科技与金融结合的机制。应优化科技金融资源，对发展基础差、经济基础差的城市相应加大科技金融配置，授权特定的金融机构服务于企业，或者设立专门对科技项目进行帮助的金融机构，降低金融业的门槛，鼓励民间资本设立专门服务于中小企业的金融机构，注重每一笔科技投入所带来的效益，尽可能提高资金配置效率。

（三）加快人才队伍建设，完善科技金融人才机制

技术创新是以人为本的，人才是研究开发活动的实际实施者。只有拥有了具备创造力的核心人才，企业才有开展自主创新的可能性。因此，政府应进一步实施人才引进战略，为高级人才的引进提供便利条件；要完善地区教育体系，为企业提供各层次的技术人才资源。鼓励企业充分挖掘自有的人才资源，在日常生产过程中开展自主创新活动。同时，也可在高校设立科技金融服务人才项目，专门为科技金融发展提供人才队伍。

（四）科技金融实现多样化创新

要制定并落实相关配套政策，提升科技金融结合试点市工作显示度，积极申报国家科技金融合作创新试点。要在知识产权质押贷款、产业投资基金、集合债券、融资租赁等方面积极开展多种形式、深层次的合作，扩大服务范围，提升服务水平。要不断创新科技金融方式和产品，深入开展知识产权质押贷款业务试点，加紧成立广东科技投资研究院，构建科技资本市场服务体系，推动建立省创业投资与风险投资基金，吸引社会资本到广东开展风险投资，重点培育一批自主创新能力达国际先进水平的创新型企业，建立全省统一的科技型企业上市融资综合平台。

参考文献：

[1] 骆世广. 科技与金融结合效益评价及最优金融结构探索——以广东省为例 [J]. 统计与决策，2014（1）：120 - 129.

[2] 李华民，刘芬华. 广东省科技金融绩效评价系统研究 [J]. 广东科技，2015（3）：1 - 3.

[3] 罗珊. 区域科技资源优化配置研究——以广东省为例 [D]. 长沙：中南大学，2008.

［4］陈胜可．SPSS 统计分析从入门到精通［M］．北京：清华大学出版社，2010.

［5］卢金贵，陈振权．广东科技金融工作的实践及对策研究［J］．科技管理研究，2010（24）：7－11.

［6］张瑞．科技金融绩效评价方法研究［J］．东方企业文化，2013（12）：199－200.

［7］广东科学技术厅网站．http：//www. gdstc. gov. cn/main/kjfw_ cxfw_ tj. html.

［8］广东统计信息网．http：//www. gdstats. gov. cn/.

［9］梁彦冰、崔雪松．SPSS 15. 0 统计分析与实践应用宝典［M］．北京：中国铁道出版社，2010.

［10］秦浩源．基于主成分分析法的科技投入产出聚类分析［J］．科学管理研究，2009（11）：169－171.

［11］李万超．基于主成分分析法的我国农村金融资源配置效率研究［J］．金融理论与实践，2014（3）：55－58.

［12］王海，叶元煦．科技金融结合效益的评价研究［J］．管理学，2003（2）：67－72.

［13］宁仕鹏．广东省科技资源配置效率评价及对策研究［D］．广州：华南理工大学，2012.

［14］吴维力．加快科技、金融、产业融合，促进广东转型升级［J］．广东科技，2011（24）：01－04.

［15］国丽娜，潘昕昕．科技金融：助力广东产业转型升级［J］．科技金融，2014（10）：104－108.

［16］商惠敏，方秀文．广东省科技金融结合模式与政策研究［J］．广东科技，2015（4）：06－09.

［17］徐军，田何志．广东省科技金融发展制约因素及其对策分析［J］．广东科技，2015（10）：12－16.

（选自《广东财经大学 2016 年优秀本科生毕业论文选》）

———— **知识聚焦** ————

一、毕业论文的选题

1. 选题原则

"小"：题目要足够小，以小见大[①]；

"清"：摸清楚选题背景，做好文献综述，想明白再写；

"新"：选题要有新意，可以是新领域、新材料、新方法、新视角等。

2. 选题技巧：题中选新，从众多题目中选择最新的问题研究；新中选清，从新颖的题目中找你最熟悉和最清楚的问题研究；清中选小，以小题大做、以小见大、见微知著[②]。

3. 标题制作要诀

（1）准确：切中题义；

（2）简洁直白：或提示选题范围或直述作者观点，不超过 20 个字；

（3）有效：鲜明、集中、有效表达选题之义。

4. 标题制作类型

（1）论题型：所要论述和分析的问题为论题，规定和限制论文论述的范围和重点，决定论文展开的方向和途径。题目包含"……分析"、"论……"、"……探析"等。如梁启超《少年中国说》。

（2）论点型：直接在标题中表明观点。如《学贵谦虚》、《实证检验经济增长与收入分配的 U 型关系》。

（3）双标题：两者结合型。正标题标明论题，副标题标明论点，或者反之。如《网络自助出版模式研究——基于"长尾理论"的分析视角》。

二、毕业论文的写作要求

（一）摘要

1. 摘要是报告、论文的内容不加注释和评论的简短陈述；摘要应具有独

[①]　凌斌. 法科学生必修课——论文写作与资料检索［M］. 北京：北京大学出版社，2013：29.

[②]　凌斌. 法科学生必修课——论文写作与资料检索［M］. 北京：北京大学出版社，2013：29.

立性和自含性，即不阅读报告、论文的全文，就能获得必要的信息。摘要的四要素：目的、方法、结果、结论。重点是结果和结论。

2. 中文摘要一般不宜超过 200~300 字；外文摘要不宜超过 250 个实词。如遇特殊需要字数可以略多。

3. 除了实在无变通办法可用以外，摘要中不用图、表、化学结构式、非公知公用的符号和术语。

4. 摘要需要用第三人称撰写，不宜使用第一人称。

5. 要排除本学科领域已成常识的内容。

6. 不得简单重复题名中已有的信息。

7. 摘要中不能有自我评价选题意义或价值的语言。

8. 摘要与提要不同，摘要是主述论文观点，提要是介绍课题研究背景、所涉及范围、研究介入点、研究方法等。

（二）关键词

1. 关键词是为了文献标引工作，从报告、论文中选取出来，用以表示全文主题内容信息款目的单词或术语。

2. 从题名、层次标题、正文中选出来反映论文主题概念的词和词组。每篇报告、论文选取 3~8 个词作为关键词。

3. 关键词主要选择名词、动名词和名词化的词组。冠词、介词、连词、助动词、某些形容词不能用为关键词，形容词只有在它们构成名词性词组时才能用为关键词，动词只有在它们名词化或的确对表达文献主题具有实质意义时才被选作关键词。

4. 关键词包括主题词和自由词两种。前者是收入《汉语主题词表》用于标引文献主题概念的经过规范化的词或词组；后者为反映论文主题中新技术新学科未被主题词表收录的新产生的名词术语。人名、地名也可作为关键词。

5. 泛义词（如论述、探讨、简介、性质、特色、巨大、价值、问题、方法、启示、意义、研究、分析、影响、措施、对策、现象、差异等）缺乏特指，失去了关键词的价值，不宜作关键词。

（三）提纲

1. 编写提纲的总体原则

（1）要有全局观念，从整体出发去检查每一部分在论文中所占的地位和作用。看看各部分的比例分配是否恰当，篇幅的长短是否合适，每一部分能否为中心论点服务。

（2）从中心论点出发，决定材料的取舍，把与主题无关或关系不大的材料毫不吝惜地舍弃，论文的主旨就突出了。结构清晰了，具体写起来就会得心应手了。

（3）要考虑各部分之间的逻辑关系。做到有虚有实，有论点、有例证，理论和实际相结合，论证过程有严密的逻辑性。

2. 编写提纲的具体方法

（1）写作方法

一是标题式写法。即用简要的文字写成标题，把这部分的内容概括出来。这种写法简明扼要，一目了然，但只有作者自己明白。

二是句子式写法。即以一个能表达完整意思的句子形式把该部分内容概括出来。这种写法具体而明确。学生论文提纲编写要交予指导教师阅读，所以，要求采用第二种编写方法。

（2）编写提纲的一般顺序

①先拟标题；②出总论点；③考虑全篇总的安排：从几个方面，以什么顺序来论述总论点，这是论文结构的骨架；④大的项目安排妥当之后，再逐个考虑每个项目的下位论点，直到每段的关键词；依次考虑各个段的安排，把准备使用的材料按顺序编码，以便写作时使用。

（四）正文

学术论文的真正核心部分是正文部分，通常包括三个主要部分。绪论、本论、结论。

1. 引言（绪论）部分

此部分通常分为两部分，一是引言，二是文献综述，根据文献综述的篇幅决定两者是合二为一，还是分开，就学士论文而言，因篇幅不会太长，一般是把文献综述放在绪论部分。

（1）引言作用：补充和强化主题，激发读者兴趣。

（2）引言主要内容：引言主要回答"为什么研究这个选题"的问题。为此，一要交代研究此选题的背景，可以从相关联的事件，或是相关联学术观点的介绍开始；二要提出论文所要解决的问题；三要理清思路，层层分解问题，找到逻辑次序；三要突出重点；四要说明研究方法；五要摆明选题意义。需要说明的是，有些文献综述因篇幅不长也通常会放在绪论部分。

（3）引言的写作要求：

①突出重点；

②客观评价；

③避免套话，不宜过长；

④避免与摘要雷同；

⑤首尾要呼应，前面的主旨要在结论中予以交代，解决了什么问题，解决到什么程度，不足等；

⑥不同类型的文章有不同的引言形式。

2. 本论部分

（1）写作方法：本论是学术论文的主体部分。本论的写作过程是在提纲基础上，进一步推敲和明晰论点。在写作过程中，要运用新的材料和（或）新的方法对新论点作出准确、深入、客观的论证，要注意论述语言的流畅性、行文的规范性和逻辑的严密性。

（2）写作要求：一个高质量的本论应做到论点明确，论据充分，论证科学（方法有效、逻辑严密），论述顺畅，即"论点方面要观点鲜明，有破有立；论据方面要提要钩玄，鞭辟入里；论证方面要爬梳剔抉，细致入微；论述方面要简洁明快，神完气足[①]"。

①论点和论据相统一。本论中使用的论据包括理论论据和事实论据，这些论据既要真实可靠，又要与论点紧密结合、浑然一体，从而增强论点的说服力。

②论据与论证方法相契合。论据必须借助合适的论证方法，才能起到证明论点的作用。论证方法主要有引证法（直接引用、间接引用）、例证法（直接证明、诠释证明）、推理法（归纳推理、演绎推理、引申推理）、比较法（横向比较、纵向比较、综合比较）、分析法（因果分析、结构分析、层次分析、角度分析、定量分析、定性分析）。应根据论据的具体内容，酌情选用上述论证方法中的某一种或某几种。

3. 结论部分

（1）结论是学术论文的最后一个部分，也可称为"结论与讨论"。是对

---

① 周义程. 社会科学类学术论文：评价标准、写作步骤及要领 [J]. 社会科学管理与评论，2013（4）：32－42.

论文作概括综合、综述论证的结果，介绍研究成果的意义以及对论证的结果作出结论，并说明其适用范围，提出解决问题的途径，对课题进行展望，提出需要进一步解决的问题。

（2）结论是对绪论中提出的问题和本论中论证结果的自然回答，是经过本论严密论证水到渠成得出来的，使绪论、本论、结论三者相互呼应，首尾一贯，成为完美的逻辑构成。逻辑严密，文字简洁，措辞慎重，观点鲜明。

（3）结论通常在论文中出现3次，摘要中（最简练）、引言中（适中）、结论中（稍长）。语言表述不一，但内容实质是一致的。

综上所述，学术论文正文的基本结构可表示如下：

绪论

本论

一、大层次标题或分论点

（一）中层次要点或论点

1. 小层次论点

2. 小层次论点

3. 小层次论点

（二）中层次要点或论点

（三）中层次要点或论点

二、大层次标题或分论点

三、大层次标题或分论点

结论

三、毕业论文的结构

正文的段落与划分应视论文的性质与内容而定，无统一定式。《科学技术报告、学位论文和学术论文的编写格式》指出："由于研究工作涉及的学科、选题、研究方法、工作进程、结果表达方式等有很大差异，对正文内容不能作统一的规定。但是，必须实事求是、客观真切、准确完备、合乎逻辑、层次分明、简练可读。"文科的学士论文通常用提纲（标题）式写法。

本论由若干论证单元组成，每个论证单元都有一个分论点，在中心论点的统领下分层展开论证，从而详细阐述作者的见解和观点，集中揭示论文要旨。因此要把所要表达的观点设计出若干小标题。以总标题来统领二级标题，以二级标题统领三级标题，标题均由观点句组成，每一级标题应属于同一层次，共同服务于上一级标题。论证是在论点和论据统一的基础上层层展开的，由此及彼，由表及里，由点到面、由简到繁，由因到果、由量到质，由浅入深，由始至终。全文从绪论、本论到结论，各个章节、各个段落、各个句子之间，结构、布局和叙述的逻辑都要十分严密，一环扣一环，不能有漏洞，不能自相矛盾，或者相互抵消①。

四、学术论文格式规范

学术论文从格式上讲，标题、作者及其单位、摘要、关键词、引言、正文、致谢、参考文献、附录为必不可少的内容。致谢部分，为学生根据实际情况向对其论文构思、撰写有帮助的人，或所借鉴的前期研究成果的作者表达谢意，字数与格式无具体规定，可根据实际情况自行拟定。

为了便于学术论文所提供的理论研究成果的收集、储存、处理、加工、检索、利用、交流和传播，国家有关部门对其格式发布实施了一些规范，主要有 3 个国家标准：《科学技术报告、学位论文和学术论文的编写格式》（GB/T7713 - 1987）、《学位论文编写规则》（GB/T7713.1 - 2006）、《文后参考文献著录规则》（GB /T 7714 - 2005）。参考文献标注有两种体例，一种为顺序编码制，一种为著者出版年制，学士论文一般使用顺序编码制。

广东财经大学毕业论文（设计）格式要求请参见网页 http：// jwc. gdufe. edu. cn/html/xzzq/sjjxglk/2015/11/25/eb7fa2f8 - b0a8 - 458f - 86ca - 8154ba7ca710. html 附件"本科毕业论文（设计）撰写规范（基础版，适用于多数专业）"。

────────── **任务演练** ──────────

1. 以"小"、"清"、"新"的原则审核以下题目是否适合做学士论文。

───────────

① 周新年. 科学研究方法与学术论文写作——理论·技巧·案例［M］. 北京：科学出版社，2013：148.

林语堂研究

从豆瓣网的评论看粉丝文化的特点

中西古典戏剧中的人物典型比较研究

新世纪网络出版的特点及发展趋势研究

中美喜剧比较研究

2. 修改不完整或欠准确的题目。

网络自助出版如何规范化？

网络自助出版的利与弊

如何推广网络自助出版的认识

——以广州高校教师群体为主

在《出版管理条例下》的网络自助出版的生存缝隙

——以盛大文学的发展模式为例

从网络自助出版看传统出版新路

——用网络传播的相关理论论述网络现象

借鉴网络自助出版，焕发传统出版生机

3. 请辨别下面两种表述，指出哪一段是正确的摘要写法。

标题：网络自助出版对传统出版业的影响

表述一：本文从网络自助出版的定义以及发展现状出发，研究这一新型出版模式的优势和劣势，并对传统出版业在其影响下的发展现状进行分析，提出了传统出版业的发展出路。

表述二：网络自助出版是一种新型的出版形态，已成为未来出版业发展的一大趋势和方向。网络自助出版给传统出版业带来了冲击，但却给出版业带来了空前的生机和活力。传统出版业应吸取网络自助出版的优势克服传统出版业的劣势，走上传统出版业变革之路。如：跨媒合作，立体发展；内容为重，深度加工；融合数字化的发展模式等。

4. 在中国知网检索与你的专业有关的论文并进行文献综述。

5. 在中国知网检索 1 篇专业学术论文，并为其梳理提纲，要求写到三级标题。

6. 仔细阅读以下例文，为其更正标题、摘要、关键词、序言等部分写作错误；并为例文拟制合理的论文提纲，修正例文规范方面的错误。

例文：

传统出版业的未来发展

吴 铭

摘要：本文以网络自助出版为例，从其定义以及发展现状出发，研究这一新型出版模式的特点与优势劣势，并与传统出版作对比，提出应该进行优势互补的产业整合，把网络出版以及传统出版结合起来。

关键词：出版；传统；网络；出路

一、引言

自 20 世纪末以来，互联网已经渗透进人们日常生活中的方方面面，同时也引发了各个行业领域大规模的变革，其中出版产业是受其影响较大的领域之一。网络出版是互联网时代的新型产物，尝试为越渐不景气的出版行业提供另外的发展可能。从 1997 年开始，有关于网络出版方面的研究文章就应运而生。此后随着网络出版从小众尝试日益扩大为一种略有规模的产业，大量专业人士陆续加入到研究的行列中来。相比国外而言，国内自助出版仍是处在尝试和摸索阶段，研究资料相对较少，信息多来源于行业报纸和资讯网站的介绍，业内真正将其付诸实践的也屈指可数。值得欣慰的一点是，网络出版正渐渐受到国内学界业界的关注，成了研究讨论的一个新命题。

二、传统出版行业面临网络出版挑战的现状

三联书店总经理李昕曾经说道："中国出版业现在也已经走上这样一条不归路：书种越来越多，而单品种效益越来越低，图书上架的周期越来越短，退货越来越严重，而人工成本却越来越高，使得出版社不增加新书品种就无法维持生计，于是就拼命扩大规模。但是我以为，如果大家都只是依靠增加品种去做大规模，彼此模仿，彼此抄袭，彼此重复，由此很容易陷入恶性竞争。"[1] 诚然，除了行业内的粗制滥造以及恶性竞争等问题，如今出版业还面临着汹涌而来的数字化浪潮。在这波浪潮中，传统出版业面临的压力越来越大，向数字化出版转型变成一种越来越迫切的需求。美国 IT 业一位人士更是对外宣称："20 年以后，要把图书连同印刷术送进博物馆。"有专家甚至认为，如果传统出版业再不应时而变，将会沦为夕阳产业。就在这个网络技术高度发达的时代，一种新型的出版方式——网络自助出版应运而生。它给传统出版业带来一线新的曙光，也必将会对出版行业进行一次大的洗牌。

近年来实体书店确实倒闭了不少，有的是因为资本运作失控，有的是因

为经营模式僵化守旧，当然很重要的一点原因是受到网络平台的冲击。纸版书价格就算压得再低，也难以跟电子书作对比，况且电子书具有永久性，还易于携带和查找。在此形势下，传统出版就算在国家包办体制下仍然存在制度红利，实已明显受到冲击。不论是大型的国营出版社还是中小型的民营出版公司，应该都已经深深感受到了网络出版的威力。

三、网络自助出版的发展现状

（一）网络自助出版的概念

网络自助出版一词最初是指作者绕开出版社等传统出版发行机构，自行对书稿进行编辑、制作、印刷，自主投资制作并出版发行数字化或者实质化出版物，所有的出版费用都会由作者自己承担，是一种完全独立于出版社的书籍出版形式。[2]后来引申为一种新型的出版模式，一种互联网与传统出版相互结合的产物。其运作模式大致如下：首先，作者利用自助出版网站这类平台发布自己创作的作品，并运用编辑排版软件对自己的作品进行包装处理，以收费的形式向读者提供阅读与下载服务。如果某些作品点击率或下载率高，被出版社看中以后，出版社就会为其提供出版纸质书籍的机会。之后作者本人会在网站上开设作品专区，对作品的电子图书以及实质版图书进行宣传营销，以获取收益。[3]

（二）网络自助出版的现状

网络自助出版的兴起，很大程度上归因于互联网技术的不断进步以及电子化产品的日益普及。近年来互联网掀起了 Web2.0 的浪潮，所谓 Web2.0，指的是一种新的交互性的网络技术。过去网民一直是被动地在网站上浏览以及接受信息，现如今提倡网民成为信息的制造者以及传播者。这种趋势满足了网民展现自我、张扬个性的需要，也激发了普罗大众的创作欲望。另一方面，数字照相机、个人电脑、智能手机等新型电子产品的出现，极大地降低制造数字出版物的门槛，使"每个人都能成为信息发布者"成为了可能。网民不需要通过太多的中介渠道或者传播机构，就能运用手中的设备去互联网发布自己创作的作品。

目前，网络自助出版这种出版形式风靡美国，并且还带动了美国传统图书市场的繁荣。根据美国鲍克公司发布的 2010 年美国纸质图书出版年度报告显示，传统纸质图书出版种类在 2010 年仅仅增长了 5%，而电子书呈现持续流行的趋势，非传统类按需出版呈爆发性增长，其 2010 年的出版品种数量为

277.6266万种，比2009年的103.3065万种增加了169%。[4]这些数据表明在美国纸质书仍有一定的生存空间，尤其是非传统类图书的出版更是有着井喷的迹象。正是在网络自助出版模式的带动下，这一领域的业务才急剧增加，表明由网络出版带动传统出版的成效十分显著。

正是由于网络自助出版的火爆，众多企业瞄准这一商机，构建网络文学平台。例如美国企鹅集团推出了大众文学在线社区Book Country，为作者提供在线发布自己作品并获取读者反馈的渠道。该社区目前已经聚集了超过4000名会员的数百部作品，内容涉及言情、科幻、推理、惊悚等多种文学类型。再如在几年前亚马逊就推出了Kindle阅读器，在付费阅读上开启了新的发展道路。通过建立"直接出版平台"（Kindle Direct Publishing），让作者和读者进行直接交易，每完成一笔交易，亚马逊就按比例收取相应的费用。

而美国著名实体连锁书店巴诺旗下的Nook公司亦紧追时代发展潮流，不久前也推出了升级版的自助出版平台Nook Press。Nook自助出版业务的季度增长率是20%，差不多一年就翻一番，目前30%的顾客还会逐月购买该公司自助出版的图书。[5]此外，lulu.com、blurb.com等许多网站亦相继推出了自助出版服务，它们宣称可帮助作者在网上零售书店销售个人作品。lulu.com已经抢先在加拿大和英国设立了分支机构，以便在当地开展业务。可见，自助出版在美国呈现出逐渐升温的态势并产生了一定的世界性影响。值得关注的是，文学网络平台的构建与完善无疑会大力推进网络自助出版的发展，也带动着传统出版的复苏。

《2011—2012中国数字出版产业年度报告》中提到："2011年，国外电子书增长势头迅猛，我国电子书产业却仍在低位徘徊。有关电子书的分成方案、定价机制、电子阅读器与实体内容的无缝链接、便捷的下载与支付体验等，都有待进一步探索。"相对于国外，中国的网络自助出版乃至电子书产业还没有完全风行。国外网络出版的发展本来就早于我国，同时加上经济发展以及技术水平等因素，其网络出版已经处于相对繁荣的阶段，在美国、法国、日本等国家更是突出，他们已经在整个网络出版市场上占据了领先地位。而中国的电子书市场发展程度低，存在着很多条文上的空白。另外，与西方出版集团相比，国内众多出版社对内容的掌控能力远远不够，内容资源不够多、不够强，内容资源管理不规范，这些也都成为传统出版业向数字化转型升级的掣肘因素。

2006—2012 年中国数字出版产业用户规模（单位：人/家/个）

数字出版年份	2006	2007	2008	2009	2011	2012	增长率（%）
互联网期刊用户数	6300 万	7600 万	8700 万	9500 万	数据缺失	数据缺失	—
电子图书机构用户数	1000 家	3800 家	4000 家	4500 家	8000 家	8500 家	6. 25%
数字报纸用户数	网络报 800 万	手机报 2500 万	5500 万	6500 万	>3 亿	数据缺失	—
博客注册	6340 万	9100 万	1.62 亿	2.21 亿	3.184 亿	3.7299 亿	17.1%
在线音乐用户数	1.19 亿	1.45 亿	2.48 亿	3.2 亿	3.8 亿	4.36 亿	14.7%
网络游戏用户数	3260 万	4017 万	4935 万	6587 万	1.2 亿	1.4 亿	316.7%
手机阅读活跃用户数	—	—	1.04 亿	1.55 亿	3.09 亿	数据缺失	—
原创网络文学注册用户数	同上	同上	1.62 亿	1.62 亿	2.03 亿	2.33 亿	14.8%
合计	2. 29 亿	3. 23 亿	5. 亿	10.84 亿	16.30 亿	11.82 亿	—

四、网络自助出版的优劣分析

（一）网络自助出版的优势分析

1. 容量大、传播方式多样化

网络自助出版在国外能够如此风靡，它自身的优势是不容忽视的。首先，信息容量巨大、传播方式多样化是网络出版的第一个优势。相较于传统出版的纸质媒介，电子类出版物不再局限于区区的几百页书纸上，从千字节到兆字节再到千兆字节，其对文字信息容量的改变是空前的。此外，在展现形式上，除了传统的文字阅读外，图片、音频、视频也逐渐成为网络自助出版的内容。在这种情况下，我们接受外界知识或信息，便拥有了更丰富更多样化的媒介。

2. 检索功能与交互功能强大

其次，快速的检索功能和强大的交互功能是另一个优势。网络平台为读者们提供了一个不受时间和空间限制的虚拟世界，他们可以在最短时间内搜索到自己需要的内容。针对每个读者不同的需求，网络出版还可以提供更有针对性、更具个性化的阅读服务。传统的图书、期刊、报纸等出版物，只是负责提供信息，读者只能无条件地接收，这种单向性的传播方式早已经不适应时代发展的需要。而网络出版物则不同，出版者可以及时将读者的意见和要求进行收集，并进行相对应的补充与修改，这是传统出版方式所不可能具备的功能。有了及时反馈回来的读者信息，作者能够创作出更优秀更受欢迎的作品。作者可为读者提供定制写作，减少了作品创作的盲目与茫然。

3. 节约资源、价格低廉

再者，节约资源、价格相对低廉，是网络自助出版的另一优势。传统的纸质出版物会消耗大量森林资源，也造成了严重的环境污染。网络自助出版则使图书实现在网上下载发行，信息可以在不需要消耗大量资源与能源的情况下得到传播。从某种意义上看，网络出版将是一种真正意义上的绿色环保产业。此外，由于网络出版的发行程序得到简化，运输、存储等中间附加成本大大降低，创造出远远高于纸质期刊的利润空间，所以网络出版物的价格比同类传统出版物要低得多，这也大大地刺激了读者的消费需求。

4. 淡化"编辑"角色

还有，从出版的流程上看，网络自助出版极大地淡化了"编辑"的角色。传统出版物都是靠编辑来当把关人，编辑找选题找作者，再把文稿编成一本书出版，其实这当中包含了不少编辑的主观意志。在这个环节上，读者不能掌握作者资源，只能靠编辑代自己找寻好作者以及好书，是一种信息资源的不对等。有了网络自助出版，读者不需要经过多重编辑的把关，就能直接接收多元文化和多元思想观念。任何特定群体中的个人都能发表自己的观点，宣传自己的价值观，各种亚文化也可以通过自助出版传播出去。另一方面，对于编辑擅自删改作者作品的问题，自助出版平台能够更好地保持作者意图和作品的完整性，减少很多编辑与作者之间的矛盾。

5. 出版周期缩短

最后，网络自助出版与传统出版相比而言，出版周期会大大地缩短，作者不用再为出版社的一系列繁琐的出版过程而进行漫长等待，也不用担心由于出版印刷周期太长而失去最佳销售时机。此外，倘若把网络出版和短版印刷结合，将使出版过程更加容易。由于出版周期的缩短，人力物力财力的节省，出版成本大幅度降低，出版者、作者都大大降低了经济风险。

（二）网络自助出版的劣势分析

1. 把关人缺失问题严重

诚然，网络自助出版也有它的不足之处。首先，网络浪潮下涌现出大量自主化草根化的自媒体，他们的个性得到最大限度的表达，在创作作品时更加自由，不必拘泥于出版社的限制。但是正因为如此就造成了把关人缺失的问题。自助出版凸显的是一种平民化、无限制的出版自由，反对既定的出版规范和标准，反对出版权威机构审核的条条框框，但无限制的、极端的出版自由往往会适得其反。

2. 出版物质量无法保证

其次，在网络上发布作品的主要是众多网民，这些人很少是专业作家出身，所以出现了写作水平普遍不高的现象。以致在网络自助出版刚刚开始兴起的时候，有人直接批评它是种"虚荣出版"。[6]他们认为这只是一种自娱自乐式的出版，目的只是满足写作者的虚荣心理，作品本身的内涵是完全不值一提的。如果没有经过专业出版人士的挑选，作品本身的水准和主题就难登大雅之堂；如果没有经过认真的多次校对，出版物自身就容易出现文字上或者技术上的错误；如果没有经过文字编辑的润色加工，作品的可读性就大大降低；如果没有美术编辑进行包装，仅用千篇一律的编辑软件套用统一格式，作品也谈不上拥有审美价值。[7]这样的作品即使进入了发行销售渠道，恐也难引起消费者的兴趣。网络自助出版的作品内容浅显、大多数作品质量欠缺高度的思想性与艺术性是不争的事实，这将严重制约网络自助出版的发展。

3. 侵权问题

还有，网络自助出版会出现侵权的问题。由于自助出版网站不像传统的出版机构，它们会不加审核地发布出版作者提交上去的作品。倘若作品中存在对他人的诽谤与造谣，则会侵犯到他人的名誉权；倘若作品中过分揭露了他人的私生活，则会侵犯到他人的隐私权；倘若作品中存在剽窃抄袭，或者在别人的作品上小修小改就发布，则侵犯到他人的著作权；[8]倘若作品中存在着暴力犯罪、色情淫秽或者是煽动民族分裂、宗教极端思想等内容，更是违反国家法律。以上的这些侵权行为都会引发诉讼，这也是自助出版的潜在危险。

4. 产业政策不完善

目前，自助出版仍处于一个起步阶段，有关它的产业扶持政策以及相关法律法规尚未完善。一方面，政府对于自助出版技术的研究尚需加大投入力度，相关的科研机构亟须相应的财政经费来支持。另一方面，数字出版行业标准、数字出版物格式、防伪加密以及数字版权保护等问题更需要从国家层面进行解决，相关法律法规的制定仍处于空白的阶段。出版产业布局以及未来发展规划中，仍然没有给自助出版一个明确的定位，也缺少各种实质性的政策支持。而这个问题在国内更为严重。我国的数字出版产业尚处于起步阶段，理论上缺少研究支撑，实践上缺乏操作经验，存在的问题和阻力都不少。

而我国对出版行业的管理是相对严格的，只有拥有书号的电子书才能进行发布和出售，这对自助出版模式的活力与生机打上了折扣，也对自助出版的推广形成障碍。

五、未来网络自助出版的趋势及发展对策

在未来，网络自助出版跟传统出版应该合理利用彼此优劣，进行跨媒体间的合作，顺利度过行业转型阶段，从而形成共赢的理想商业模式。我认为总结起来可以归为以下几点。

（一）聚沙成塔，汇聚巨大市场

尽管传统出版业正面临困境，但是由于阅读习惯等因素的影响，纸质书仍然不至于消亡。网络自助出版大部分作品都属于小众出版，供小部分读者下载或者收费阅读，真正回流到传统出版领域大规模发行的只是少数。不过正所谓聚沙成塔，这分散的一个个的小众市场可以构建出一个巨大的市场，而众多作者与读者共同形成了这个巨大图书市场上关于供给和需求的"长尾"曲线。[9]就算每本图书的印刷总量不大，但是由于出版更为自由与方便，随着图书品种的增多，也就扩充了市场。未来将会是一个作者大爆发的时代，在这种"人人都可以当作者"的背景下，图书品种将会越来越丰富，也可以更好满足不同读者的阅读需求。

（二）按需出版，提供新型业务

网络自助出版为纸质图书还留着一条通道，那就是按需出版。所谓的按需出版产业，主要承担两样业务：一则针对读者，按需出版和发行；二则针对作者，按需提供出版服务。针对读者而言，一般是承接重印一些绝版书、小批量书以及特别定制书的业务，这类业务可以称它为"精准发行"。[10]针对作者而言，则涉及虚荣出版的范畴。按需出版的核心是服务，特别是编辑服务，要将拥有出版冲动却达不到出版标准的客户服务好，最好能有针对性地提供编辑服务，从中获得相应报酬。未来出版社的业务范畴应该有所转变，与网络自助出版平台进行的不是竞争，而是合作，甚至是两者合一。在未来，转型后出版社的卖点将会是编辑服务，它们的业务重点正是承接起自助出版作品的纸质化生产，占据出版产业链中游的地位。

（三）网上预订，减少库存压力

现在不少出版社正在为存库已久而未能销售出去的书而头痛不已，倘若与网络出版相结合的话将有力解决这个问题。读者可以先浏览网站，选择喜欢并且希望其纸质化的书，网上付费后，按需出版商就会根据订货需要进行

编辑、印刷、装订等程序后寄给读者。这种按需出版的媒介合作就是纸质图书与网络互动的有力表现，而也正好大大减少了出版社的库存压力，避免出现书册滞销的现象。

（四）渠道畅通，好书容易熟知

以往由于地区发展不平衡或者是销售渠道的不通顺，即使有好书存在也未能让大家熟知。而在网络自助出版的模式下，作者通过网站发布自己的作品，通过网络上的简单链接，就可以把作品传到千家万户。读者只要在小小的阅读器上轻轻一点，就能从网友评论推荐或者读书排行榜上知道哪些书值得去关注，哪些作品正得到热捧。

（五）网络走红，重归传统出版

反过来，从网络走回实体书店这种方式在我国亦初有尝试。很多知名的小说最初都是在网站上连载的，一旦在网络上蹿红，取得不错的市场反响之后，往往都会再选择传统出版商出版纸质版图书。在网上能够受到追捧的作品，早已经通过了读者们筛选那一关，一旦以实体书的形式出版是能够保证其销量的。这时候网络作家的收益已经不单单是网络出版平台支付的稿酬，更是出版社给予他们丰厚的版税，像桐华、唐家三少、江南、慕容雪村等人都是网络文学和实体出版的双重获益者。在网络上一炮走红的作品成为了出版社打造热点畅销书的优越选题资源，而这也是网络平台与传统出版社相互渗透的一种表现。

（六）加强监管，完善出版服务

针对自助出版内容良莠不齐、把关人缺失的问题，作为自助出版平台，为了保证作品的质量，应该对作者和上线作品进行一定的筛选。可以根据读者评价信息的反馈，及时对作者实行一定程度的奖惩。如果某些作者的作品被多数读者认为质量不高，甚至带有抄袭侵权的行为，出版平台应该对其账号进行暂时封停甚至终止其自助出版资格。反过来，对于原创作品或者优秀作品，平台应该加大对其宣传力度，或者将其进行置顶推荐以吸引更多读者，算是对作者本人的一种激励。这样通过优胜劣汰的操作，以一种市场化竞争手段就把质量高的作品筛选出来。对比传统出版，作者在自助出版流程中需要承担更多的职能，负上更大的责任。他们是内容生产者本身，也兼任着自我把关的角色。但是从这个角度看，绝大多数作者毕竟不可能同时兼顾多种角色，这也给我们指明一个发展方向：自助出版平台还可以为作者提供各种出版服务，以减轻作者的负担。

（七）加大投入，制定发展政策

国家应该出台相应的产业扶持政策，对自助出版行业进行定位与长远规划。政府部门应该加大对相关科研机构的经费投入，同时大力培养数字出版、网络技术等方向的人才，当然也可以引进国外优秀人才。此外，积极鼓励自助出版平台的各种创新尝试，挑选出部分优秀的给予重点扶持，将其成功经验向全行业内推广。相关的出版标准、法律法规需要及时制定与出台，不合时宜的原有规定应该得到修改完善。针对自助出版侵权问题，可以采取追究后续责任的手段。即使是网络自助出版，作者也必须对作品负上连带责任，倘若发生严重的侵权违法行为，相关部门就要追究其法律责任。这样在保证出版自由的同时，也让网络自助能够在约束监管下发展。

六、结语

随着科学技术的不断发展，平板电脑以及其他电子阅读器市场正逐渐走向成熟，电子书的兴起以及流行已经是毋庸置疑的。而随着国民素质的提高以及网民观点的自我独立化，必然会产生越来越多的自助出版需求。我们可以乐观地预言，自助出版业在未来会迎来一个发展的高潮。

诚然，网络自助出版在中国乃至全世界还方兴未艾，尽管它的优势显而易见，但是要其成为主流的出版方式恐怕还需要时间来慢慢过渡。网络自助出版的涌现，并不意味着印刷时代的马上终结，而是进入一个纸质与电子、印刷与数字共生的过渡时期。在我国，一个突出的问题是目前电子书产业的核心价值观仍未形成。自助出版要想成为一个产业的支柱，就必须推行付费阅读。作者自助出版的目的也是为了获取相应的收益，倘若不能推行付费阅读，作者的创作动力就会消退，网络自助出版也会失去其经济意义，其商业运作模式只能是个空想。中国读者距离付费阅读的自我意识，对比国外还差太远。当当网自称占据了中国大陆图书市场的三分之一，其总裁李国庆表示，2012 年他们全年的图书销售总额是 30 亿元人民币，其中电子书的销售总额，不过区区 300 万元，占比是千分之一。[11] 可见，中国的电子书产业的发展还远远落后于国外。

不管传统书业中人愿意与否，互联网思维正深刻影响渗透着整个出版行业，推动着业内的洗牌。传统书业在大势上的被终结，成了不可避免的趋势。如何在涅槃中重生，就要看从业者们是否能够下好向网络转型这盘棋了。在未来，出版社可以在实践中找到新的利益增长点，充分利用网络从而开发出相关的新产品。若能在平台上实现创新，自行研发或合作研发阅读器，或以其他形式与成熟的超级平台进行合作，专注于某一领域的电子图书制售，其实也可以有所作为。显然，与传统出版方式相比，自助出版更方便、更多元、更经济。网络自助出版是一场变革，它必将深刻地改变传统出版业的生存空间。面对这种挑战，传统出版行业是坐视不管，还是借鉴其经验，改变经营思路进行产业升级转型，提高自己现有业务水平？答案也许早已不言自明。

参考文献：

［1］李昕. 对当前出版的感想和困惑［EB/OL］. http：//www. bookdao. com/article/47395/ 2012，09，26. 2015/02/23.

［2］王梦柔. 从网络自助出版看传统出版新路——用网络传播的相关理论论述网络现象［J］. 青春岁月，2012（18）：20.

［3］郑一卉，伍一. 美国自助出版热潮评析［J］. 中国出版，2008（5）：7.

［4］孙献涛. 自助出版冲击行业规则［J］. 出版参考，2013（5）：90.

［5］董鼎山."虚荣出版商"——美国出版界的一个特有现象［J］. 读书，1982：10.

［6］郑一卉. 美国自助出版热潮评析［J］. 中国出版，2008（05）：23.

［7］贺子岳，吴梦妮. 长尾理论给网络出版带来的启示［J］. 南阳师范学院学报，2008（01）：24.

［8］孙献涛. 自助出版冲击行业规则［J］. 出版参考，2013（15）：23 - 34.

［9］陈莹. 中国网络出版产业的发展现状及相应策略［C］. 第四届科技期刊发展论坛论文集，2008：643 - 646.

［10］刘绪衡. 现代网络出版对传统出版的影响以及出版社的应变策略研究［D］. 湖南师范大学，2008.

［11］陈昕，王一方. 一样的斜坡一样的跋涉——美国数字出版考察报告［N］. 中国新闻出版报，2008 - 01 - 03.

任务8 调查报告

范文举例

广东财经大学中文系学生写作状况调查

为了更好地了解中文系学生写作的实际状况，针对性地开展写作教学，促进写作课程教学改革，提高学生写作水平，我们于2006年10月对我系学生的写作习惯、阅读习惯及"百篇文章"工程实施等情况，在全系大一至大三的学生中开展专题调查。本次调查采用问卷调查的方法，共发放问卷250份，收回250份，回收率为100%，其中每个年级各抽2个班，大一学生（06级）82人，大二学生96人，大三学生72人。问卷数据录入及分析采用SPSS14.0进行，开放题答案采用手工汇总的方法进行。

本报告共分五部分，分别是样本基本情况说明、中文系学生写作及阅读习惯现状、写作课教学学生意见反馈、建议。

一、样本基本情况说明

本次调查中女生占79.2%，男生占17.6%，另有3.2%的人此项填答有误；广东省生源的学生占90.8%；高考成绩平均分为660分。

其中，我们对于不同年级的中文系学生填报中文专业志愿情况专门进行了分析。从高考填报中文专业志愿情况看，2004级中文系学生中第一志愿填报中文系的学生占2004级所调查的中文系学生人数的比例为34.7%，2005级的占26.0%，2006级的占46.3%，服从专业安排（调剂）的2004级学生占34.7%，2005级学生占31.3%，2006级占9.8%。我们可以看出，2004年至2006年，在我校中文系就读的学生第一志愿填报中文系的比例逐年上升。我们从"年级"与"填报志愿"这两个变量关系的分析来看，λ值为0.123，相伴概率为0.054，卡方检验（chi-square test）为37.879，相伴概率为0.001，即从总体上来说，即对于我校全部中文系学生来说，年级越低，第一志愿填报中文专业的比例也越高。

二、中文系学生写作诸方面情况

本部分分别从写作动机、写作喜好、写作能力的自我评价、写作习惯等方面来分析调查对象的写作行为、态度等。

1. 写作动机

调查表明，写作动机中"表达感情的需要"占50.2%，"为了完成作业"占33.3%，"为了提高写作能力"占10.8%，而"写作是为了习惯"占5.7%。可见，一半左右的学生写作是为了表达感情，但也有三分之一左右的学生是为了完成作业，总的来说，主动写作的比被动写作的学生要多。

对身边有趣的人和事，调查对象中"没什么感觉"的占10.0%，"注意观察，写作"的占48.8%，"非常好奇，打破砂锅问到底"的占36.4%。可见，是否有趣，会影响到学生的写作兴致。

在问到"你在生活中遇到难忘的或有所感悟的事"时，回答"能完美地写出来"的占13.2%，"想得很好，但写出来不满意"的占72.8%，"没有写作欲望"的占2.4%，另有1.6%的被调查者没有填答。

另外，我们也发现，随着年级的增加，加入与专业有关的社团的人数也在增加，如2004级加入各类文学社的有29人，占回答此题人数的（有67人填答）43%，而2005级11人（96位同学接受调查），约占10%。不过，我们发现，不管何年级，加入院系行政色彩类团体的比例较高，如学生会、团委、社联等社团的学生较多，如2004级的25人加入此类社团，约占同级接受调查的学生人数的37%，2005级26人，约占同级学生人数的26%。而社团对个人写作影响并不大，认为社团对自己写作影响最大的学生仅占0.4%。

2. 对写作的喜好情况

调查发现，喜欢写作的同学占68.4%，讨厌写作的同学占3.2%，无所谓的占28.4%。可见，绝大部分同学是喜欢写作的。

问及"你喜欢写作的原因"时，从所有选项来看，被调查者回答"写作有趣"的占53.5%，"可以实现人生价值"的占27.0%，"现行语文教学的影响"的占14.9%，"老师同学赞扬"的占4.7%。如果把"写作有趣"与"可以实现人生价值"两项作为对写作喜欢的个人体验来说，则占了80.5%，即有八成的学生是出于主动，即内在的动机喜欢写作的。

我们再来对比下"你对写作讨厌的原因"的答案情况，"写作很难"的占29.2%，"对写作没兴趣"的占8.0%，"现行语文教学的影响"的占25.2%，而"自卑"的占32.0%。可见，对于写作讨厌的原因中个人内部原因（"自卑"）占了三分之一左右，即大约三分之一的同学对于自己写作没有把握，自我评价低。

3. 对于自己写作能力的评价

调查发现，觉得自己能力一般的占63.6%，觉得"较强"或"强"的占15.4%，而觉得"较差"或"很差"的占20%。而且我们分析"年级"与"写作能力的自我评价"，卡方检验中卡方值为10.871，相伴概率为0.368，这说明二者相关程度很低，即对于写作能力的评价与年级并没有什么关系。

4. 写作习惯

调查表明，"即兴写作，一次完成"的占70.0%，"断断续续，持续几天"的占15.2%，"反反复复，经常改动"的占10.4%，"先拟写作提纲，按部就班"的占2.8%，另有1.6%的没填答。

本次调查表明，经常写作（每月写5篇以上的文章）的学生占10.4%，比较经常写作（每月写作2~5篇）的占28.4%，一般（1~2篇）的占39.2%，偶尔写作的占21.2%。其中，有26.0%的学生有博客。

在写作文体形式上，经常写日记的占36.4%，经常写散文的占27.0%，经常写信的占8.0%，经常写观（读）后感的占7.4%，经常写诗歌的占4.8%，经常写小说的占4.5%。

在写作方式上，文章写作常用"叙述"的占22.8%，常用"抒情"的占21.1%，常用"议论"的占20.1%，常用"描写"的占16.7%。

另外，我们也发现，年级越高，拥有博客的比例也越高。而且，从"年级"与"是否有博客"的卡方检验来看，卡方值为18.958，相伴概率为0.001，由此可见，从总体上来看，不同年级，拥有博客的情况也不同。

5. 文章发表情况

我们发现，年级不同，文章公开发表的情况也不同，特别是2004级和2006级的有文章发表的学生比例比2005级的要高，而2006级的学生中有28.0%的同学在校报上发表过文章。2004级有文章公开发表的同学占34.7%，2005级的为22.9%，2006级的占51.2%。

三、学生阅读情况

1. 学生常读的杂志

调查发现，学生常读的杂志随年级不同也有所不同，但是《读者》、《青年文摘》两种刊物在不同年级的中文系学生中很受欢迎，有128名学生常读《读者》，比例为51.2%；有70名学生常读《青年文摘》，占28%。

我们也发现，随着年级的升高，学术类或专业类杂志的阅读也开始增加。2006级与2005级的学生多读一些文摘、大众类的刊物，且所读杂志面很广，有处世与生活类的杂志，如《人之初》、《大学生》、《心理》、《交际品才》、《知音》、《家庭》等；也有故事类的，如《故事会》、《幽默与笑话》、《奇幻》、《科幻世界》、《漫友》等；也有文学类的，如《收获》、《小说评论》、《名作欣赏》、《意林》、《萌芽》、《诗刊》等；也有时尚类的，如《女友》等；也有周刊类的，如《体育周刊》；也有其他类的，如《中国国家地理杂志》；也有英语学习类的，如《英语广场》。

2004级的学生阅读的专业性增加，在2004级67位回答者中，有22人常读文学类的杂志，如《名作欣赏》、《作品与争鸣》、《大家》、《人民文学》等；阅读时尚类的杂志的学生也在增加，比如说2005级有一位学生常读《女友》，而在2004级学生中有7人读《女友》、《瑞丽》；也有其他类型的，如《当代电影》、《大众电影》、《汽车导报》、《城市画报》等。

2. 阅读习惯

调查发现，在读到好书、好文章时，"通常摘抄"的占57.9%，"通常推荐给他人"的占22.1%，"通常写读后感"的占10.3%，"通常读读而已"的占9.7%。

四、写作课教学学生意见反馈

1. 对于中学和大学写作课的评价

绝大多数学生认为中学作文教学是应试教育的产物，"死板"、"模式化"、"乏味"等。

那么大学写作课怎样呢？60.7%的学生认为大学写作课帮助不大，14.9%的学生认为有帮助（包括"较大"和"大"的帮助）。54.8%的学生认为"大学写作教学最大的不足是教学模式缺乏创新"，35.1%的学生认为"教师缺乏有效的指导"（缺乏有效指导和教师指导性不强两项之和），"其他不足"占5.2%，另有1.6%没填。

2. 对"百篇文章"工程实施的评价

调查发现，不同年级对于"'百篇文章'实施必要性"的看法稍有区别，2005 级的学生中认为有必要的占 90.6%，2004 级的学生中认为有必要的占 76.4%。对于实施效果的评价，也同样如此，即低年级（2005 级）的学生肯定性的评价多于高年级（2004 级）的同学。

3. 对于《远和近》一诗的理解

我们发现，结果很有意思。不同年级的学生绝大部分都认为此诗反映了人与人之间的心灵距离。但是 2005 级的不少学生认为是爱情诗，反映追求不到对方时的一种情绪，有 2006 级的学生认为是反映理想生活与现实生活。另外，还有学生说"远"与"近"，是反映大学写作课与自己的关系。

五、几点建议

通过对本次调查结果的分析，综合学生在调查问卷中提出的问题和建设性意见，我们提出以下几点建议：

1. 从学生的写作动机、喜好情况看，大部分学生是有写作欲望的，喜欢写作，也能主动写作，对身边有趣的人和事感兴趣。要充分认识到学生的写作欲望与需求，充分发挥写作所具有的审美、教育、实用等多方面功能，进一步明确写作教学目的，对写作教学的目标进行科学分解、系统整合，在写作训练上，采取灵活多样、自由开放的形式，选择贴近学生生活的训练内容，抓住学生关注的话题，激发学生的写作兴趣。

2. 从学生对自己写作能力的评价看，大部分学生感觉自己的写作能力一般。针对学生写作能力的评价状况，应加强必要的写作训练数量与质量，保证学生必要的写作数量和写作时间，同时注意引导他们学会观察与思考，重视阅读与积累，养成良好的阅读习惯，强化思维能力的培养与文体写作的训练。特别注意引导学生将观察、阅读、思维与写作的训练结合起来，以提高学生的写作能力。

3. 从学生对"百篇文章"工程实施的评价看，不同年级对于实施"百篇文章"工程必要性及意义的认识有差异，反映出部分学生对实施"百篇文章"工程的必要性认识不够。因此，一方面要提高学生对"百篇文章"工程必要性的认识，加强写作意识，另一方面，努力提高"百篇文章"工程的实效性，为学生的写作才能的培养与展示提供更多的机会和平台，努力挖掘和培养学生文学创作新人，使学生在写作理论学习和写作实践中提高自身素质。

附调查问卷：

大学生人文素养调查问卷（老师卷）

尊敬的调查对象：

您好！为了了解大家对人文素养的认知与现状，以及更好地开展人文素质培养，本课题组特别对此进行调查。您的意见对我们来说很重要。调查采用匿名方式，请您不要有任何顾虑。

填答方式：请在适合您的选项上打"√"，或者在"_____"填上您的情况。

大学生人文素养研究课题组

联系人：

12 月 10 日

一、个人基本情况

1. 你现在工作的学校是_____。

2. 你的入学年份是_____。

3. 你的专业是_____，该专业学士学位是_____学士学位。

①文学 ②法学 ③理学 ④工学 ⑤管理学 ⑥农学 ⑦其他（请注明）_____

4. 你的籍贯是_____省_____市/县。

5. 你父亲的职业是_____。

6. 你母亲的职业是_____。

7. 你所在的家庭上年度月平均收入是_____元。

①4000 以下 ②4001～8000 ③8001～10000 ④10001～15000 ⑤15001～20000 ⑥20001～30001 ⑦30001～50000 ⑧50001 以上

二、对人文素养的认知

8. 你是否听说过人文素质？①听说过 ②没有听说过

9. 你一听到人文素质，对这个词的反应是（限选一项）：

①道德修养 ②文学修养 ③举止文明 ④精神追求 ⑤社会责任感 ⑥其他（请注明）_____

10. 你是否同意以下说法：（请在适合您的方框中打"√"）

	非常赞同	比较赞同	不太赞同	很不赞同	说不清
教育程度越高的人，人文素质也越高。					
我希望自己能够"先天下之忧而忧，后天下之乐而乐"。					
我可以通过"修身养性治家平天下"来提高自己的人文素质。					
在当代社会，我要"独善其身，兼济天下"。					
有人说，当代社会缺乏人文素质培养。					

三、人文素质培养的经历

11. 你所在的学校有没有开展过学校明确表示是人文素质教育的活动？

①经常开展　②有时开展　③很少开展　④从未开展　⑤不知道

12. 你有没有参加过学校明确表示是人文素质教育的活动？

①有　②没有　③说不清

13. 你对学校开展的人文素质教育活动的总体评价是：

①收获很大　②有些收获　③没有收获　④说不清

14. 你经常关注国内外热点新闻吗？

①经常　②有时　③很少　④从不

15. 你觉得自己对以下人的关心程度如何？（请在适合您的方框中打"√"）

	很关心	比较关心	一般	不太关心	很不关心	说不清
家人						
同学						
学校						
社会						

16. 在日常生活中，你是否会注意自己的以下方面：（可多选）

①打扮　②举止　③说话语气　④提高自己的知识水平　⑤反省自己

⑥其他

17. 目前为止，在你读过的人文方面的书中最喜欢的一本是《＿＿＿＿＿＿＿

＿＿＿＿＿＿》。

18. 目前为止，在你读过的人文类杂志中你喜欢的是《＿＿＿＿＿＿＿＿

＿＿＿》。

19. 你是否同意下面的说法？（请在适合您的方框中打"√"）

	很同意	比较同意	一般	不太同意	很不同意	说不清
我能够真诚对待自己。						
我能够真诚对待他人。						
我是个善良的人。						
我喜欢尽自己的力量帮助人。						
我希望成为一个善良的人。						
我能够勇敢地面对困难。						

20. 你觉得自己的审美情趣如何？①很高雅　②较高雅　③不高雅　④说不清

21. 你想提高自己的审美情趣吗？①想　②不想　③说不清

22. 你是否满意自己的人文素质水平？①很满意　②较满意　③不太满意④很不满意　⑤说不清

23. 你打算如何提高自己的人文素质？（可多选）

①读书　②思考　③校内社会活动　④校外社会实践　⑤听讲座　⑥参加讨论会　⑦其他（请注明）＿＿＿＿＿＿＿＿＿＿＿

24. 你对当代大学生人文素质的总体评价是：①很高　②较高　③较低④很低　⑤说不清

25. 你渴望自己成为一个什么样的人？

＿＿＿＿＿＿＿＿＿＿＿＿＿＿＿＿＿＿＿＿＿＿＿＿＿＿＿＿＿＿＿＿＿

＿＿＿＿＿＿＿＿＿＿＿＿＿＿＿＿＿＿＿＿＿＿＿＿＿＿＿＿＿＿＿＿＿

四、对人文素质培养方式的看法

26. 你认为学校有没有必要开展人文素质教育？①有　②没有　③说

不清

27. 你认为人文素质教育是否需要列入教学计划？①不需要　②需要

28. 有人认为，对于人文素质培养，学校可以鼓励但不要强制。你是否同意这个说法？

①同意　②不同意　③说不清

29. 对于人文素质培养，你还有什么建议或意见？

_____

_____

大学生人文素养调查问卷（学生卷）

尊敬的调查对象：

您好！为了了解大家对人文素养的认知与现状，以及更好地开展人文素质培养，本课题组特别对此进行调查。您的意见对我们来说很重要。调查采用匿名方式，请您不要有任何顾虑。

填答方式：请在适合您的选项上打"√"，或者在"_____"填上您的情况。

大学生人文素养研究课题组

联系人：

12 月 10 日

一、个人基本情况

1. 你所在的学校是_____。

2. 你的入学年份是_____。

3. 你的专业是_____，该专业学士学位是_____学士学位。

①文学　②法学　③理学　④工学　⑤管理学　⑥农学　⑦其他（请注明）_____

4. 你的籍贯是_____省_____市/县。

5. 你父亲的职业是_____。

6. 你母亲的职业是_____。

7. 你所在的家庭月平均收入是_____元。

①0～1000　②1001～2000　③2001～4000　④4001～8000　⑤8001～15000　⑥15001 以上

二、对人文素养的认知

8. 你是否听说过人文素质？①听说过　②没有听说过

9. 你一听到人文素质，对这个词的反应是（限选一项）：

①道德修养　②文学修养　③举止文明　④精神追求　⑤社会责任感

⑥其他（请注明）＿＿＿＿＿＿＿＿＿＿＿＿

10. 你是否同意以下说法：（请在适合您的方框中打"√"）

	非常赞同	比较赞同	不太赞同	很不赞同	说不清
教育程度越高的人，人文素质也越高。					
我希望自己能够"先天下之忧而忧，后天下之乐而乐"。					
我可以通过"修身养性治家平天下"来提高自己的人文素质。					
在当代社会，我要"独善其身，兼济天下"。					
有人说，当代社会缺乏人文素质培养。					

三、人文素质培养的经历

11. 你所在的学校有没有开展过学校明确表示是人文素质教育的活动？

①经常开展　②有时开展　③很少开展　④从未开展　⑤不知道

12. 你有没有参加过学校明确表示是人文素质教育的活动？

①有　②没有　③说不清

13. 你对学校开展的人文素质教育活动的总体评价是：

①收获很大　②有些收获　③没有收获　④说不清

14. 你经常关注国内外热点新闻吗？

①经常　②有时　③很少　④从不

15. 你觉得自己对以下人的关心程度如何？　（请在适合您的方框中打"√"）

	很关心	比较关心	一般	不太关心	很不关心	说不清
家人						
同学						
学校						
社会						

16. 在日常生活中，你是否会注意自己的以下方面：（可多选）

①打扮　②举止　③说话语气　④提高自己的知识水平　⑤反省自己 ⑥其他

17. 目前为止，在你读过的人文方面的书中最喜欢的一本是《_____》。

18. 目前为止，在你读过的人文类杂志中你喜欢的是《_____》。

19. 你是否同意下面的说法？（请在适合您的方框中打"√"）

	很同意	比较同意	一般	不太同意	很不同意	说不清
我能够真诚对待自己。						
我能够真诚对待他人。						
我是个善良的人。						
我喜欢尽自己的力量帮助人。						
我希望成为一个善良的人。						
我能够勇敢地面对困难。						

20. 你觉得自己的审美情趣如何？①很高雅　②较高雅　③不高雅　④说不清

21. 你想提高自己的审美情趣吗？①想　②不想　③说不清

22. 你是否满意自己的人文素质水平？①很满意　②较满意　③不太满意④很不满意　⑤说不清

23. 你打算如何提高自己的人文素质？（可多选）

①读书　②思考　③校内社会活动　④校外社会实践　⑤听讲座　⑥参加讨论会　⑦其他（请注明）_____

24. 你对当代大学生人文素质的总体评价是：①很高　②较高　③较低 ④很低　⑤说不清

25. 你渴望自己成为一个什么样的人？

_____

_____

四、对人文素质培养方式的看法

26. 你认为学校有没有必要开展人文素质教育？①有　②没有　③说不清

27. 你认为人文素质教育是否需要列入教学计划？①不需要　②需要

28. 有人认为，对于人文素质培养，学校可以鼓励但不要强制。你是否同意这个说法？

①同意　②不同意　③说不清

29. 对于人文素质培养，你还有什么建议或意见？

_____

_____

知识聚焦

一、调查报告的概念

调查报告是对某一个或某一类实际问题进行深入细致的调查后，经过分析、归纳、综合而写成的反映客观实际情况、揭示事物本质和规律的书面报告。

调查报告既可以为有关单位政策的制定和修改提供有价值的第一手材料，也可以引导人们正确认识社会的热点、焦点问题，还可以用于传播典型经验，披露丑恶现象。因此被用于各行各业。

二、调查报告的种类

常用的调查报告有：

1. 情况调查报告：调查报告的内容主要是系统、深入地反映某一地区、某一行业、某一单位或某一方面的基本情况，使人们对调查对象各个方面的情况有一个比较全面的了解。这类调查报告对于制定政策、采取措施能提供一定的依据和参考。

2. 经验调查报告：调查报告的内容主要是反映社会实践中先进人物或先进单位的典型经验，目的在于表彰先进、树立典型、介绍做法、推广经验，从而对工作起到推动和指导的作用。

3. 问题调查报告：调查报告的内容主要是通过调查来的大量事实，公开披露社会生活中的一些重大事件的真相，指出问题的严重性，弄清问题发生的原因，分析问题的实质，从而起到提高认识、吸取教训、警示众人、推动工作的作用。

三、调查报告的写作要求

1. 标题

调查报告的标题可以分为公文式标题和文章式标题两种形式。

（1）公文式标题。该标题往往由调查对象、调查内容和文种组成，一般格式为"关于……的调查报告"，如《关于××县 2012 年第一季度外贸出口情况的调查报告》。

（2）文章式标题。这种形式的标题又可以分为单标题和双标题。

①单标题。单标题一般概括文章的内容，或提示文章的主旨，例如《如何看待大学生校外兼职的现象?》。

②双标题。即分为正标题和副标题。正标题一般概括文章的内容，或提示文章的主旨，副标题往往采用公文式标题，由调查对象、调查内容和文种组成，如《综合机制激发减排动力——关于河北实施"双三十"工程的调查报告》。

2. 署名

一般在标题下一行居中位置署上单位名称或个人姓名，个人署名也可以署在文尾右下方。

3. 正文

正文分为前言、主体、结尾三部分。

（1）前言，一般包括以下内容：或概括调查的基本情况，或提示全文的基本内容，或直接提出调查的问题和结论。

①简介式：概括调查的基本情况，包括调查目的、时间、对象、范围、地点、方式。

②结论式：在前言中先写调查报告的结论，然后再阐述主要事实。

③议论式：先针对调查的问题作简要的评述，再叙写事情的经过。

④提问式：开门见山提出问题，引起读者的思考和兴趣。

（2）主体。主体是调查报告的重点部分，是对调查情况、调查结果全面真实的反映。这部分内容既要具体叙述调查中的事实情况，又要在事实情况的叙述中分析评价，阐明观点。

因主体内容不同，主体的结构形式也有所不同，常见的有：

①横式结构。按照问题的性质、事物的特点或对象的逻辑关系来组织材料，一般采用小标题形式，分别进行阐述。横式结构使文章条理清楚、逻辑

严密，适用于经验调查报告和问题调查报告。

②纵式结构。按照事情发展的先后顺序来组织材料，安排行文。纵式结构脉络清楚、层层递进，便于读者把握问题的来龙去脉。纵式结构适用于情况调查报告。

③纵横式结构。把横式结构和纵式结构结合起来使用，叙述事物发展过程时用纵式结构，写体会、总结经验教训或进行对比时用横式结构。纵横式结构兼有纵式和横式两种结构方式的优点，适用于内容复杂的调查报告。

（3）结尾。情况调查报告的结尾可以对某种情况提出建议、措施或办法。经验调查报告的结尾可以阐述经验的重要意义，对推广提出希望和要求。问题调查报告的结尾可以提出处理意见和改进措施，或者启发人们对该问题进行反思。以上内容如在正文中已有详细表述，也可以自然而然收尾。

—— 任务演练 ——

针对下列选题，结合你的专业兴趣，完成调查报告。

1. 关于我校师生员工对现行绩效分配方案的意见——以你所在学院为例

2. 关于对临终人员人文关怀的问卷调查

3. 新媒体时代独立书店的发展与城市精神生活联系的调查

4. 大学生消费状况调查

5. 关于广州市社工发展情况的调查

6. 关于公众对公益营销认知的调查

7. 关于大学生对极端事件认识的问卷调查

8. 关于大学各年级被调剂学生对其专业的态度和心理调整措施的调查问卷

9. 关于大学生微博使用情况的调查

10. 关于广州市有阅读习惯人群阅读情况的调查

11. 调查学生群体对于音乐下载需要收费的看法

12. 关于新旧通讯方式对人们影响的调查问卷

13. 大学生对于电子产品体验的认知及态度调查问卷

14. 关于广商学子对校园文化纪念品消费倾向的调查

15. 高年级大学生对于学习和工作实践两者孰轻孰重的看法

16. 关于广州外来人员对粤语学习的看法的调查

17. 基于广州在校大学生志愿者价值取向的调查

18. 关于"李天一事件"相关教育问题的调查问卷

19. 关于广州市公交车"小黄椅"上座情况的调查

20. 广州演出市场调查问卷

21. 关于大学生对于考证必要性看法的调查

22. 大学生婚恋观调查

23. 城镇生活垃圾无害化处理网络建设的调查与研究

24. 城镇垃圾分类处理执行难问题的调查与研究

25. 高校教学绩效考核体系的调查与研究

26. 连锁零售企业物流配送模式选择的调查与研究

27. 基于电子商务的物流快递公司的发展现状的调查与研究

28. 城市管理工作现况及其改革空间的调查与研究

29. 民营企业成长中的问题调查与研究

30. 广东方言田野调查

参考文献

［1］杨文丰．应用写作［M］．北京：中国人民大学出版社，2003．

［2］徐望驾，司马晓雯．应用文写作教程［M］．西安：西安交通大学出版社，2013．

［3］张瑞年．应用文写作大全［M］．北京：商务印书馆，2016．

［4］张保忠，陈玉洁．机关企事业单位应用文写作规范与例文［M］．北京：中华工商联合出版社，2014．

［5］《应用写作》杂志网站（http：//www.appliedwriting.com/）

［6］应用文写作网（http：//www.yywxz.cn/）

［7］范文库（http：//www.fanwen123.com/）

［8］文书文秘网（http：//www.5151doc.com/）

［9］好秘书（http：//www.bestmishu.com/）

［10］中央政府门户网站（http：//www.gov.cn/）

后记

2003 年以来，我几乎每一年都上应用写作课。十余年，一直思考一个问题：应用写作课应当如何教才能让学生爱听多写？如果学生爱听，自然就有了自觉写作的兴趣。若能多写多练，写作能力不就提高了么？带着这个问题，我在每一学年 6 个班中抽出 2 个班作为实验班。在实验班，我每次不讲足 90 分钟，最多讲一节课 45 分钟。写作理论总共用 2 个课时讲授或直接跳过从党政公文讲起，在讲具体的公文文种时再回过头来提一提写作理论。这样就省出了一节课给学生用作课堂写作实训。有时让学生分组朗读范文；有时让学生课前上网搜集政治经济类新闻，写成 3 分钟的新闻播报提要稿在课前上台展示；有时课堂上让写得最快的前 10 名学生当场交卷；有时在规定的时间，比如 5 分钟、10 分钟内，抽查学生课堂作业，此为小作。大作则是小组集体完成的课后作业，要求学生每隔 3 至 4 周交一次。如此折腾一过，发现不但免除了好为人师喋喋不休空谈理论的一半体力活，而且学生抬头听课和埋头写作的双重情景时现当下。写作效率和成绩也比那些我大谈写作理论 90 分钟满堂灌一直到第 5 周才进入党政公文写作的非实验班好了很多。此外，我还利用网络在百度云创建"应用文互动中心"，让学生上传实验教学相关写作文字和视频资料，作为师生互动、分享、评改的基地，深受学生欢迎，效果良好。

2011 年，广东财经大学人文综合实验教学示范中心获批广东省重点实验中心，下属的文学创作与应用写作分中心主任司马晓雯教授在给我校实验区学生讲授"调查报告"等文种时身体力行，收效很好，同时带领并策划编写一部实验教材，以为结题成果之用。这一年，我们才开始有意识大范围地进行实验写作教学模式改革，并试图探索写作实验教学理念。从平时练习和考试写作题得分情况以及学生互动热情看，实验班总体效果确实远远超过非实验班。

2012 年，我与同行们编写的教材即本着"精读理论、注重实训"的宗旨。

2013 年，我在美国威斯康星大学访学，目睹彼国写作课实况，大开眼界。整个课堂环节几乎全交给了学生：讨论、习作、展示，质疑、答辩……教授只是负责布置阅读与写作任务、课堂答疑而已，并不主讲。有时批改一些代表作，很多习作也交给各小组批阅。一学期每周 3 节课每一次课都要写一篇 1 万字左右的文章。当然，他们是没有教材和题目限制的，写作内容根据各专业学生的兴趣自定。

至此，我坚定了实验教学的信心。2014 年 10 月，我们着手编写这部《大学应用文实训教程》，完稿之际，在借鉴美国写作课堂教学模式的基础上，结合我们的实验教学实践，提出几点设想，供同行们参考并批评。

一是应用写作理论和文种知识必须精讲、少讲或不讲。精讲，是为了节省大量时间用于学生实操，一周 2 节课确实非常珍贵。少讲，是为了避免与大学生在中学学过的基础写作理论"撞车"，避免学生昏昏入睡。不讲，主要是在后头讲类似的公文时，不炒现饭。比如，公文的正文结构，第一次讲了某公文后，以后都可以不讲，直接看范文即可。

二是以读促写，以讲代写。应用文尤其是党政公文，与文学作品最大差异在于语言特征不同。若仓促动手写作，极容易写成非常感性的文艺小资范的东西。为此，不如先精读范文、泛读网络例文。对于精读的范文有些可朗读章节片断，深入体会那种"味同嚼蜡"却"准确、理性而精练"的应用文语言风格。以讲代写，即口头作文，可练习写作的逻辑层次，去掉口语中的语气词和一些啰唆的词句。另外，讲，还包括复述一些公文或片断，不得改变原文字句和次序。

经过这两个环节的训练，再进入写作正是时候。如是不写则罢，写则有效，写则准确。当然，顺便也训练了学生的口才。

三是尽管课堂上节省了时间，体力活少了，但课后阅改作文的工作量成倍加大。建议尽快发现优秀写手，组成评阅、评委小组，让他们互评、选评、抽评，遇到难以把握的问题再最后报主讲教师定夺。同时，学生的写作流程可以录制拍照，保留修改痕迹的手写习作及其电子文本，都要及时分类分班整理，上传至应用文互动中心，让学生查看、讨论、交流。好的、差的都要上传，好的文章让学生明白应当这样写，差的让学生警醒不应当这样写。双管齐下，正反互求。如是反复，效果应当不错。

四是应用文尤其是党政公文，需要有相当范围的高大上之政治时事知识背景。为此，必须要求学生广泛搜集网上政治新闻时事知识。如党和政府机关的级别，各部门政策法规，各行业专业知识等。务必让学生明白，党政公文是其他应用文的样板和表率，只有下苦功夫读好写好党政公文，其他应用文才能依样写好。

基于以上考虑，本书只分为两个模块：党政公文和事务文书。模块下分范文举例、知识聚焦和任务演练三个环节。全书涵盖党政公文16种，精选事务文书8种。全书重点放在党政公文，而每一文种的范文举例篇幅也远远多于知识聚焦，最后设计了不同类型的多个任务精练写作题，以供不同专业的学生有针对性地选择练习。

本书编写参考引用了国内网络以及同类教材上的一些资料，限于体例和篇幅，恕不出注，特此致谢。感谢涂争鸣教授以及我校多年讲授应用文写作课同仁的指导、协助和支持。特别感谢湖南师范大学李阳博士的精心校改，没有他的多方面把关，本教材不可能达到现在的样子。

本书调查报告由司马晓雯教授编写并作总体框架策划，刘芳教授撰写毕业论文一节并统校全书，徐望驾编写其他文种并统编全书，南华工商学院谭靖仪老师对全书体例作了最后调整并统校全书。由于首次编写实验教材，错误之处定当不少，敬请方家批评指正。

编　者